Level 3

¡Avancemos!

Cuaderno para hispanohablantes

HOLT McDOUGAL
a division of Houghton Mifflin Harcourt

ISBN-13: 978-0-618-76600-0
ISBN-10: 0-618-76600-6

16 17 18 19 20 - 0982 - 22 21 20 19
4500746730
Internet: www.holtmcdougal.com

Contents

TO THE STUDENT:

Your workbook, **Cuaderno para hispanohablantes**, is similar to *Cuaderno: Práctica para todos*, but it has been especially designed for you as a student with some degree of experience with Spanish. The leveled vocabulary and grammar activities cover the material taught and practiced in each lesson of your textbook. In each lesson, two pages of additional vocabulary and grammar (which are not found in the *Cuaderno*) present more advanced concepts such as complex grammar, spelling difficulties, and advanced vocabulary. Other workbook pages use the vocabulary and grammar from the lesson to target a specific skill such as listening, reading or writing.

These are the sections in the **Cuaderno para hispanohablantes** for each lesson:

- **Vocabulario**
  Has two to three activities that practice the vocabulary taught in that lesson.

- **Vocabulario adicional**
  Provides additional vocabulary lessons relevant to you as a heritage learner.

- **Gramática**
  Follows the same pattern as the **Vocabulario** section and reinforce the grammar points taught in each lesson.

- **Gramática adicional**
  Teaches an advanced grammar concept, such as punctuation, verb forms, and more complex sentence structures.

- **Integración / conversación simulada**
  Each of these pages has a pre-AP* activity that requires students to respond to interactive media. The Integración: Hablar present information from two different sources and ask that students respond to a related question. The Integración: Escribir page is like the Integración: Hablar page except that the response is in written form. The Conversación simulada activities consist of a simulated telephone conversation. In these guided conversation activities, an outline of the conversation is on the students' page as they respond appropriately to the audio prompts they hear.

- **Integración: Escribir**
  This page is like the previous one, except that you will provide your answer in written form.

- **Lectura**
  Contains short readings comprehension activities to practice your understanding of written Spanish.

- **Escritura**
  In this section you are asked to write a short composition. There is a pre-writing activity to help you prepare your ideas and a rubric to check how well you did.

- **Cultura**
  Focuses on the cultural information found throughout each lesson.

- **Comparación cultural**
  In lesson 2: non-leveled pages provide writing support for the activities in the student text.

* AP and the Advanced Placement Program are registered trademarks of the College Entrance Examination Board, which was not involved in the production of and does not endorse this product.

Vocabulario A *Vamos a acampar*

> **¡AVANZA!** **Goal:** Talk about camping and nature.

① Empareja con una línea cada actividad con el objeto asociado.

1.	encender	**a.**	la cantimplora
2.	escalar	**b.**	la estufa de gas
3.	montar	**c.**	las montañas
4.	remar	**d.**	el kayac
5.	llenar	**e.**	la tienda de campaña

② Escribe las cosas que necesitas para ir a acampar según las descripciones.

1. El libro que usas para conseguir información turística de un lugar es _____ .

2. Para encender una fogata o una estufa, es necesario usar _____ .

3. Para cocinar sobre una fogata o en la estufa, tienes que preparar la comida en _____ .

4. Si hacemos una excursión y necesitamos agua, llenamos _____ .

5. No es posible traer una cama cuando vas a acampar. Por eso utilizas _____ .

③ Escribe oraciones completas para describir las actividades de las siguientes personas según los dibujos.

Modelo:  *Juan camina en el bosque.*

Juan

| **1. Clara** | **2. Maribel y Verónica** | **3. Sr. Álvarez** | **4. nosotros** | **5. Carlos y Germán** |

1. _____

2. _____

3. _____

4. _____

5. _____

Vocabulario B *Vamos a acampar*

¡AVANZA!   **Goal:**   Talk about camping and nature.

1 Completa la tabla con las actividades y las cosas que Juan necesita para acampar.

Actividades	Cosas necesarias
Modelo: navegar por los rápidos	*el kayac*
1.	un saco de dormir
2. encender la fogata	
3.	la olla
4. beber agua durante las excursiones	
5.	la guía
6.	la camioneta

2 Escribe oraciones completas para describir qué hacen las siguientes personas cuando van a acampar.

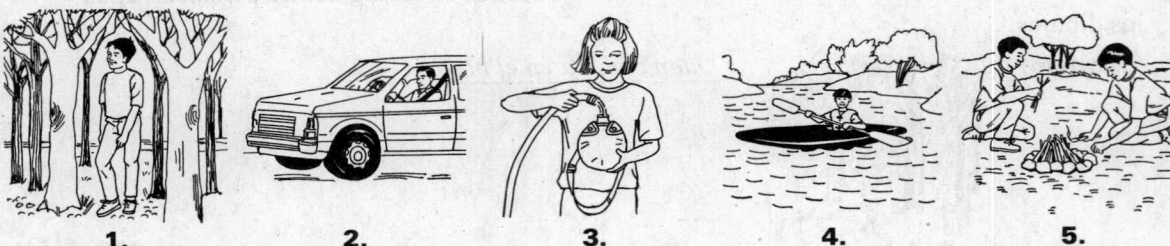

1.   **2.**   **3.**   **4.**   **5.**

1. José _____

2. Papá _____

3. Elena _____

4. Cristóbal _____

5. Matías y David _____

3 Escribe oraciones completas para explicar para qué sirven las siguientes cosas.

1. Una estufa _____

2. Una cantimplora _____

3. Un fósforo _____

4. Una fogata _____

5. Un albergue juvenil _____

UNIDAD 1 Lección 1

Vocabulario B

Vocabulario C *Vamos a acampar*

> **¡AVANZA!** **Goal:** Talk about camping and nature.

1 Escribe la frase o palabra del vocabulario que corresponda a cada descripción.

1. Si no pago el precio completo por un artículo, recibo un _____

2. No tengo carro en la ciudad. Por eso tengo que utilizar _____

3. Estoy muy cansado por el viaje. El viaje fue _____

3. Nosotros vamos a tener muy buenos recuerdos del viaje para siempre pues nos

divertimos mucho. El viaje fue _____

4. Para preparar las comidas y no tener frío por la noche, hicimos _____
en el campamento.

2 Vas a acampar con tus amigos pero tienes que planificar el viaje con tiempo. Usa los verbos
de la caja para escribir tres oraciones completas sobre lo que debes hacer antes de salir y tres
oraciones completas sobre lo que quieres hacer durante el viaje.

conducir	ahorrar	traer la tienda	observar	hacer una excursión	dormir

Antes de salir...

1. _____

2. _____

3. _____

Durante el viaje...

1. _____

2. _____

3. _____

3 Quieres ir a acampar con tus amigos el próximo fin de semana. Escribe un párrafo de cinco
oraciones sobre tus planes. ¿Qué cosas necesitas? ¿Qué actividades vas a hacer?

_____

_____

_____

_____

_____

UNIDAD 1 Lección 1 Vocabulario C

Vocabulario adicional *Algunas interjecciones*

> **¡AVANZA!** **Goal:** Use interjections and exclamations to react to information.

Una manera de expresar reacciones y emociones durante una conversación en español es mediante el uso de interjecciones y exclamaciones. Las interjecciones tienen varios significados, según el contexto y la entonación. Sirven para añadir significado e interés a mensaje.

Algunas exclamaciones:

¡Imposible!	*Imposible!*
¡Qué bien!	*Great!*
¡Qué horror!	*How horrible!*
¡No me digas!	*No way!*

Algunas interjecciones:

¡Ay! ¡Huy!	*Oh!*
¡Uf!	*Ugh!*
¡Eh!	*Hey!*
¡Ajá!	*Ah ha!*
¡Pum!	*Boom!*
¡Jajay!	*Ha ha!*
¡Jiji!	*Hee hee!*

Observa el uso de las interjecciones en la siguiente conversación:

Miguel: ¡Eh! Elisa, ¿sabes qué pasó?

Elisa: No, ¿qué?

Miguel: Cuando fuimos al albergue juvenil no tenían agua dulce.

Elisa: ¡Ay! ¡Qué difícil! ¿Qué hiciste?

Miguel: ¡Uf! Fue difícil, pero al final nos metimos al río para lavarnos.

Elisa: ¡Ajá! Fue una buena idea, pero, ¿cuándo arreglaron el problema?

Miguel: Pues no sé, porque nos marchamos a otro campamento de todas formas. ¡Jajay!

Escribe una interjección o exclamación para reaccionar ante cada situación.

1. Sacaste una buena nota en un examen difícil. _____

2. Una serpiente te asustó en el sendero del bosque. _____

3. Tú y tu amigo hacen una broma. _____

4. Alguien te cuenta algo increíble. _____

5. Te das cuenta de algo interesante. _____

UNIDAD 1 Lección 1

Vocabulario adicional

Unidad 1, Lección 1
Vocabulario adicional

4

¡Avancemos! 3
Cuaderno para hispanohablantes

Gramática A *Preterite tense of regular verbs*

| ¡AVANZA! | **Goal:** Use the preterite tense of regular verbs to talk about past events. |

1 Elige la forma correcta del verbo para completar el párrafo sobre una excursión al bosque.

Durante las vacaciones Isabel y yo **1.** (caminaste / caminamos) en el bosque todos los días.
Hoy nos **2.** (salió / salí) una serpiente de un árbol. Isabel **3.** (gritamos / gritó), pero yo
4. (sacaste / saqué) mi cámara y **5.** (empecé / empezaron) a tomar fotos de la serpiente
y de la naturaleza. Cuando nosotros **6.** (volvimos / volvieron) al campamento, mamá
y papá **7.** (encendiste / encendieron) la estufa y **8.** (preparé / prepararon) la comida.
Yo **9.** (comiste / comí) mucho y **10.** (descansé / descansó) junto a la fogata.

2 Completa las siguientes oraciones sobre el viaje de Ana y sus amigos con la forma correcta
del verbo en el pretérito.

1. Nosotros _____ (ahorrar) mucho dinero para ir de vacaciones.
_____ (salir) para la sierra según el plan.

2. Yo _____ (organizar) todo y _____ (conseguir)
las reservas para un albergue juvenil.

3. Nosotros _____ (pasar) dos noches en el albergue y dos noches en
un campamento.

4. Emilio _____ (olvidarse) de traer su saco de dormir pero Clara le
_____ (ofrecer) uno extra.

5. Celia y Emilio _____ (montar) la tienda de campaña. Luego,
_____ (correr) al albergue para comprar comida.

3 Cambia las siguientes oraciones al pretérito.

1. Yo navego por los rápidos.

_____

2. Los chicos consiguen un albergue juvenil cerca del centro.

_____

3. Mis amigos y yo ahorramos dinero para el viaje.

_____

4. Tú enciendes la estufa.

_____

5. Alba me ofrece su cantimplora.

_____

UNIDAD 1 Lección 1 Gramática A

Gramática B *Preterite tense of regular verbs*

> **¡AVANZA!** **Goal:** Use the preterite tense of regular verbs to talk about past events.

① Mira las fotos de las vacaciones de la familia Rodríguez. Ellos fueron a acampar. Escribe oraciones completas para describir lo que hicieron.

| 1. Carlos | 2. Papá | 3. José | 4. Carlos, José y Mercedes | 5. Papá |

1. _____

2. _____

3. _____

4. _____

5. _____

② Contesta las siguientes preguntas sobre tus experiencias con oraciones completas.

1. ¿Almorzaste alguna vez al aire libre?

_____

2. ¿Escalaste una montaña alguna vez?

_____

3. ¿Cuándo fue la última vez que utilizaste el transporte público?

_____

4. ¿Dormiste alguna vez en una tienda de campaña?

_____

③ Escribe cuatro oraciones completas sobre una excursión inolvidable que hiciste. Describe adónde fuiste, qué hiciste y cómo fue la excursión. Usa el pretérito.

_____

_____

_____

_____

_____

Gramática C *Preterite tense of regular verbs*

Level 3 Textbook pp. 37–41

> **¡AVANZA!** **Goal:** Use the preterite tense of regular verbs to talk about past events.

1 Nina y su clase fueron a acampar. Escribe un párrafo sobre su excursión con elementos de los cuadros.

todos los alumnos
nosotros
mis compañeros
yo
el maestro
mi amiga Amalia

llega
maneja
quedarse
montar la tienda de campaña
divertirse
comer al aire libre

_____

_____

_____

_____

2 Escribe un diálogo entre tú y tu primo sobre una excursión que hiciste con tu clase. Usa los verbos del segundo cuadro en la Actividad 1 para hablar de lo que pasó, cómo la pasaron, qué hicieron y cómo fue la excursión.

Tu primo: ¿Qué tal estuvo la excursión?

Tú: _____

Tu primo: _____

Tú: _____

Tu primo: _____

Tú: _____

Tu primo: _____

3 Escribe un párrafo de cinco oraciones sobre las últimas vacaciones que hiciste. Incluye en tu párrafo información sobre adónde fuiste, qué hiciste y que pasó durante las vacaciones.

_____

_____

_____

_____

UNIDAD 1 Lección 1 Gramática C

Gramática A *Preterite tense of irregular verbs*

> **¡AVANZA!** **Goal:** Use the preterite tense of irregular verbs to talk about past events.

1 Pedro comenzó a escribir un reporte sobre su última excursión, pero olvidó poner los verbos en pasado. Escribe la forma correcta de los verbos en los espacios de la derecha.

Nosotros (**1.**) <u>hacer</u> una excursión el sábado pasado. Sara y Juan (**2.**) <u>ir</u> a la montaña y (**3.**) <u>ver</u> la naturaleza. Yo no (**4.**) <u>ir</u> con Sara y Juan pero (**5.**) <u>andar</u> por el bosque con Susana...

1. _____
2. _____
3. _____
4. _____
5. _____

2 Cambia las oraciones sobre las actividades de las siguientes personas del presente al pretérito.

1. Ellos andan en bicicleta.

   _____

2. Nosotros tenemos la oportunidad de ir al extranjero.

   _____

3. Yo veo animales en el bosque.

   _____

4. Tú vas a la selva.

   _____

5. Ella trae un saco de dormir.

   _____

3 Contesta las siguientes preguntas sobre lo que hizo cada persona para el viaje.

Modelo: ¿Quién trajo la cámara? (yo)

   Yo traje la cámara.

1. ¿Quién condujo la camioneta? (Papá)

   _____

2. ¿Quiénes hicieron una excursión a la montaña? (ustedes)

   _____

3. ¿Quién se vistió para remar el kayac? (tú)

   _____

4. ¿Quiénes se divirtieron en el bosque? (nosotros)

   _____

Gramática B *Preterite tense of irregular verbs*

> **¡AVANZA!** **Goal:** Use the preterite tense of irregular verbs to talk about past events.

1 Completa las oraciones para indicar qué hicieron las siguientes personas durante su viaje.

1. Gustavo _____ (dormir) al aire libre.

2. Daniela _____ (ir) a comprar una olla y fósforos para el viaje.

3. Yo les _____ (dar) agua a todos antes de la excursión.

4. Tú _____ (vestirse) para navegar por rápidos.

5. Carla y Camila _____ (ver) una araña en la olla.

2 Combina las columnas para escribir oraciones lógicas sobre una excursión de la familia López. Usa el pretérito.

Modelo: *Ana se divirtió durante el viaje.*

Ana	encender la estufa	para remar el kayac
Paco y yo	dormirse	el campamento
Raquel y tú	ir al bosque	en el sendero
Ana y Paco	tener que cocinar	al aire libre

1. _____

2. _____

3. _____

4. _____

3 Lee el siguiente correo electrónico que te mandó tu amiga Rosario y escribe una respuesta.

| **PARA:** |
| **DE: Rosario** |

«¿Qué tal? Cuéntame un poco de tu viaje. ¿Dónde estuviste? ¿Quiénes fueron? ¿Qué hiciste durante el viaje? ¿Vieron Uds. muchos animales? ¿Fueron a las montañas? ¿Cuántas horas dormiste cada noche? ¿Fue un viaje agotador? ¡Escríbeme pronto! Saludos, Rosario.»

_____

_____

_____

_____

_____

Gramática C *Preterite tense of irregular verbs*

¡AVANZA! **Goal:** Use the preterite tense of irregular verbs to talk about past events.

---

1 Completa el siguiente párrafo sobre el verano pasado de Sofía. Escribe la forma correcta del verbo que corresponda.

El verano pasado mi familia y yo **1.** _____ al parque nacional.

Nosotros **2.** _____ allí durante tres días. Yo **3.** _____

que ayudar a mis hermanos porque ellos no **4.** _____ montar la tienda

de campaña. Mi padre **5.** _____ nuestras dificultades con la tienda y

6. _____ a ayudarnos. Mi mamá nos **7.** _____ que

teníamos que descansar. Al día siguiente, todos **8.** _____ por el bosque,

rumbo a la montaña.

2 Escribe oraciones completas para describir los aspectos de tu último viaje.

   1. Lugar: _____

   _____

   2. Actividades y excursiones: _____

   _____

   3. Preparativos y planes: _____

   _____

   4. Eventos inolvidables: _____

   _____

3 Escribe un informe para una guía turística de Internet sobre una excursión que hiciste.
Escribe cinco oraciones para contestar las siguientes preguntas: ¿Adónde fuiste? ¿Qué
hiciste? ¿Qué tuviste que hacer para organizar la excursión? ¿Qué viste? ¿Quiénes
fueron contigo?

_____

_____

_____

_____

_____

_____

UNIDAD 1 Lección 1

Gramática C

Gramática adicional *Contextual clues in the preterite*

> **¡AVANZA!** **Goal:** Review and practice additional contextual clues that indicate past events.

Hay varias frases y expresiones de tiempo que señalan el pretérito.
Ya aprendiste las siguientes:

Ayer	Ayer fui al supermercado.
Anteayer	Conocí a Juan anteayer.
Anoche	No pude dormir anoche.
Hace dos días / semanas / años	Tuvimos un examen hace dos días.
La semana pasada	Fuimos a acampar la semana pasada.

Hay otras frases adicionales que también pueden indicar un evento pasado:

Una vez	Una vez hice un viaje a Acapulco.
Por primera vez	Dormí bien por primera vez en dos semanas.
El otro día / un día	El otro día empecé a organizar el viaje.
La última vez	La última vez que navegamos por rápidos fue el año pasado en el parque nacional.

1 Escribe oraciones completas para describir los recuerdos de tus últimos cumpleaños.

Modelo: El año pasado *El año pasado tuve una fiesta para celebrar mi cumpleaños.*

1. La última vez _____

2. Ese día _____

3. Hace dos años _____

4. Por primera vez _____

2 Escribe cinco oraciones sobre un evento inolvidable que pasó durante tus últimas vacaciones.
Usa por lo menos tres de las expresiones anteriores y el pretérito.

_____

_____

_____

_____

_____

UNIDAD 1 Lección 1 Gramática adicional

Integración: Hablar

 **Goal:** Respond to written and oral passages about a camping trip.

Un grupo de estudiantes quiere pasar unos días de campamento en México. Lee el siguiente mensaje electrónico que aparece en un grupo de discusión de Internet.

Fuente 1 Leer

http://www.tablerodeavisos.com GO

De: Rocalloso <rocalloso@...>
Fecha: Marzo 23
Asunto: Campamento rural en la Zona del Silencio

ZONA DEL SILENCIO

Ecoturismo Rural   Paquete 3 noches 4 días   US $300 / persona en tienda doble

El desierto chihuahuense fue alguna vez un océano. Hoy, la falta de agua es constante. Pero aparte de la natural belleza de un hábitat extraordinario, la Zona del Silencio ofrece al turista la magia y el enigma encerrado en su nombre. Sólo las pirámides de la antigüedad y el Triángulo de las Bermudas encierran los misterios asociados con la Zona del Silencio.

Considerada por mucho tiempo como un polo magnético donde el tiempo se detiene y los radios dejan de funcionar, la Zona del Silencio se localiza en el lugar donde convergen los estados mexicanos de Chihuahua, Coahuila y Durango.

El paquete incluye tres noches de campamento. Transporte terrestre desde Durango. Guía y tres comidas diarias.

Equipaje básico: saco de dormir, cantimplora, equipo de higiene personal, chaqueta.

Ahora vas a escuchar el mensaje grabado de Claudia Gracián. Toma notas. Luego completa la actividad.

Fuente 2 Escuchar

HL CD 1, tracks 1–2

¿Crees que es una buena idea hacer un viaje a la Zona del Silencio? ¿Por qué? Prepara tu respuesta para compartirla con la clase.

UNIDAD 1 Lección 1
Integración: Hablar

Unidad 1, Lección 1
Integración: Hablar

12

¡Avancemos! 3
Cuaderno para hispanohablantes

Integración: Escribir

> **¡AVANZA!** **Goal:** Respond to written and oral passages about a camping trip.

Lee el siguiente artículo tomado de una revista turística sobre el estado de Chihuahua, en México.

Fuente 1 Leer

LAS BARRANCAS DEL COBRE

El secreto mejor guardado

El estado grande de México es Chihuahua y una de las más grandes experiencias que el viajero puede tener es una visita a las Barrancas del Cobre. Las profundas barrancas que forman esta serie de cañones se formaron hace más de veinte millones de años y su hondura es tanta (hasta alcanzar casi los dos mil metros) que mientras nieva en las cúspides puede hacer calor en las profundidades.

La diversidad en la fauna es asombrosa y lo mismo sucede con la flora, que cambia de acuerdo a la altura de las planicies y los riscos, desde coníferas como el encino hasta árboles semitropicales en las partes bajas.

Este recinto natural ofrece al turista que ama la naturaleza un sinnúmero de atractivos: ríos con pesca sorprendente, bosques de senderos a pequeños paraísos, ruinas arqueológicas inexploradas.

VIAJERO | 15

Escucha el mensaje que dejó Julián Verdú en el contestador de Kiko, un compañero del club de ciclismo de montaña. Toma notas. Luego completa la actividad.

Fuente 2 Escuchar

HL CD 1, tracks 3–4

Escribe el texto de un folleto sobre el estado de Chihuahua y las Barrancas del Cobre. ¿Qué experiencias tienen quienes visitan este estado mexicano y sus barrancas?

_____

_____

_____

Lectura A

¡AVANZA!	**Goal:** Read about what people did on trips.

❶ Vicente acaba de llegar de campamento y su amigo Luis, lo llama por teléfono. Lee la siguiente conversación, responde a las preguntas de comprensión y habla sobre tu experiencia.

> **VICENTE:** ¡Hola Luis! Acabo de regresar de un campamento.
>
> **LUIS:** ¿Regresaste de un campamento? ¿Cuándo llegaste?
>
> **VICENTE:** Llegué hace dos horas. Estoy cansado, pero muy contento.
>
> **LUIS:** ¿Dónde acampaste? ¿Navegaste por el río? ¿Escalaste en la montaña?
>
> **VICENTE:** Estuvo a punto de ser un desastre. Cuando mi hermano y yo quisimos montar la tienda de campaña, no pudimos. Teníamos muchas piezas y no sabíamos cómo empezar porque olvidamos el manual de instrucciones.
>
> **LUIS:** ¡Qué lástima! ¿Entonces cómo acamparon?
>
> **VICENTE:** Tuvimos que ir a un albergue juvenil frente a las montañas. Pero ¿sabes algo? En el albergue, mi hermano y yo hicimos muchos amigos. Hablamos con chicos de otros países y organizamos con ellos muchas excursiones. Nuestros nuevos amigos nos enseñaron a navegar en kayak por el río. Al principio, tuvimos un poco de miedo, porque el río iba muy rápido, pero fue muy emocionante.
>
> **LUIS:** ¡Qué divertido!

❷ ¿Comprendiste? Responde a las siguientes preguntas con oraciones completas.

1. ¿Adónde fueron Vicente y su hermano?

_____

2. ¿Qué problema ocurrió con la tienda de campaña? ¿Cómo lo resolvieron?

_____

3. ¿Qué sorpresas encontraron Vicente y su hermano en el albergue?

_____

4. ¿Qué aprendió Vicente con sus nuevos amigos?

_____

❸ ¿Qué piensas? ¿Conoces a una persona de otra parte del mundo? Escribe algunas de tus experiencias con esta persona, de dónde es y qué has aprendido con ella. Si tu respuesta es no, escribe sobre alguna persona que te gustaría conocer y lo que te gustaría aprender con ella.

_____

_____

_____

_____

UNIDAD 1 Lección 1

Lectura A

Lectura B

| ¡AVANZA! | **Goal:** Read about what people did on trips. |

1 Lee el siguiente anuncio sobre lo que hacen los turistas cuando van de vacaciones a México. Luego responde a las preguntas de comprensión y habla sobre tu experiencia.

Vacaciones mexicanas

¿Tiene que viajar al extranjero para ir de vacaciones? Aunque no lo crea, la felicidad se encuentra muy cerca de usted y su familia en las costas mexicanas. Imagínese un lugar alejado de la ciudad, donde el descanso y la diversión se le ofrecen como las únicas actividades.

Nuestra oferta le ofrece estadía en un hotel cinco estrellas con amplias habitaciones renovadas, terraza y piscina junto al mar. El hotel cuenta con instalaciones para practicar deportes acuáticos, jugar al tenis o tomar el sol. La estadía incluye desayunos. Todo a cómodos precios.

Si usted tiene espíritu de aventura y quiere explorar los alrededores, puede visitar las ruinas cerca del hotel. Quedará sorprendido cuando vea los sitios arqueológicos y las maravillas de la civilización maya. Si tiene niños pequeños, no se preocupe. Nuestras instalaciones cuentan con un servicio de guardería las 24 horas y personal calificado. Para más información, vaya a su agente de viajes y pida nuestras ofertas de verano. Llámenos al 800-355-289.

2 **¿Comprendiste?** Responde a las siguientes preguntas con oraciones completas.

1. Según el anuncio, ¿qué está cerca de los turistas?

_____

2. ¿Cómo es el hotel que describe el anuncio?

_____

3. ¿Qué actividades pueden hacer los turistas en el hotel?

_____

4. Según el anuncio, ¿es un problema si los turistas tienen niños? ¿Por qué?

_____

3 **¿Qué piensas?** ¿Te gustaría irte de vacaciones al hotel del anuncio o a algún otro lugar? Escribe un anuncio para unas vacaciones inolvidables. En tu anuncio, describe las actividades que pueden hacer los turistas.

_____

_____

_____

_____

_____

UNIDAD 1 Lección 1   Lectura B

Lectura C

¡AVANZA!	**Goal:** Read about what people did on trips.

1 Lee la siguiente entrevista sobre un artista famoso que viaja a Acapulco. Luego responde a las preguntas de comprensión y habla sobre tu experiencia.

Juan Miguel en Acapulco

(México, D.F.) El popular cantante Juan Miguel, se encuentra en Acapulco con motivo del Festival Acapulco. Este festival se realiza en varios puntos del puerto de Guerrero y cuenta con la participación de artistas y cantantes famosos. En esta ocasión, la imagen del este festival estará a cargo de Juan Miguel. Nos acercamos al cantante y conversamos con él sobre sus experiencias en este hermoso puerto.

PERIODISTA: Juan Miguel, ¿cuándo llegaste a Acapulco?

JUAN MIGUEL: Mi equipo y yo llegamos a Acapulco hace tres días. Estamos ocupados organizando el Festival pero yo aprovecho mis ratos libres para pasear por aquí.

PERIODISTA: ¿Cómo te sientes en Acapulco?

JUAN MIGUEL: Muy contento. Es una experiencia maravillosa. Mi grupo y yo estamos con artistas mexicanos y de otros países. Todos los días hablamos y organizamos con ellos excursiones a Acapulco. También buscamos los mejores restaurantes de comida típica para cenar y los mejores sitios para irnos de «reventón».

PERIODISTA: ¿Te gustan las playas de Acapulco?

JUAN MIGUEL: Acapulco tiene playas hermosas. Los paisajes también son increíbles. He tomado muchas fotografías con mi cámara digital...

PERIODISTA: ¿Practicaste algún deporte acuático en Acapulco?

JUAN MIGUEL: Sí, con otros artistas ayer fuimos a la playa y practicamos deportes acuáticos. Las olas iban muy rápido, pero fue muy emocionante.

PERIODISTA: Y los turistas, ¿te molestan mucho?

JUAN MIGUEL: Los turistas me encantan. Estoy feliz de saber que muchos turistas visitan México y las playas de Acapulco para buscar diversión, emoción y entretenimiento. Sólo les pido que por favor cuiden las playas mexicanas. No arrojen basura porque contamina el mar.

PERIODISTA: Juan Miguel, ¿unas últimas palabras para tu público?

JUAN MIGUEL: Aprovecho para invitar a los turistas y al público en general al Festival Acapulco. Aquí podrán cantar, bailar y divertirse. En el Festival Acapulco la diversión no tiene fin.

2 **¿Comprendiste?** Responde a las siguientes preguntas con oraciones completas.

1. Según la noticia, ¿qué se celebra en Acapulco? ¿Quién está invitado a participar?

_____

_____

2. ¿Qué hace Juan Miguel cuando no está organizando el festival?

_____

_____

3. ¿Cómo se divierten Juan Miguel y los otros artistas en Acapulco?

_____

_____

4. ¿Qué pensó Juan Miguel de su experiencia con los deportes acuáticos?

_____

_____

5. ¿Qué pidió Juan Miguel a los turistas? ¿Por qué?

_____

_____

3 **¿Qué piensas?** Imagina que eres periodista y tu artista favorito visitó tu localidad. Inventa una entrevista con esta persona. Formula preguntas sobre qué lugares y qué cosas divertidas hizo en tu localidad. Respóndelas como si fueras él o ella.

_____

_____

_____

_____

UNIDAD 1 Lección 1   Lectura C

Escritura A

> **¡AVANZA!**　**Goal:**　Write about trips.

Fuiste a un viaje al campo por dos días con tus compañeros(as) de clase y tu maestro(a). Olvidaste llevar tu diario y al regresar escribes lo que hiciste los días que estuviste de viaje.

❶ Organiza la información sobre tu viaje al campo:

	Día uno	Día dos
¿Qué lugar(es) visitaste?		
¿Con quién(es) fuiste?		
¿Cuándo fuiste y cuándo regresaste?		
¿Qué hiciste allí?		

❷ Escribe dos párrafos cortos, con la información de la actividad anterior. Asegúrate de 1) escribir tus párrafos con oraciones completas y lógicas; 2) dar información suficiente sobre el viaje; 3) usar el pretérito para los verbos y 4) usar la ortografía correcta.

_____

_____

_____

_____

_____

_____

❸ Evalúa tus párrafos con la información de la siguiente tabla.

	Crédito máximo	**Crédito parcial**	**Crédito mínimo**
Contenido	Escribiste dos párrafos cortos con la información de la actividad uno; escribiste oraciones completas y lógicas con suficiente información sobre el viaje.	A veces tuviste en cuenta la información de la actividad uno para escribir tus párrafos; algunas veces no escribiste oraciones completas o lógicas; falta más información sobre el viaje.	No tuviste en cuenta la información de la actividad uno para escribir tus párrafos; no escribiste oraciones completas o lógicas; falta mucha información sobre el viaje.
Uso correcto del lenguaje	Tuviste muy pocos errores o ninguno en el uso del pretérito de los verbos. Usaste la ortografía correcta.	Tuviste algunos errores en el uso del pretérito de los verbos. Tuviste algunos errores de ortografía.	Tuviste un gran número de errores en el uso del pretérito de los verbos. Tuviste un gran número de errores de ortografía.

Escritura B

| ¡AVANZA! | **Goal:** Write about trips. |

Tú y tus amigos están pasando unos días en un albergue juvenil cerca de un parque ecológico. Ayer tú y otro(a) chico(a) prefirieron quedarse en el albergue y no ir de excursión. Explica qué hicieron mientras los demás estaban de excursión.

1 Completa la siguiente tabla con las actividades que hicieron y los lugares en los que estuvieron tú y la otra persona durante el día.

Hora	Lugar	Actividad(es)
8:00 AM – 10:00 AM		
10:00 AM – 12:00 PM		
12:00 PM – 2:00 PM		
2:00 PM – 6:00 PM		

2 Con los datos de la tabla anterior, escribe un relato a tus amigos para informarles sobre el día que pasaron. Usa los verbos en pretérito. Asegúrate de que (1) tu relato sigue un orden lógico, (2) es claro y fácil de entender y (3) el uso del pretérito en los verbos es correcto.

_____

_____

_____

_____

_____

_____

_____

3 Evalúa tu relato con la información de la siguiente tabla.

	Crédito máximo	**Crédito parcial**	**Crédito mínimo**
Contenido	El relato sigue un orden lógico, es claro y fácil de entender.	El relato sigue un orden lógico pero es poco claro y algo difícil de entender.	El relato no sigue un orden lógico, es poco claro y difícil de entender.
Uso correcto del lenguaje	Tuviste pocos errores o ninguno al usar los verbos.	Tuviste muchos errores en el uso de los verbos.	Tuviste un gran número de errores al usar los verbos.

Escritura C

¡AVANZA! **Goal:** Write about trips.

Tú y dos compañeros(as) ganaron un viaje al lugar que ustedes eligieron. Allí pudieron realizar diferentes actividades. Escribe un cuento sobre el viaje.

1 Escribe el nombre de tus compañeros de viaje en las líneas junto a cada óvalo. Luego, escribe dentro de cada óvalo una actividad que realizó esa persona. En las intersecciones escribe las actividades que realizaron dos o más personas juntas.

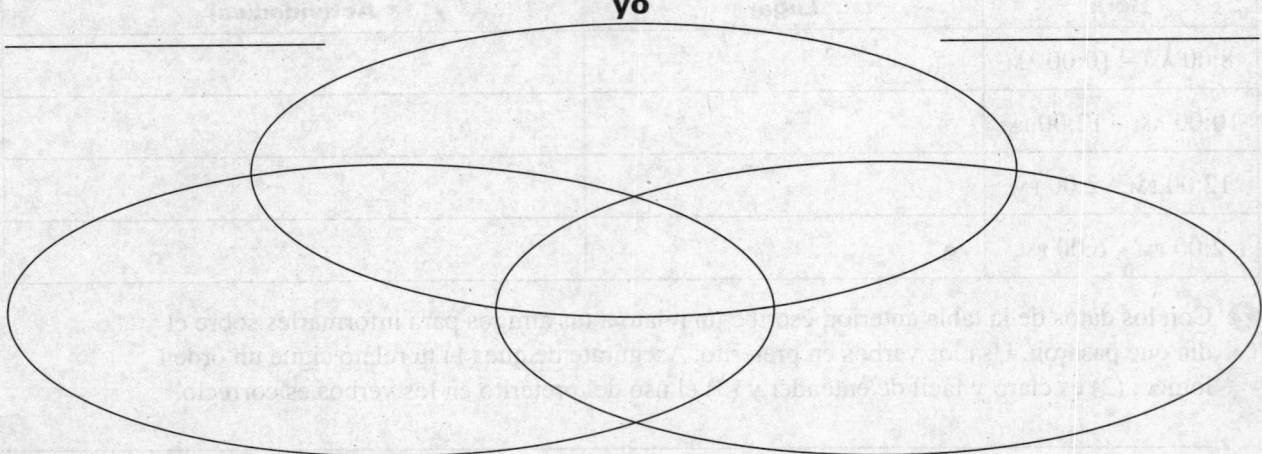

yo

2 Escribe el cuento sobre el viaje con la información del diagrama. Asegúrate de que: 1) incluyes información sobre tus actividades y las de tus compañeros, 2) tu narración es clara e interesante y 3) usas correctamente los verbos en pretérito y la ortografía.

_____

_____

_____

_____

_____

3 Evalúa tu cuento con la información de la siguiente tabla.

	Crédito máximo	Crédito parcial	Crédito mínimo
Contenido	Incluyes información sobre todas las actividades y la narración es clara e interesante.	Incluyes información sobre casi todas las actividades y la narración, es poco clara e interesante.	Incluyes información sobre pocas actividades y la narración no es clara ni interesante.
Uso correcto del lenguaje	Tuviste muy pocos errores o ninguno en el uso de los verbos y la ortografía.	Tuviste varios errores en el uso de los verbos y la ortografía.	Tuviste un gran número de errores en el uso de los verbos y la ortografía.

Copyright © by McDougal Littell, a division of Houghton Mifflin Company.

UNIDAD 1 Lección 1

Escritura C

Cultura A

| ¡AVANZA! | **Goal:** Discover and know people, places, and culture from Mexico. |

1 Elige la opción correcta para responder a cada pregunta.

1. ¿Cuál es el nombre oficial de México?

   a. República Mexicana   **b.** Estados Unidos Mexicanos   **c.** Distrito Federal Mexicano

2. ¿Cuál de las siguientes ciudades mexicanas NO está a orillas del Pacífico?

   a. Cabo San Lucas   **b.** Acapulco   **c.** Veracruz

3. ¿Cuál de las siguientes ciudades mexicanas se encuentra más al norte?

   a. Monterrey   **b.** Ciudad Juárez   **c.** México D. F.

2 Responde de forma breve a las siguientes preguntas sobre la cultura mexicana.

1. ¿Cuál es la moneda mexicana?

_____

2. ¿Quiénes construyeron las pirámides de Chichén Itzá?

_____

3. Escribe el nombre de un famoso muralista mexicano.

_____

3 ¿Qué lugar o parque natural de los Estados Unidos te gusta visitar? ¿Por qué? Escribe el nombre del lugar. Luego escribe tres oraciones para describir el lugar y lo que te gusta de él. Finalmente, escribe otra oración indicando una semejanza o una diferencia entre ese lugar y el parque Cola de Caballo. ¿Sabes si existen parques nacionales o zonas ecológicos protegidos por el gobierno de México? Si sabes de alguno en particular, di cómo se llama, dónde está y alguna otra descripción del mismo.

_____
_____
_____
_____
_____
_____
_____

Cultura B

> **¡AVANZA!**   **Goal:** Discover and know people, places, and culture from Mexico.

1 Responde de forma breve a las siguientes preguntas sobre la geografía de México.

   1. ¿Cuál es el nombre oficial de México?

   _____

   2. ¿Qué mares y océanos bañan las costas de México?

   _____

   3. ¿Cuántas millas cuadradas aproximadamente tiene México?

   _____

   4. ¿Cómo se llama el sistema montañoso en donde está el parque Cola de Caballo y la Mesa Chipinque?

   _____

2 La cultura mexicana es muy rica, tanto en su pasado como en la actualidad. Responde a las siguientes preguntas sobre esta cultura usando oraciones completas.

   1. ¿Qué restos de la antigua civilización maya se pueden visitar en México?

   _____

   _____

   2. ¿Cuáles son las tres personas del mundo de la cultura y las artes de México que más admiras y en qué se destaca o se destacó cada una de ellas?

   _____

   _____

3 Escribe lo que sepas sobre el artista mexicano Gerardo Murillo y alguna de sus obras. ¿Alguna vez has visto algún trabajo de arte similar? ¿En dónde está? ¿Cómo es? Descríbelo y explica alguna semejanza o diferencia con la obra de Gerardo Murillo.

_____

_____

_____

_____

_____

UNIDAD 1 Lección 1

Cultura B

Cultura C

> **¡AVANZA!** **Goal:** Discover and know people, places, and culture from Mexico.

1 Tu amigo va a viajar a México. Lee sus comentarios y luego responde a sus preguntas para ayudarle a planificar su viaje. Usa oraciones completas.

1. «Primero voy a pasar cuatro días en Monterrey. Además de la ciudad, ¿crees que podré visitar algún lugar natural interesante?»

_____

_____

2. «Después de mi visita a Monterrey, me gustaría ir a algún lugar donde pueda practicar deportes acuáticos. ¿Qué lugares me recomiendas?»

_____

_____

3. «Por último, si me queda tiempo, me gustaría visitar algunas ruinas mayas. ¿Podré ver alguna cerca de los lugares que voy a visitar?»

_____

_____

2 Responde a las siguientes preguntas sobre Gerardo Murillo y su obra. Da todos los detalles posibles.

1. ¿Qué nombre adoptó Gerardo Murillo y por qué?

_____

_____

2. ¿Cuáles era el principal tema de los murales de Murillo? ¿En que se inspiraban?

_____

_____

3 ¿Qué lugar de interés arqueológico o histórico recomiendas visitar en Estados Unidos. ¿Por qué es interesante este lugar? ¿Tiene algo en común con las ruinas mexicanas?

_____

_____

_____

_____

_____

Vocabulario A *Vamos a la playa*

> **¡AVANZA!** **Goal:** Talk about extended family and trips to the beach.

1 Empareja cada objeto o actividad de la playa con su descripción

1. Se usa para protegerse del sol.	**a.** el chaleco salvavidas
2. Se juega en la playa entre dos equipos.	**b.** el voleibol playero
3. Un barco para pasar las vacaciones.	**c.** el puerto
4. Los barcos entran y salen de este lugar.	**d.** la sombrilla
5. Se usa para flotar en el agua si uno no sabe nadar.	**e.** un crucero

2 Lee las palabras de la caja y elige la que describe la relación de cada miembro de la familia de Ana.

bisnieta	sobrina	yerno	cuñada	nietos	nuera

1. La esposa de mi hijo es mi _____ .

2. Los hijos de mis hijos son mis _____ .

3. La hija de mi hermana es mi _____ .

4. El esposo de mi hija es mi _____ .

5. La nieta de mi hija es mi _____ .

6. La esposa de mi hermano es mi _____ .

3 Usa el vocabulario de la lección para escribir lo que haces en la playa en las siguientes situaciones.

1. Cuando hace calor agobiante, _____

2. Cuando hace fresco, _____

3. Cuando me mareo, _____

4. Cuando hay brisa, _____

5. Cuando camino por la playa _____

Vocabulario B *Vamos a la playa*

Level 3 Textbook pp. 58–62

> **¡AVANZA!** **Goal:** Talk about extended family and trips to the beach.

1 Escribe las relaciones familiares según las descripciones del árbol de la familia de Laura.

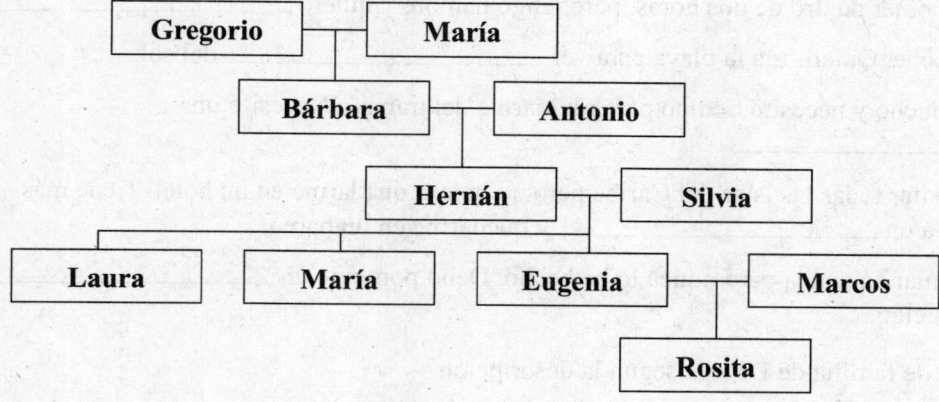

1. Marcos es _____ de Laura y María.

2. Rosita es _____ de Laura.

3. Hernán y Silvia son _____ de Rosita.

4. Hernán y Silvia son _____ de Marcos.

5. Laura, María y Eugenia son _____ de Gregorio y María.

6. Bárbara y Antonio son _____ de Laura, María y Eugenia.

7. Marcos es _____ de Hernán y Silvia.

8. Silvia es _____ de Bárbara y Antonio.

2 Escribe oraciones completas para describir lo que hace la familia Ramírez en la playa.

1. Margarita y Carmen   **2. el abuelo Tomás**   **3. Carlitos**   **4. papá**   **5. la abuela Catalina**

1. _____

2. _____

3. _____

4. _____

5. _____

UNIDAD 1 Lección 2 Vocabulario B

Vocabulario C *Vamos a la playa*

> **¡AVANZA!** **Goal:** Talk about extended family and trips to the beach.

1 Escribe la palabra o expresión que se asocia con las siguientes descripciones.

1. Vamos a comer dentro de dos horas, pero tengo hambre y quiero _____.

2. Es casi noche. Quiero ir a la playa para ver _____ del sol.

3. Trabajo mucho y necesito tiempo para olvidarme del trabajo. Necesito una

_____.

4. Quiero visitar todas las islas del Caribe pero no quiero quedarme en un hotel. Tiene más

sentido ir a un _____ y quedarme en un barco.

5. Quiero remar en canoa pero nunca lo he hecho. Debo ponerme un _____

por precaución.

2 Dibuja el árbol de familia de Débora según la descripción.

Débora tiene dos hermanos. Daniel está casado con Adriana. Daniel y Adriana tienen un
bebé que se llama Antonio. El otro hermano de Daniel se llama Raimundo. Él está casado
con Linda. Los padres de Débora se llaman Evelyn y Diego. Débora, Daniel y Raimundo son
los nietos de Carmen y Fernando, los padres de Evelyn.

3 Con la información en el árbol de la familia de Débora, escribe tres preguntas sobre las
relaciones familiares y da las respuestas.

Modelo: ¿Quiénes son los hermanos de Débora?

Daniel y Raimundo son los hermanos de Débora.

1. _____

_____

2. _____

_____

3. _____

_____

Unidad 1, Lección 2
Vocabulario C

26

¡Avancemos! 3
Cuaderno para hispanohablantes

UNIDAD 1 Lección 2 Vocabulario C

Copyright © by McDougal Littell, a division of Houghton Mifflin Company.

Vocabulario adicional *Más sobre el clima*

¡AVANZA!	**Goal:** Talk about weather conditions.

Más expresiones

Se pueden describir fenómenos del tiempo con las siguientes frases y expresiones:

La precipitación	*precipitation*	Los relámpagos	*lightning*
La humedad	*humidity*	La nevada	*blizzard*
La sequía	*drought*	Está (parcialmente) soleado.	*It is (partly) sunny.*
La tormenta	*storm*	Está (parcialmente) nublado.	*It is (partly) cloudy.*
Los chaparrones	*downpour*	Está despejado.	*It is clear.*
Los chubascos	*heavy rain*	Hay niebla.	*It is foggy.*
Los truenos	*thunder*		

1 Describe qué tiempo hace en las siguientes ciudades.

1. Miami   **2. Atlanta**   **3. San Francisco**   **4. Denver**   **5. Phoenix**   **6. Seattle**

1. _____

2. _____

3. _____

4. _____

5. _____

6. _____

2 Escribe cuatro oraciones completas para describir qué tiempo hace en tu ciudad durante el verano.

_____

_____

_____

_____

Gramática A *El imperfecto*

> **¡AVANZA!** **Goal:** Use the imperfect tense to talk about ongoing past activities.

① Completa las siguientes oraciones sobre las vacaciones en la playa con la forma correcta de los verbos del cuadro.

reunirse	jugar	hacer	ir	pasar	preparar

1. De niño nosotros siempre _____ las vacaciones en la playa.

2. Mi madre _____ todas las comidas al aire libre.

3. Normalmente _____ un calor agobiante en la playa.

4. Yo siempre _____ al voleibol playero con mis hermanos.

5. Todos los miembros de la familia _____ en la playa.

6. Y tú, ¿_____ mucho a la playa?

② Escribe una oración completa para decir lo que hacían las personas en la playa.

   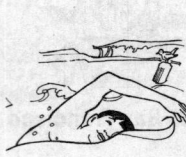  

1. Alfonso **2. Adriana** **3. Irene y Mercedes** **4. Luis** **5. Nosotros** **6. Yo**

1. _____

2. _____

3. _____

4. _____

5. _____

6. _____

Gramática A UNIDAD 1 Lección 2

Gramática B *El imperfecto*

> ¡AVANZA! **Goal:** Use the imperfect tense to talk about ongoing past activities.

① Escribe oraciones completas sobre cómo eran las vacaciones de los bisabuelos de Ignacio.

Modelo: Toda la familia / ir a la playa de Mazatlán.

Toda la familia iba a la playa de Mazatlán.

1. Tus padres / recostarse en la playa para tomar el sol.

_____

2. Todos nosotros / reunirse en la playa cada verano.

_____

3. Tu abuelo Ismael / ser el primero en llegar.

_____

4. Tú / tener miedo al velero.

_____

5. Yo / ver la puesta del sol todas las noches.

_____

② Escribe oraciones completas para describir lo que hacían todos en la playa.

1. Arturo   **2. Raquel y Vivian**   **3. yo**   **4. Teresa**   **5. nosotros**

1. _____

2. _____

3. _____

4. _____

5. _____

Gramática C *El imperfecto*

> **¡AVANZA!** **Goal:** Use the imperfect tense to talk about ongoing past activities.

1 Completa el párrafo sobre las vacaciones en la playa con la forma correcta de los verbos en el cuadro.

hacer	ver	meterse	estar	tener	ir

Cuando mis padres **1.** _____ recién casados,

2. _____ a la playa con nuestra familia todos los

veranos. Siempre **3.** _____ calor en la playa y yo

4. _____ que refugiarme bajo la sombrilla. Para

refrescarse, mi madre **5.** _____ al agua. Al final de cada

día, todos nosotros **6.** _____ la puesta de sol.

2 Completa las siguientes oraciones para decir qué hacías en las siguientes situaciones. Usa el imperfecto en tus respuestas.

Modelo: Cuando estaba en la playa _*tomaba el sol.*_

1. Cuando hacía calor _____

2. Cuando iba de vacaciones _____

3. Cuando hacía fresco _____

4. Cuando toda tu familia se reunía _____

5. Cuando tenía 10 años _____

6. Cuando veía a mis amigos _____

3 Responde las siguientes preguntas con oraciones completas sobre lo que hacías de niño.

1. ¿Cómo pasabas las vacaciones?

_____

2. ¿Qué les gustaba hacer a ti y a tus amigos durante los fines de semana?

_____

3. ¿Qué hacías de niño(a) que no haces ahora?

_____

4. ¿Cuáles eran tus juegos favoritos?

_____

UNIDAD 1 Lección 2

Gramática C

30

Unidad 1, Lección 2
Gramática C

¡Avancemos! 3
Cuaderno para hispanohablantes

Gramática A *Preterite vs. Imperfect*

> **¡AVANZA!**　　**Goal:** Review and use the preterite and imperfect to talk about past activities.

❶ Elige el verbo correcto en las siguientes oraciones sobre un día en la playa.

1. Ayer, nosotros (llegamos / llegábamos) a la playa a las 10:30 en punto.

2. Mientras Susana (preparaba / preparó) la comida (empezó / empezaba) a llover.

3. Mientras (llovió / llovía), los niños (dejaron / dejaban) de jugar.

4. De pronto (salía / salió) el sol.

5. Por las noches, (nos gustaron / nos gustaba) cantar y tocar la guitarra.

❷ Completa las siguientes oraciones con la forma correcta del verbo en paréntesis. Decide entre el imperfecto o el pretérito.

1. Todos los veranos nosotros _____ (pasar) las vacaciones en la playa.

2. A mí siempre me _____ (gustar) estar el día entero en el agua.

3. Una vez mi familia _____ (ir) a la playa pero de pronto _____ (empezar) a llover.

4. Nunca nos _____ (importar) qué tiempo _____ (hacer).

5. Una vez mientras yo _____ (refugiarse) debajo de la sombrilla mi hermana _____ (venir) para darme algunas caracolas que ella _____ (recoger).

❸ Escribe oraciones completas con todos los elementos. Usa el pretérito y el imperfecto según el contexto.

Modelo:　mis padres llegar a la playa / nosotros bañarnos

　　　　Mis padres llegaron a la playa mientras nosotros nos bañábamos.

1. Enrique llamar / Victoria y Carlos ver la puesta del sol

_____

2. mi cuñada tener un bebé / mis padres estar de vacaciones

_____

3. Papá decir que era hora de comer/ nosotros jugar al voleibol playero

_____

4. Nosotros llegar / Nuria dormir en la arena

_____

UNIDAD 1 Lección 2

Gramática A

Gramática B *Preterite vs. Imperfect*

Level 3 Textbook pp. 68–70

> **¡AVANZA!** **Goal:** Review and use the preterite and imperfect to talk about past activities.

1 Elige el verbo correcto y escríbelo en pretérito o imperfecto para completar las oraciones.

ver	conducir	tener	cenar	empezar	hacer

1. Nosotros _____ en un restaurante cuando mi abuela llamó.

2. Todos los años el abuelo Ricardo _____ la casa rodante a nuestra casa.

3. Una vez tú _____ que preparar la comida al aire libre.

4. De niña yo normalmente _____ la puesta del sol en la playa.

5. Cuando jugábamos al voleibol playero _____ a llover.

6. Mientras nadábamos _____ un calor agobiante en la playa.

2 Escribe oraciones con el pretérito o el imperfecto para completar el contexto.

1. Todos los fines de semana / Amanda / hacer una escapada

_____

2. ¿Tú / invitar a los Gómez a tu fiesta / este año?

_____

3. A las 10:30 / nosotros /salir en avión para México.

_____

4. Uds. / siempre / marearse en el velero.

_____

5. María / preparar la comida / cuando / nosotros / llegar.

_____

3 Contesta las siguientes preguntas sobre tus actividades pasadas con oraciones completas.

1. ¿Qué actividades hiciste cuando estabas de vacaciones?

_____

2. ¿Cómo te sentías cuando saliste de tu casa esta mañana?

_____

3. ¿Qué tiempo hacía cuando llegaste a casa ayer?

_____

4. ¿Dónde vivías cuando eras niño?

_____

Gramática B **UNIDAD 1 Lección 2**

Gramática C *Preterite vs. Imperfect*

| ¡AVANZA! | **Goal:** Review and use the preterite and imperfect to talk about past activities. |

1 Completa el párrafo sobre el día especial de Carlos. Escribe la forma correcta del verbo en el pretérito o el imperfecto.

Ayer **1.** _____ (ser) un día muy especial. Carlos **2.** _____ (cumplir)

doce años y su familia **3.** _____ (querer) celebrar en la playa.

4. _____ (Hacer) buen tiempo y **5.** _____ (estar) soleado. A las 2:00

de la tarde todos **6.** _____ (llegar) a la playa. Mucha gente ya

7. _____ (estar) allí. Algunos **8.** _____ (recoger) caracoles, otros

9. _____ (nadar) y Ángela y yo **10.** _____ (tomar) el sol. Carlos

11. _____ (estar) muy contento cuando **12.** _____ (meterse) al agua.

De repente todos los invitados **13.** _____ (ver) un pez grande al lado de Carlos.

Carlos nos **14.** _____ (decir) que no lo **15.** _____ (ver) mientras

él **16.** _____ (nadar). En fin, **17.** _____ (ser) un día fantástico.

2 Escribe un párrafo de seis oraciones completas sobre la última escapada que hiciste. ¿Adónde fuiste? ¿Quiénes estaban allí? ¿Qué pasó mientras estabas allí? ¿Cómo te sentías mientras estabas al aire libre? Usa el pretérito y el imperfecto.

_____

_____

_____

_____

_____

_____

_____

3 Escribe un resumen de lo que sucedió en el último programa de televisión que viste. Usa verbos en pretérito e imperfecto.

_____

_____

_____

_____

_____

_____

_____

_____

UNIDAD 1 Lección 2 Gramática C

Gramática adicional Contextual clues in the imperfect

> **¡AVANZA!** **Goal:** Review contextual clues that indicate ongoing past activities.

Hay varias frases que pueden indicar actividades habituales o continuas:

De niño	De niño yo tenia lecciones de natación.
Cuando era joven	Cuando era joven dormía mucho.
Mientras	Mientras yo estudiaba mi hermana cocinaba.
Todos los días / años	Todos los días iba a la escuela en autobús.
Regularmente	Jugaban al tenis regularmente.
Normalmente	Me levantaba a las siete de la mañana normalmente.
Cada verano / semana / martes	Pasábamos cada verano en la playa.

❶ Indica si las siguientes oraciones están en el presente, el pretérito o el imperfecto según el contexto.

	Presente	Pretérito	Imperfecto
Modelo: Tenemos que organizar el viaje	X		
1. Yo iba regularmente a nadar en la playa.			
2. ¿Viste la puesta del sol anoche?			
3. ¿Quiénes jugaban al voleibol playero regularmente?			
4. Ustedes van a México este año, ¿verdad?			
5. De niño navegué un velero muy grande.			
6. No me gusta tomar el sol.			
7. Todos los fines de semana hacíamos una escapada fuera de la ciudad.			
8. Hace seis meses se reunieron todos los miembros de la familia en Acapulco.			

❷ Escribe cinco oraciones completas sobre cómo pasabas los veranos cuando eras niño(a). Usa las frases contextuales del imperfecto.

_____

_____

_____

_____

_____

UNIDAD 1 Lección 2
Gramática adicional

34

Unidad 1, Lección 2
Gramática adicional

¡Avancemos! 3
Cuaderno para hispanohablantes

Conversación simulada

> **¡AVANZA!** **Goal:** Respond to a conversation discussing activities, skills and abilities.

Vas a participar en una conversación telefónica simulada con tu amigo Salvador. Primero, lee el bosquejo de la conversación que aparece en la página. Luego, escucha el audio. Tú sólo oirás lo que te dice Salvador. Entonces escucha el audio de nuevo. Esta vez participarás en la conversación. Responde de forma oral a lo que te dice Salvador. Una señal te indicará cuando te toque a ti hablar.

[phone rings]

Tú: Contesta el teléfono.

Salvador: (Él saluda.)

Tú: Saluda y di quién eres. Pregúntale a Salvador cómo le fue en sus vacaciones.

Salvador: (Él contesta y te pregunta qué piensas.)

Tú: Contesta y pregúntale qué otras cosas hizo.

Salvador: (Él habla de lo que hizo.)

Tú: Dale tu opinión sobre lo que él dice.

Salvador: (Él te invita.)

Tú: Contesta y explica por qué.

Salvador: (Él se despide.)

Tú: Despídete y cuelga.

Integración: Escribir

| ¡AVANZA! | **Goal:** | Respond to written and oral passages discussing activities, skills and abilities. |

Lee el siguiente folleto en sobre un crucero por el Caribe mexicano.

Fuente 1 Leer

CRUCEROS PARAÍSO MAYA

Playas de arenas blancas, aguas tibias y cristalinas y atención de primera clase son sólo unas de las muchas atracciones que usted disfruta cuando viaja con nosotros. Con visitas a Cancún, Playa del Carmen y Cozumel, usted podrá gozar de un México acogedor, lleno del sabor de la región maya.

Nuestro crucero Paraíso Maya le ofrece:

- **Camarotes de lujo con balcón privado**
- **Dos restaurantes de cocina internacional**
- **Casino**
- **Teatro**
- **Piscina, pista para correr y gimnasio**
- **Salón de belleza**
- **Excursiones turísticas**

Para reservar su lugar llame a la línea gratuita 1-PARAÍSO o contacte a su agente de viajes.

Escucha el mensaje que Barry Guillén dejó en el contestador de su agente de viajes. Toma notas. Luego completa la actividad.

Fuente 2 Escuchar

HL CD 1, tracks 7–8

¿Cuál crees que será el itinerario del viaje para el señor Guillén? Explica cómo crees que será su viaje y por qué.

_____

_____

_____

_____

_____

36

Unidad 1, Lección 2
Integración: Escribir

¡**Avancemos! 3**
Cuaderno para hispanohablantes

UNIDAD 1 Lección 2

Integración: Escribir

Lectura A

¡AVANZA! **Goal:** Read about family vacations.

1 Lee lo que escribió María sobre unas vacaciones que pasó con su hermana y su familia. Luego responde a las preguntas de comprensión y compara su experiencia con la tuya.

Unas vacaciones no tan buenas

Mi hermana Lupe me llamó para preguntarme si quiero ir de vacaciones con ella y su familia. Este año no voy a ir. El año pasado estuve quince días en la playa con mi hermana, su esposo, sus dos hijos Lucas y María Claudia.

A mi hermana y a su esposo les gustan mucho los deportes acuáticos. Pasaban la mayor parte del día en el mar. Cuando no practicaban surf, paseaban con las motos acuáticas. Algunos días, mi cuñado jugaba al voleibol playero y mi hermana observaba el juego y lo animaba. Y mientras ellos se divertían, yo cuidaba a los niños. Algunos días llevaba un libro a la playa y me recostaba debajo de la sombrilla para leer. Pero al final nunca leía. Lucas y María Claudia me llamaban todo el tiempo. Se enojaban si no jugaba con ellos o no los acompañaba a bañarse al mar. A mediodía comíamos en el restaurante del hotel. Después mi hermana y su familia tomaban una siesta. Entonces yo aprovechaba para salir a pasear. Pero a esa hora mucha gente toma la siesta y no había nadie por las calles. Mi hermana estaba muy entusiasmada con el surf y con la moto acuática. Yo me sentía mal pero no quería decirle nada porque no quería que se enojara conmigo. Yo sabía que hacía mucho tiempo ella no pasaba vacaciones en la playa... Pero yo la quiero mucho. Tal vez decida ir con ellos otra vez.

2 ¿**Comprendiste?** Responde a las siguientes preguntas con oraciones completas.

1. ¿Crees que el cuñado de María es muy deportista? ¿Por qué?

_____

_____

2. ¿Que hacían María y su familia a mediodía?

_____

_____

3. ¿Cómo se sentía María durante las vacaciones? ¿Mostraba sus sentimientos? ¿Por qué?

_____

_____

3 ¿**Qué piensas?** ¿Qué harías si estuvieras en la misma situación de María? Escribe una anécdota sobre tus últimas vacaciones.

_____

_____

_____

Lectura B

| ¡AVANZA! | **Goal:** Read about family vacations. |

1 Jorge tiene muy buenos recuerdos de sus vacaciones. Lee el relato y luego responde a las preguntas de comprensión y compara su experiencia con la tuya.

Recuerdos

Cuando Jorge era niño, todos los veranos iba con su familia a casa de los abuelos. Los abuelos vivían en una casita pequeña muy cerca de la playa. Todas las mañanas Jorge y su abuelo iban a pescar. Se levantaban muy temprano y salían cuando todavía era de noche. El abuelo decía que «hacía fresco», mientras que Jorge pensaba que hacía frío. Jorge nadaba muy bien, pero el abuelo siempre le pedía que se pusiera el chaleco salvavidas antes de montarse en el bote. Cuando ya estaban lejos de la costa, el abuelo paraba de remar y los dos se quedaban un rato hablando y mirando el mar. Casi siempre veían el amanecer y esto era un espectáculo maravilloso.

Cuando llegaban a casa, todos iban corriendo a ver que traían. Algunas veces regresaban con muchos pescados y otras veces traían muy pocos. Era raro el día en que no pescaban nada. De todas maneras siempre lo pasaban fenomenal: se divertían hablando, remando y mirando el mar.

Algunos días, Jorge y su abuelo no podían salir en el bote porque había tormenta. Entonces se quedaban en casa, contaban historias, la abuela hacía pasteles y por la tarde los chicos de los vecinos iban a la casa de los abuelos para ver películas de aventuras. Ahora los abuelos viven en la ciudad y Jorge siempre dice: «Los veranos en casa de los abuelos eran los mejores del mundo».

2 **¿Comprendiste?** Responde a las siguientes preguntas con oraciones completas:

1. ¿Por qué Jorge y su abuelo se levantaban muy temprano? ¿Cuándo salían de casa?

_____

_____

2. ¿Qué hacían Jorge y su familia los días que había tormenta?

_____

_____

3. ¿Por qué Jorge y su familia no volvieron a pasar las vacaciones al mismo lugar?

_____

3 **¿Qué piensas?** ¿Qué recuerdos especiales tienes de las vacaciones cuando eras niño(a)?

_____

_____

_____

UNIDAD 1 Lección 2

Lectura B

38

Unidad 1, Lección 2
Lectura B

¡Avancemos! 3
Cuaderno para hispanohablantes

Lectura C

| ¡AVANZA! | **Goal:** Read about family vacations. |

1 Lee lo que escribió Gerardo sobre unas vacaciones en familia. Luego responde a las preguntas de comprensión y da tu opinión sobre su experiencia.

Vacaciones en familia

En junio fui de vacaciones con mi familia a Cayo Hueso, en Florida. Yo no tenía ganas de ir de vacaciones en familia, mis padres, mi hermana, mi hermano, los abuelos, los tíos, la prima... pero después todo resultó mucho más divertido e interesante de lo que yo pensaba.

Todos estaban muy emocionados con el viaje. En casa nadie hablaba de otra cosa. Y no sé por qué, pero eso me hacía sentirme mal. Cuanto más oía hablar de Cayo Hueso, menos ganas tenía de ir allí. Los fines de semana el tío Eusebio venía con toda la familia y el tema de conversación era Cayo Hueso. Papá y el tío Eusebio hablaban de pesca. Mi hermana y la prima Amelia se encerraban en el cuarto de mi hermana durante horas para probarse trajes de baño y ropa de playa. Hasta mi hermano pequeño, me preguntaba miles de cosas sobre los cayos. Yo siempre le respondía: «No sé, no sé nada, yo nunca estuve allí».

Al fin llegó el día del viaje. Era un día claro y soleado. Tuvimos que ir a Atlanta para tomar el avión. En el avión tuvimos que sentarnos separados. Éramos diez personas y mi hermano pequeño se sentó a mi lado. El pobre se mareó durante las dos horas que duró el viaje. Cuando por fin llegamos a Cayo Hueso estaba lloviendo.

Ahora nadie estaba contento. Todos pensábamos que tendríamos que pasar las vacaciones encerrados en el apartamento, luego supimos que en Florida son frecuentes las tormentas y las lluvias durante el verano, pero sólo duran unas horas. Y así fue, a las pocas horas dejó de llover y brilló el sol. Hacía calor. Entonces todos quisieron ir a dar un paseo por la ciudad. Había tiendas de artesanías, de ropas y de objetos curiosos... En otras calles se veían casas de madera pintadas de blanco con patios llenos de árboles, plantas y flores. Había mucha gente caminando por la calle.

Yo empezaba a ver Cayo Hueso de otra forma: el calor no era tan agobiante como yo pensaba, la ciudad era agradable... Pero yo seguía pensando que unas vacaciones en familia sólo podían ser aburridas.

Al día siguiente fuimos a la playa. La arena era blanca y fina y el agua estaba caliente. Mi hermana y mi prima me convencieron para montar motos acuáticas. La verdad es que pasamos un buen rato. Otro día practicamos surf. Me sorprendí cuando vi que papá pidió una tabla de surf para él. Enseguida aprendió a mantener el equilibrio, cada vez que lo veía sobre una ola volvía a sorprenderme. ¡Yo no conocía esa faceta de mi papá! Yo pensaba que iba a pasar unas vacaciones feas y al final ¡fueron unas vacaciones geniales!

UNIDAD 1 Lección 2 Lectura C

2 **¿Comprendiste?** Responde a las siguientes preguntas.

1. Gerardo dice que toda su familia estaba emocionada con el viaje. ¿Cómo se refleja esa emoción y qué efecto produce en Gerardo?

_____

_____

_____

2. ¿Cómo estuvo el viaje? Explica tu respuesta.

_____

_____

3. ¿Cómo era la ciudad y qué vio Gerardo cuando fue a pasear con su familia?

_____

_____

_____

4. ¿Qué sorpresa se llevó Gerardo?

_____

_____

_____

3 **¿Qué piensas?** ¿Te sorprendiste alguna vez porque un miembro de tu familia hizo algo que tú no esperabas? ¿Quién fue? ¿Qué hizo y por qué te sorprendió?

_____

_____

_____

_____

Escritura A

¡AVANZA!	**Goal:** Write about vacations.

Estás de vacaciones en la playa con varios miembros de tu familia. Mientras tomas el sol observas qué hacen los demás. Escribe en tu diario qué hacía cada persona.

1 Escribe en la siguiente tabla: 1) el nombre, 2) la relación que tiene contigo la persona que está de vacaciones, y 3) una actividad para cada persona.

nombre(s)	miembro de la familia	actividad
a. Gabriela y Dolores	mis hermanas pequeñas	jugar en la arena
b.		
c.		
d.		
e.		

2 Con la información anterior, escribe en tu diario sobre el día en la playa. Haz tu escrito con muchos detalles. Asegúrate de que (1) la descripción de las actividades es clara, (2) incluyes comentarios personales, (3) usas los verbos de manera correcta.

Ayer mi familia y yo pasamos el día en la playa...

_____

_____

_____

_____

_____

3 Evalúa el párrafo de tu diario con la información de la siguiente tabla.

	Crédito máximo	**Crédito parcial**	**Crédito mínimo**
Contenido	Todas las actividades están desarrolladas con ideas claras e incluyes comentarios personales.	Casi todas las actividades presentan ideas claras e incluyes algunos comentarios personales.	Las actividades no están desarrolladas con ideas claras y no incluyes comentarios personales.
Uso correcto del lenguaje	Hay muy pocos errores o ninguno en el uso de los verbos.	Hay algunos errores en el uso de los verbos.	Hay un gran número de errores en el uso de los verbos.

Escritura B

¡AVANZA!	**Goal:** Write about vacations.

Escribe dos párrafos para explicar cómo pasaban tú y tu familia las vacaciones cuando eras pequeño(a). Si lo prefieres, puedes inventar las vacaciones que te hubiera gustado pasar.

1 Completa la ficha siguiente con la información sobre tus vacaciones en familia.

a. Lugar _____

b. Características del lugar _____

_____

c. Actividades que hacías _____

_____

d. Actividades de otros miembros de la familia _____

_____

2 Escribe dos párrafos sobre aquellas vacaciones. Usa el imperfecto y el pretérito. Asegúrate de que (1) incluyes información sobre cada uno de los puntos de la ficha, (2) te expresas de forma clara y ordenada, (3) usas los verbos correctamente.

_____

_____

_____

_____

_____

_____

3 Evalúa tus párrafos con la siguiente tabla.

	Crédito máximo	**Crédito parcial**	**Crédito mínimo**
Contenido	Incluyes información sobre todos los puntos de la ficha. Tus párrafos son claros y ordenados.	Incluyes información sobre algunos puntos. Tus párrafos, en general, son claros y ordenados.	No incluyes información sobre varios puntos. Tus párrafos no son claros ni ordenados.
Uso correcto del lenguaje	Tuviste muy pocos errores o ninguno en el uso del imperfecto y el pretérito.	Tuviste muchos errores en el uso del imperfecto y el pretérito.	Tuviste un gran número de errores en el uso del imperfecto y el pretérito.

UNIDAD 1 Lección 2

Escritura B

Escritura C

¡AVANZA!	**Goal:** Write about vacations.

Un grupo de compañeros y tú pasaron varios días en una reserva natural para filmar un documental de la zona. Acaban de regresar y te pidieron que escribas un reportaje sobre el viaje.

1 Escribe los datos que la directora del periódico quiere incluir en el reportaje:

    a. Personas que participaron: _____

    b. Dónde se quedaron: _____

    c. Equipo que usaron: _____

    d. Objetivos del viaje y del documental: _____

    e. Tareas de cada persona durante la filmación: _____

    _____

    _____

2 Escribe tu reportaje con la información de la ficha. Asegúrate de que (1) incluyes toda la información que pide la directora del periódico, (2) la información es clara y organizada, (3) los tiempos verbales son correctos.

_____

_____

_____

_____

_____

_____

_____

3 Evalúa tu reportaje con la siguiente tabla.

	Crédito máximo	**Crédito parcial**	**Crédito mínimo**
Contenido	Incluyes toda la información y ésta es clara y organizada.	Incluyes bastante información y en general es clara y organizada.	Incluyes muy poca información y es poco clara y organizada.
Uso correcto del lenguaje	Tuviste muy pocos errores o ninguno en el uso de los tiempos de los verbos.	Tuviste muchos errores en el uso de los tiempos de los verbos.	Tuviste un gran número de errores en el uso de los tiempos de los verbos.

Cultura A

> ¡AVANZA! **Goal:** Discover and know people, places, and culture from Mexico.

1 Relaciona cada elemento de la primera columna con el elemento correspondiente de la segunda.

1. _____ Península de Yucatán   **a.** ciudad del Pacífico
2. _____ La Quebrada   **b.** folclore
3. _____ María Izquierdo   **c.** mar Caribe
4. _____ Tulum   **d.** clavadistas
5. _____ Acapulco   **e.** mayas

2 Responde de forma breve a las siguientes preguntas sobre México y su gente.

1. ¿Quiénes son los clavadistas?

_____

2. ¿Qué hay en las ruinas de Tulum?

_____

3. ¿Por qué la Península de Yucatán es un destino turístico muy popular en México?

_____

3 ¿Crees que el deporte de los clavadistas de Acapulco es un deporte fácil o extremo? ¿Por qué sí o no? ¿Conoces un lugar en tu estado o región donde la gente practica un deporte extremo? ¿Cómo es ese lugar? ¿Qué deporte practica la gente allí? ¿En qué consiste ese deporte? Completa la siguiente ficha con el nombre del deporte y una oración completa sobre cada uno de los puntos que se indican.

_____

Un deporte extremo _____

Lugar: _____

¿En qué consiste?: _____

_____

Tu opinión sobre este deporte: _____

_____

_____

Cultura B

> **¡AVANZA!** **Goal:** Discover and know people, places, and culture from Mexico.

1 Responde de forma breve a las siguientes preguntas sobre México.

1. ¿En qué mar u océano está la península de Yucatán?

_____

2. ¿En la costa de qué mar u océano está la ciudad de Acapulco?

_____

3. ¿Desde dónde y de qué altura se zambullen los clavadistas de Acapulco?

_____

4. ¿Cuándo comenzó la tradición de los calvadistas de Acapulco?

_____

2 Responde con oraciones completas a las siguientes preguntas sobre Laura Esquivel y su obra.

1. ¿Quién es Laura Esquivel?

_____

2. ¿Qué cuenta la novela *Como agua para chocolate*?

_____

3 ¿Por qué razones Yucatán es un centro que atrae mucho turismo? ¿En qué lugar de Estados Unidos un turista puede disfrutar de la naturaleza y visitar un museo o un lugar histórico? ¿Dónde está y cómo es ese lugar? ¿Qué cosas se pueden hacer allí?

_____

_____

_____

_____

_____

_____

Cultura C

> **¡AVANZA!**   **Goal:**   Discover and know people, places, and culture from Mexico.

1 Tulum es un importante sitio arqueológico mexicano. Responde a las siguientes preguntas sobre este lugar con oraciones completas.

1. ¿Dónde están las ruinas de Tulum?

_____

_____

2. En Tulum se pueden visitar los restos de dos construcciones antiguas. ¿Qué tipo de edificios son y quiénes los construyeron?

_____

_____

3. En Tulum también se pueden observar unas pinturas muy antiguas. ¿Dónde están?

_____

_____

2 Los clavadistas de La Quebrada son famosos en todo el mundo. Explica lo que sepas de estos deportistas. Da todos los detalles posibles.

_____

_____

_____

3 ¿Sobre qué temas escribió Laura Esquivel en su novela *Como agua para chocolate?* ¿Qué aspectos de la vida familiar y la cultura mexicanas se reflejan en esta obra? ¿Cuál es un tema importante en la obra de tu autor favorito? ¿Por qué crees que usa ese tema? ¿Qué relación hay entre ese tema y la cultura del autor?

_____

_____

_____

_____

_____

_____

_____

_____

UNIDAD 1 Lección 2

Cultura C

Comparación cultural: Tierra de contrastes
Lectura y escritura

Después de leer los párrafos sobre las diferentes regiones donde viven Juan y Diana, escribe un párrafo sobre la región donde tú vives. Usa la información de la tabla para escribir un párrafo sobre la región donde vives.

Paso 1

Completa la tabla con los detalles sobre la región donde vives.

Nombre de la región	Lugar	Comentarios / Detalles

Paso 2

Ahora usa los detalles de la tabla para escribir una oración para cada uno de los temas.

_____

_____

_____

_____

_____

_____

Comparación cultural: Tierra de contrastes
Lectura y escritura
(continuación)

Paso 3

Ahora escribe un párrafo usando las oraciones que escribiste como guía. Incluye una oración de introducción y utiliza las frases **frente a**, **fuera de**, **junto a**, **dentro de** para describir la región donde vives.

_____

_____

_____

_____

_____

_____

_____

Lista de verificación

Asegúrate de que...

☐ incluyes todos los detalles de la tabla sobre la región donde vives en el párrafo;

☐ usas los detalles para describir sobre la región donde vives;

☐ utilizas las frases preposicionales.

Tabla

Evalúa tu trabajo con la siguiente tabla.

Criterio de escritura	Excelente	Bueno	Necesita mejorar
Contenido	Tu párrafo incluye todos los detalles sobre la región donde vives.	Tu párrafo incluye algunos de los detalles sobre la región donde vives.	Tu párrafo incluye muy poca información sobre la región donde vives.
Comunicación	La mayor parte de tu párrafo está organizada y fácil de entender.	Partes de tu párrafo están organizadas y fáciles de entender.	Tu párrafo está desorganizado y es difícil de entender.
Precisión	Tu párrafo tiene pocos errores de gramática y de vocabulario.	Tu párrafo tiene algunos errores de gramática y de vocabulario.	Tu párrafo tiene muchos errores de gramática y de vocabulario.

Comparación cultural: Tierra de contrastes
Compara con tu mundo

Ahora escribe un párrafo comparando la región donde vives con la de uno de los estudiantes de la página 83. Organiza tu comparación por temas. Primero compara los nombres de las regiones, después dónde están ubicadas y por último escribe comentarios y detalles sobre la región donde tú vives.

Paso 1

Usa la tabla para organizar la comparación por temas. Escribe los detalles de cada uno de los temas sobre la región donde vives y los detalles de la región del (de la) estudiate que has elegido.

	Mi región	La región de _____
Nombre del lugar(es)		
Ubicación		
Comentarios		

Paso 2

Ahora usa los detalles de la tabla para escribir la comparación. Incluye una oración de introducción y escribe sobre cada tema. Utiliza las frases **frente a**, **fuera de**, **junto a**, **dentro de** para describir sobre la región donde vives y la del (de la) estudiante que has elegido.

_____

_____

_____

_____

_____

_____

_____

_____

Vocabulario A ¡Es hora de ayudar!

> **¡AVANZA!**   **Goal:**   Talk about volunteer work and community activities.

1 Carolina y Amalia organizan un grupo de voluntarios de la comunidad. Subraya la palabra o expresión que mejor completa cada descripción de sus actividades.

1. Todos reciclan las (anuncios / bolsas de plástico / letreros) para ayudar al medio ambiente.

2. Carolina y Amalia solicitan dinero para recaudar (fondos / revistas / diseños) para la campaña.

3. Algunas personas de la comunidad también trabajan como (voluntarios / coordinadores / estrellas) en el comedor de beneficencia.

4. Carolina y Amalia crean un (diseño / periódico / canal de televisión) para su letrero de la campaña.

5. El (anuncio / lema / artículo) de su proyecto de acción es «¡Ahora o Nunca! ¡A mejorar nuestra comunidad!»

2 Escribe la palabra o frase que identifica dónde se realizan las siguientes actividades de la comunidad.

1. En el _____ se pueden organizar actividades para los ancianos.

2. En el _____ se sirve comida para la gente sin hogar.

3. En el _____ se puede trabajar como voluntario para ayudar a los pacientes.

4. En la _____ se puede ver dónde puedes anunciar tu evento o tu proyecto: en las noticias, en el periódico, en las revistas o, en la radio.

5. En el _____ se leen las noticias diarias y los anuncios de los eventos importantes de la comunidad.

3 Contesta las siguientes preguntas sobre tus experiencias en la comunidad donde vives. Escribe oraciones completas.

1. ¿Cuáles son las prioridades de tu comunidad con respecto a los proyectos de acción social?

_____

2. Menciona un proyecto donde se pueda trabajar como voluntario. ¿Dónde es?

_____

3. ¿Qué proyectos de acción social se organizan en tu escuela?

_____

4. ¿Qué tipo de publicidad hay para los eventos en tu comunidad?

_____

UNIDAD 2 Lección 1

Vocabulario A

Vocabulario B ¡Es hora de ayudar!

> **¡AVANZA!** **Goal:** Talk about volunteer work and community activities.

1 David describe las prioridades de su comunidad. Elige la palabra o expresión apropiada del cuadro y escríbela en el espacio en blanco para identificar qué oportunidades hay.

| trabajar de voluntario | la publicidad | comedor de beneficencia | presupuesto |

1. Hay mucha gente sin hogar en la comunidad. El _____ busca voluntarios para servir la comida.

2. Las compañías y organizaciones deben estar conscientes de las necesidades de la comunidad. Deben incluir dinero en su _____ anual para ayudar a la comunidad.

3. Hay muchas oportunidades para ayudar a la comunidad sin aceptar dinero por el trabajo. Cada individuo debe _____ .

4. La prensa juega un papel importante en _____ de los eventos.

2 Escribe oraciones completas para describir qué puedes hacer para ayudar a las siguientes causas de tu comunidad.

Modelo: en el hospital *Puedo trabajar de voluntario leyéndoles libros a los enfermos.*

1. a la gente sin hogar _____
2. a eliminar la basura _____
3. a apoyar un proyecto de acción social _____
4. a hacer publicidad _____

3 Escribe un anuncio publicitario de una campaña para eliminar la basura de tu comunidad. Incluye en tu anuncio: 1) el lema de la campaña, 2) las prioridades de tu proyecto y 3) cómo puede contribuir el público para apoyar el proyecto. Escribe cinco oraciones completas.

_____
_____
_____
_____
_____
_____

Vocabulario C ¡Es hora de ayudar!

> **¡AVANZA!** **Goal:** Talk about volunteer work and community activities.

1 Escribe la palabra o expresión que corresponde a cada definición.

1. El dinero que una compañía u organización tiene cada año para funcionar es

_____

2. El acto de solicitar dinero de varias personas y fuentes para una campaña es recaudar

_____

3. _____ es el acto de varias personas de ayudar y hacer contribuciones

con un mismo fin.

4. «Todos para uno y uno para todos» es un _____

5. Los periódicos, las emisoras y los canales de televisión forman parte de

_____

2 Contesta las siguientes preguntas con oraciones completas sobre tus actividades en tu comunidad.

1. ¿En qué proyecto de acción social te gustaría trabajar y por qué?

_____

2. ¿Cuál sería un buen lema para la campaña de salud de un hospital?

_____

3. ¿Qué tipos de publicidad son los más efectivos en tu comunidad?

_____

4. ¿Cuáles crees que son las mejores maneras de recaudar fondos para una campaña?

_____

5. ¿Cuáles son las prioridades de tu comunidad en cuanto a los proyectos de acción social?

_____

3 Escríbele una carta a un(a) representante de tu gobierno local para expresar cuáles son tus ideas para mejorar tu comunidad. Escribe seis oraciones e incluye: 1) tus prioridades, 2) cómo puede contribuir la gente y 3) cómo puede colaborar el gobierno en el proyecto.

_____

_____

_____

_____

_____

_____

Vocabulario adicional *Cognados Falsos*

| ¡AVANZA! | **Goal:** Use correct cognates and avoid false cognates in Spanish. |

palabra en inglés	cognado falso	palabra en español
to have a good time	tener buen tiempo	divertirse, pasarlo bien
to move	moverse (físicamente)	mudarse (de casa a casa)
to support	soportar = tolerar	apoyar, sostener
to apply (for a job) / application	aplicar / la aplicación = implementar / implementación	solicitar / la solicitud
actually	en actualidad = presente	en realidad, realmente
to realize	realizar = cumplir	darse cuenta de

1 Subraya la frase correcta entre paréntesis para completar las oraciones.

1. Pensaba que Laura iba a venir a la fiesta pero (en la actualidad / en realidad) ella nunca tuvo intención de asistir.

2. ¡Qué fantástico viaje tuvimos! Aunque llovió, (nos divertimos / tuvimos buen tiempo) mucho.

3. (Realicé / Me di cuenta de) que dejé mis llaves en la oficina.

4. ¿Cuándo (se mueven / se mudan) los Gómez a la nueva casa?

5. Voy a (solicitar / aplicar) el nuevo trabajo en el hospital.

6. Puedes (soportar / apoyar) la campaña y donar dinero.

2 Escribe oraciones completas y correctas con las siguientes palabras.

1. realmente: _____

2. solicitud: _____

3. darse cuenta de: _____

4. tener buenos modales: _____

Gramática A *Tú commands*

> **¡AVANZA!** **Goal:** Use informal commands to tell someone what to do and what not to do.

❶ Felipe le da instrucciones a su amigo Jorge de cómo puede contribuir a las causas importantes de la comunidad. Haz un círculo en la forma correcta del mandato **tú**.

1. (Elige / Elijas) una causa para apoyar a los pobres.

2. (Des / Da) dinero a una causa importante.

3. No (organices / organiza) todo tú solo.

4. (Delegues / Delega) las responsabilidades a tu equipo.

5. No (ve / vayas) a la prensa sin un plan organizado.

❷ Tu amigo quiere ayudar en la comunidad y tú le das mandatos. Escribe oraciones completas con la forma correcta de los mandatos afirmativos y negativos.

Modelo: Reciclar el papel. *Recicla el papel.*

1. Hacer trabajo voluntario.

_____

2. No gastar dinero en cosas innecesarias.

_____

3. Ir a una agencia de publicidad para informar al público sobre los eventos.

_____

4. No tener miedo de solicitar dinero para la campaña.

_____

5. Recaudar fondos para el presupuesto.

_____

❸ Escribe un mandato para decirle a tu hermano lo que debe o no debe hacer en cada situación.

Modelo: El medio ambiente está en peligro. *Recicla latas y papel.*

1. Quiero ayudar a la gente sin hogar de la ciudad.

_____

2. Hay una crisis de gasolina en tu ciudad.

_____

3. El hospital necesita gente adicional para trabajar.

_____

UNIDAD 2 Lección 1

Gramática A

Gramática B Tú commands

> **¡AVANZA!** **Goal:** Use informal commands to tell someone what to do and what not to do.

1 Elige el verbo apropiado del cuadro y escribe la forma correcta del mandato para decirle a tu amigo(a) qué debe hacer para mejorar la comunidad.

ser	hacer	tener	gastar	reciclar

1. _____ paciencia con los ancianos.

2. No _____ mucho dinero.

3. _____ el papel, las latas y las bolsas de plástico.

4. No _____ mucho ruido.

5. _____ responsable.

2 Escribe oraciones completas con mandatos afirmativos y negativos para decirle a tu amigo Emilio lo que debe hacer en cada situación.

Modelo: Quiero ir al centro. *Ve al centro.*

1. Tengo que buscar un trabajo.

   _____

2. Tengo que hablar con el director del hospital.

   _____

3. No quiero colaborar con esta empresa.

   _____

4. No puedo ir a la reunión.

   _____

3 Un estudiante de México va a pasar una semana en tu ciudad. Escríbele dos oraciones acerca de qué debe hacer y dos oraciones acerca de qué no debe hacer en tu ciudad. Usa los mandatos afirmativos y negativos.

Cosas que debes hacer:

1. _____

2. _____

Cosas que no debes hacer:

1. No _____

2. No _____

Gramática C _Tú commands_

> **¡AVANZA!** **Goal:** Use informal commands to tell someone what to do and what not to do.

1 Escribe mandatos afirmativos y negativos a un(a) amigo(a) y dile lo que debe hacer para ayudar en la comunidad.

Modelo: trabajar de voluntario(a) en el hospital

Trabaja de voluntario(a) en el hospital.

1. reciclar los periódicos

_____

2. no gastar mucho dinero

_____

3. hacer lo que más puedas

_____

4. no conducir el carro

_____

5. ir en bicicleta a la escuela.

_____

6. no ser irresponsable

_____

2 Escribe oraciones completas con mandatos para decirle a tu amigo(a) lo que debe o no debe hacer en los siguientes lugares.

Modelo: en la casa _Limpia tu cuarto._ No _juegues al fútbol en el salón._

1. en la ciudad

_____

No _____

2. en el hospital

_____

No _____

3. en la escuela

_____

No _____

3 Preparas un folleto para la gente joven de tu comunidad. Escribe cinco mandatos afirmativos y negativos para motivarlos a ser voluntarios.

_____

_____

_____

_____

_____

Gramática A *Other command forms*

¡AVANZA!	**Goal:**	Use usted, ustedes, and nosotros command forms to tell someone what to do and what not to do.

1 Escoge la forma correcta del mandato para decirles a tus compañeros de clase lo que tu y ellos deben hacer para ayudar a la comunidad.

   1. (Hagan / Haz) una campaña para limpiar el parque.

   2. (Pidamos / Pidan) nosotros dinero a la comunidad para recaudar fondos.

   3. No (esperan / esperen) hasta tarde para organizar un proyecto.

   4. (Recojan / Recojamos) nosotros la basura de la calle.

   5. (Van / Vayan) en bicicleta a la escuela.

   6. No (sean / son) perezosos.

2 Escribe mandatos afirmativos y negativos para decirle a la señora Román qué debe hacer para trabajar de voluntaria.

   1. ir al centro de la comunidad _____

   2. usar el transporte público _____

   3. escribir un lema para la campaña _____

   4. no tener miedo de pedir ayuda _____

   5. no ser tímida _____

   6. no llegar tarde a la reunión de voluntarios _____

3 Tienes la oportunidad de darle recomendaciones a algunos profesores de la escuela. Escribe un mandato afirmativo y un mandato negativo para decirle los cambios que tú quieres ver en cada categoría.

Modelo: la clase de deportes	*Organice más partidos de fútbol.*	*No deje tarea en los días de los partidos.*
la clase de matemáticas		
el examen de ciencias		
el horario de descanso		
las actividades extracurriculares		

Gramática B *Other command forms*

¡AVANZA!	**Goal:**	Use usted, ustedes, and nosotros command forms to tell someone what to do and what not to do.

1 Tus padres quieren organizar unos proyectos de acción social en la comunidad. Escríbeles mandatos afirmativos y negativos para decirles lo que deben hacer.

1. _____ (ir) al centro de la comunidad.

2. _____ (preguntar) si hay oportunidades de trabajo.

3. _____ (hacer) trabajo voluntario.

4. _____ (servir) comida a los pobres.

5. No _____ (tardar) en informarse de las campañas.

6. No _____ (ir) en coche sino en transporte público.

2 El director de eventos sociales de la escuela te pide tu opinión para atraer más publicidad. Escríbele mandatos para decirle qué puede hacer con cada medio de comunicación.

Modelo: la agencia de publicidad

Vaya a una agencia de publicidad para organizar la campaña.

1. la prensa _____

2. el canal de televisión _____

3. el periódico _____

4. las emisoras _____

5. las noticias _____

3 Un grupo de alumnos y tú están organizando una campaña para eliminar la basura en los pasillos y en los jardines de la escuela. Escribe oraciones completas con tres mandatos afirmativos y tres mandatos negativos para decirles a los demás cómo ustedes van a organizar la campaña. Usa la forma de mandato **nosotros**.

Lo que debemos hacer:

1. _____

2. _____

3. _____

Lo que no debemos hacer:

1. _____

2. _____

3. _____

UNIDAD 2 Lección 1 · Gramática B

Gramática C *Other command forms*

¡AVANZA!	**Goal:**	Use usted, ustedes, and nosotros command forms to tell someone what to do and what not to do.

1 Escribe oraciones completas con mandatos afirmativos y negativos para decirles a las siguientes personas cómo pueden contribuir al proyecto de acción social que tú estás organizando.

> **Modelo:** a tus profesores (solicitar)
>
> *Soliciten dinero a la comunidad.*

1. a David y a Luis (buscar)

_____

2. al Sr. Beltrán (ir)

_____

3. a la Sra. López (escribir)

_____

4. a tus amigos (no ser)

_____

5. a tus compañeros de clase (no ir)

_____

2 Tus amigos de Chile vienen a tu ciudad. Escríbeles mandatos afirmativos y negativos de lo que deben hacer para prepararse para su viaje.

> **Modelo:** *Traigan el paraguas.*   No *traigan el traje de baño.*

1. _____ No _____

2. _____ No _____

3. _____ No _____

4. _____ No _____

3 Tu clase de español está organizando una campaña para limpiar un parque de tu comunidad. Escribe un anuncio publicitario sobre la campaña para el periódico. Escribe cinco mandatos afirmativos y cinco manadatos negativos para motivar a la comunidad a colaborar en el proyecto.

_____

_____

_____

_____

_____

_____

Gramática adicional

Affirmative Commands using ¡A + infinitivo! and Negative Commands using No + infinitivo

| ¡AVANZA! | **Goal:** Use infinitive expressions to give indirect commands. |

Las formas de los mandatos normalmente se dirigen a personas específicas.

Come tus verduras.

No coman demasiado.

Cómase todo el desayuno.

Se pueden usar las expresiones **¡A + infinitivo!** y **No + infinitivo** con algunos verbos para dar mandatos indirectos.

La expresión **¡A + infinitivo!** funciona como un mandato afirmativo:

¡A jugar!   **¡A comer!**   **¡A trabajar!**

La expresión **No + infinitivo** funciona como un mandato negativo:

No fumar   **No tocar**   **No nadar aquí**

1 Escribe las formas del imperativo en infinitivo. Usa la primera fila como guía.

Mandato	Imperativo con el infinitivo
Modelo: Trabajen.	*¡A trabajar!*
1. No fume.	
2. Toca el piano.	
3. No griten.	
4. Corran.	
5. Cómete el desayuno.	
6. No pise el suelo.	

2 Vas a organizar una campaña para eliminar la contaminación en tu ciudad. Escribe dos frases imperativas afirmativas y dos negativas con las expresiones del imperativo con el infinitivo.

Afirmativas:

1. _____

2. _____

Negativas:

1. _____

2. _____

UNIDAD 2 Lección 1

Gramática adicional

Integración: Hablar

¡AVANZA! **Goal:** Respond to written and oral passages describing volunteer activities.

Lee lo que dice el sitio web siguiente.

Fuente 1 Leer

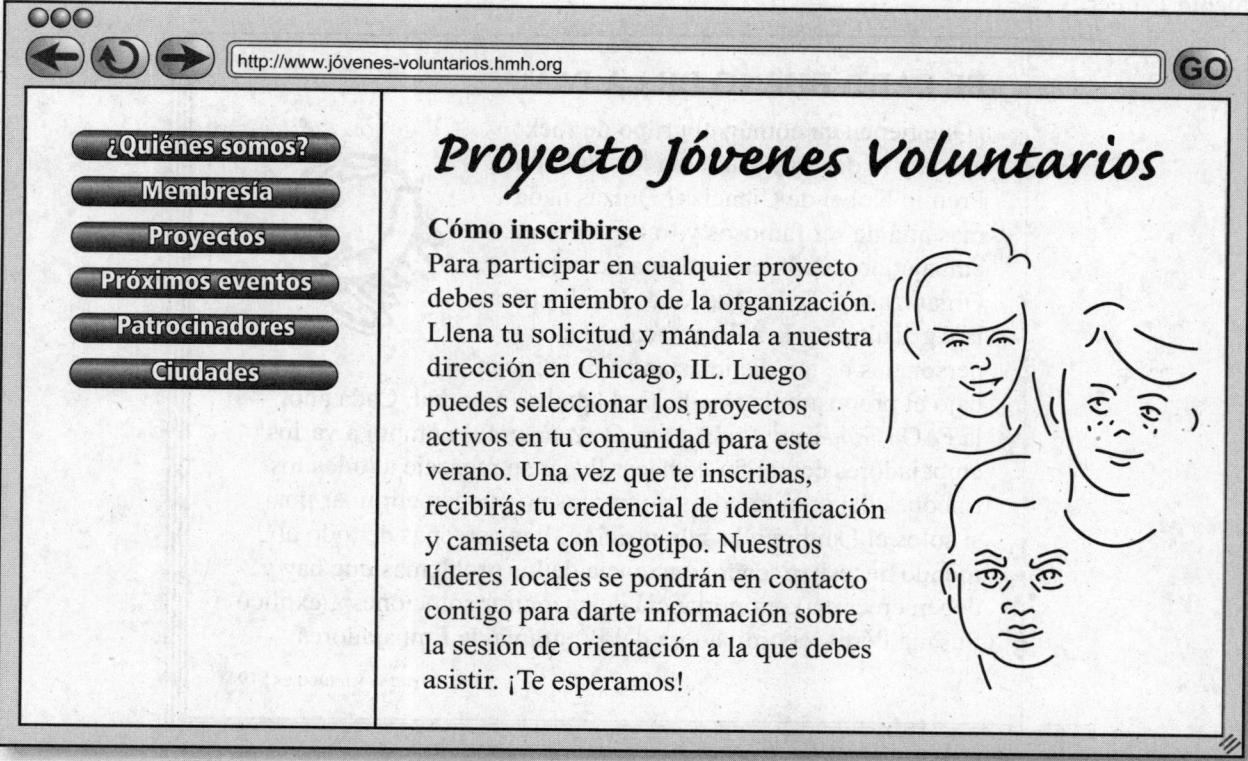

```
http://www.jóvenes-voluntarios.hmh.org          GO
```

¿Quiénes somos?
Membresía
Proyectos
Próximos eventos
Patrocinadores
Ciudades

Proyecto Jóvenes Voluntarios

Cómo inscribirse
Para participar en cualquier proyecto debes ser miembro de la organización. Llena tu solicitud y mándala a nuestra dirección en Chicago, IL. Luego puedes seleccionar los proyectos activos en tu comunidad para este verano. Una vez que te inscribas, recibirás tu credencial de identificación y camiseta con logotipo. Nuestros líderes locales se pondrán en contacto contigo para darte información sobre la sesión de orientación a la que debes asistir. ¡Te esperamos!

Vas a escuchar el mensaje que Susana Norris dejó en el contestador de su amigo Marco Antonio. Toma apuntes, luego completa la Actividad.

Fuente 2 Leer

HL CD 1, tracks 9–10

¿Qué le dirías a otro compañero de la escuela para informale acerca de los requisitos del club y los eventos disponibles este fin de semana?

Integración: Escribir

> **¡AVANZA!** **Goal:** Respond to written and oral passages describing volunteer activities.

Lee el siguiente artículo sobre la participación de personas famosas en organizaciones de beneficencia pública.

Fuente 1, Leer

EL LADO BUENO DE LA FAMA

¿Qué tienen en común el grupo de rock Maná y la doctora Rita Levi Montalicini, Premio Nobel de Ciencias? Quizás nada más allá de ser famosos y trabajar como embajadores de buena voluntad con la Organización de las Naciones Unidas para la Agricultura y la Alimentación. Estos personajes de tan distintas áreas se unifican bajo el propósito de erradicar el hambre mundial. Cada año, la FAO (*Food and Agriculture Organization*) nombra a varios embajadores con el fin de hacer llegar su mensaje a todos los rincones del mundo. «Los gobiernos no pueden eliminar por sí solos el hambre y la subnutrición. Las personas de todo el mundo necesitan tener conciencia de los problemas que hay y deben creer en la importancia de encontrar soluciones», explicó Susana Pérez, coordinadora del Programa de Embajadores.

LAS NOTICIAS MUNDIALES | 19 ■

Vas a escuchar el comentario que hizo Oliverio Picinelo, un actor de televisión, en una entrevista de radio. Toma apuntes.

Fuente 2 Escuchar

HL CD 1, tracks 11–12

Explica tu punto de vista sobre la participación de celebridades en estas organizaciones voluntarias. ¿Es un buen uso de la fama? ¿Crees que en verdad su fama ayuda a promover sus causas nobles? ¿Por qué?

_____
_____
_____
_____
_____
_____

62

Unidad 2, Lección 1
Integración: Escribir

¡Avancemos! 3
Cuaderno para hispanohablantes

UNIDAD 2 Lección 1

Integración: Escribir

Lectura A

> ▶ **¡AVANZA!** **Goal:** Persuade others and describe volunteer activities.

❶ Lee el siguiente comunicado de prensa de un grupo de voluntarios que va a recaudar fondos para un hogar de ancianos. Luego, responde a las preguntas de comprensión y escribe sobre tu experiencia.

Apoyar a nuestros ancianos

El hogar de ancianos Rosario Díaz es un proyecto de acción social que hace quince años atiende a más de cincuenta personas mayores de nuestra comunidad. Este hogar se mantiene principalmente por las contribuciones de los ciudadanos. El presupuesto del hogar es muy pequeño y por eso necesita de la ayuda de todos.

La semana del 18 al 24 de marzo, el grupo de voluntarios del hogar vamos a celebrar la campaña «Todo por los ancianos». Nuestro objetivo es recaudar fondos para poder seguir dándoles a los ancianos de nuestra comunidad las atenciónes que necesitan.

¡Venga a visitarnos y ayúdenos! Su cooperación puede hacer feliz a muchas personas. ¡Contribuya con efectivo o con un cheque para ayudarnos con nuestros gastos! ¡Traiga ropa o comida para donar! ¡Ayúdenos a organizar los talleres de artesanía! En el hogar también tenemos una biblioteca. A muchos de nuestros ancianos les encanta leer. ¡Traiga sus libros!

¡Venga a pasar un rato con ellos! ¡Léales y comparta sus historias! ¡Cambie la vida de una persona con un poco de su tiempo! No olvide que hay muchas formas de apoyarmos. ¡Infórmese! Muchas gracias de antemano.

---

❷ **¿Comprendiste?** Responde a las siguientes preguntas con oraciones completas.

1. ¿Cuál es la función del hogar de ancianos Rosario Díaz?

_____

2. ¿Qué es la campaña «Todo por los ancianos» y quién o quiénes la organizan?

_____

_____

3. ¿Qué pueden lograr las personas que ayudan en la campaña con su colaboración?

_____

❸ **¿Qué piensas?** El comunicado dice: «¡Cambie la vida de una persona con un poco de su tiempo!» ¿Cómo entiendes tú esta frase? ¿Crees que se puede cambiar la vida de una persona con algo simple? ¿Has tenido alguna experiencia que sirva para apoyar tu respuesta?

_____

_____

Lectura B

> ¡AVANZA!　**Goal:** Persuade others and describe volunteer activities.

1 Adolfo trabaja con un grupo de voluntarios y busca apoyo para la próxima campaña. Lee el mensaje que Adolfo le envió a su amigo José Luis. Luego responde a las preguntas de comprensión y compara su experiencia con la tuya.

Otra forma de ayudar

Estimado José Luis:

Estoy planificando una nueva campaña. Mi grupo de voluntarios y yo queremos visitar a los niños del hospital y llevarles regalos. No te preocupes por el dinero. Queremos desarrollar una campaña y recaudar fondos para comprar libros y juguetes. Necesitamos la ayuda de otras personas. Necesitamos gente con entusiasmo y creatividad para trabajar con nosotros y por eso pensé en ti. Tú siempre tienes muy buenas ideas y podrías ayudarnos en la planificación de la campaña.

Pienso que tu grupo de teatro podría hacer una función para colaborar con la campaña. Podrían recaudar fondos con la venta de las entradas y también pedir la cooperación del público. La persona que se ocupa de la publicidad del grupo de teatro puede mandar un anuncio de su actuación a la prensa y a una emisora de radio para apoyar la campaña.

Te mandaré un correo electrónico con el lema de la campaña y la información sobre dónde las personas pueden enviar el dinero y los juguetes. Además, incluyo una dirección y un teléfono de contacto. Gracias por tu ayuda.

Adolfo

2 **¿Comprendiste?** Responde a las siguientes preguntas con oraciones completas.

1. ¿Cómo espera Adolfo que José Luis participe en su campaña?

_____

2. ¿Por qué Adolfo quiere que José Luis lo ayude en la campaña?

_____

_____

3. ¿Cómo es que José Luis puede comunicarse con Adolfo?

_____

3 **¿Qué piensas?** ¿Ayudaste alguna vez en una campaña benéfica? ¿Cómo crees que puedes ayudar en una campaña de este tipo si no tienes dinero? ¿Cuál ayuda crees que es más importante? ¿Por qué?

_____

_____

UNIDAD 2 Lección 1
Lectura B

Lectura C

| ¡AVANZA! | **Goal:** Persuade others and describe volunteer activities. |

1 Amanda colabora habitualmente con una asociación de voluntarios que se ocupan de limpiar los parques de la comunidad. Este año, Amanda estuvo de viaje con su familia y cuando regresó, ya los voluntarios habían hecho casi todo el trabajo de la campaña. Lee la conversación entre Amanda y Violeta, otra voluntaria. Luego, responde a las preguntas de comprensión y da tu opinión sobre el tema.

¿Cómo puedo ayudar?

VIOLETA: Hola. ¿Viste el cartel para anunciar la campaña de este año? ¡Míralo!

AMANDA: ¡Es estupendo! ¡Es muy original! ¡Todo está perfecto! Lo hizo una agencia de publicidad, ¿verdad?

VIOLETA: ¿Una agencia de publicidad? ¡No olvides que nuestro presupuesto no nos permite gastar dinero en eso! Ernesto hizo el diseño, él tiene mucha creatividad.

AMANDA: ¡Es genial! ¿Y cuándo vamos a limpiar el parque?

VIOLETA: El próximo jueves, ya tenemos todo organizado. Contamos con un grupo de más de cien personas que prometieron su colaboración.

AMANDA: Yo también voy a ir, como todos los años. Si quieres puedo escribir un anuncio para la prensa.

VIOLETA: Gracias, pero esta mañana mandamos un anuncio a la prensa. Sara escribió un artículo para explicar en qué consiste nuestro trabajo y para solicitar la cooperación de los demás. La revista Nuestro Mundo va a publicarlo el próximo martes.

AMANDA: Ya veo que llegué demasiado tarde.

VIOLETA: No, no digas eso, sabes que hay muchísimo trabajo que hacer. Además, muchas de las cosas que hicimos durante estos últimos días ya estaban planificadas de antemano y tú colaboraste en esa planificación. ¿Te acuerdas de la entrevista que tuviste con la dueña de los almacenes Casa y Jardín? Pues ella cumplió su promesa y mandó 300 pares de guantes de trabajo para los voluntarios que van a ayudarnos a limpiar el parque.

AMANDA: ¡Qué bien! ¿Y le escribiste o la llamaste para darle las gracias?

VIOLETA: No, todavía no. Mejor llámala tú. Ella te conoce a ti.

AMANDA: Está bien, yo la llamo. ¿Entonces, ya todo está preparado?

VIOLETA: Pues creo que sí. Oye, ¿vendrá tu hermano al parque?

AMANDA: Si, y te tengo una sorpresa. ¡Mi hermano va a venir con David Hernández!

VIOLETA: ¿El cantante? ¡Entonces la campaña de este año va a ser todo un éxito!

2 **¿Comprendiste?** Responde a las siguientes preguntas con oraciones completas.

1. ¿Por qué Amanda cree que el cartel lo hizo una empresa de publicidad?

_____

_____

2. Además del cartel, ¿qué otras cosas hicieron los voluntarios y voluntarias mientras Amanda estuvo de viaje?

_____

_____

3. ¿Cómo cooperaron los almacenes Casa y Jardín con la campaña?

_____

_____

4. ¿Cuál es la sorpresa de Amanda y cómo cree Violeta que eso puede afectar a la campaña?

_____

_____

3 **¿Qué piensas?** Escribe un breve ensayo sobre una campaña de acción social. Ten en cuenta las siguientes preguntas. ¿Crees que la presencia de una persona famosa puede influir mucho en el éxito de una campaña de acción social? ¿Cómo reaccionas tú cuando lees en la prensa o ves en la televisión que una persona famosa participa en una campaña de acción social?

_____

_____

_____

_____

_____

_____

_____

_____

_____

_____

_____

_____

_____

Lectura C   UNIDAD 2 Lección 1

Escritura A

¡AVANZA!	**Goal:** Describe volunteer activites and persuade others.

Trabajas como voluntario(a) en un comedor de beneficencia. El próximo mes, es el quinto aniversario del comedor y tu grupo de voluntarios va a organizar un evento para promocionarlo. Diseña un cartel para anunciar este evento y para pedir la colaboración del público.

1 Rellena la siguiente ficha sobre el evento:

Tipo de evento: _____

Lugar y fecha de celebración: _____

Finalidad del evento: _____

Ayuda que se solicita: _____

_____

_____

_____

_____

2 Usa los datos de la ficha para crear un cartel. Asegúrate de que: 1) incluyes toda la información importante sobre el evento e información fácil de entender, 2) usas mandatos para pedir ayuda y animar a la gente a colaborar, 3) usas correctamente los verbos y la ortografía.

_____

_____

_____

_____

_____

_____

3 Evalúa tu cartel con la siguiente tabla.

	Crédito máximo	**Crédito parcial**	**Crédito mínimo**
Contenido	La información es suficiente, clara y fácil de entender.	La información es poco clara y no es fácil de entender.	La información es muy escasa, poco clara y difícil de entender.
Uso correcto del lenguaje	Hay muy pocos errores o ninguno en el uso de los verbos y la ortografía.	Hay muchos errores en el uso de los verbos y la ortografía.	Hay un gran número de errores en el uso de los verbos y la ortografía.

Escritura B

¡AVANZA!	**Goal:** Describe volunteer activites and persuade others.

Estás organizando a dos amigos que trabajan en una obra caritativa: Raúl, el chico encargado de recaudar fondos no sabe qué hacer, y Manuela, le ofreció su ayuda.

1 Escribe una lista de cosas necesarias para organizar la campaña e indica quién va a hacerlo. Algunas tareas las harán los dos.

Tareas	Raúl	Manuela
a.		
b.		
c.		
d.		
e.		
f.		
g.		

2 Escríbeles una carta para darles sugerencias sobre lo que tienen que hacer. Incluye en tu carta expresiones impersonales para indicar algunas tareas y mandatos para sugerir quién puede hacer cada cosa. Asegúrate de que: 1) los mandatos y las instrucciones sean claros, 2) el tono de la carta sea cortés y que 3) los tiempos de los verbos sean correctos.

_____

_____

_____

_____

_____

_____

_____

3 Evalúa tu carta usando la siguiente tabla.

	Crédito máximo	**Crédito parcial**	**Crédito mínimo**
Contenido	Los mandatos y las instrucciones son claros y la carta es cortés.	Algunos mandatos o instrucciones son poco claros o la carta es poco cortés.	Los mandatos y las instrucciones no son claros y la carta no es cortés.
Uso correcto del lenguaje	Hay muy pocos errores o ninguno en el uso de los tiempos de los verbos.	Hay muchos errores en el uso de los tiempos de los verbos.	Hay un gran número de errores en el uso de los tiempos de los verbos.

UNIDAD 2 Lección 1

Escritura B

Escritura C

| ¡AVANZA! | **Goal:** Describe volunteer activites and persuade others. |

Quieres organizar un proyecto de acción social para ayudar a inmigrantes que acaban de llegar a Estados Unidos. Vas a presentarles el proyecto a tus compañeros y a pedirles que te ayuden.

1 Anota todas las necesidades de los inmigrantes. Después, selecciona las cinco necesidades más importantes y escribe al lado de cada una cómo tú y tus compañeros pueden ayudar a los inmigrantes con respecto a cada necesidad.

Modelo: Necesitan... _aprender inglés._   **Nosotros podemos...** _darles clases de inglés._

1. _____   _____
2. _____   _____
3. _____   _____
4. _____   _____
5. _____   _____

2 Describe tu proyecto. Primero, explica las necesidades de los inmigrantes luego, explica cómo ustedes van a ayudarles. Usa mandatos claros y directos para animar a tus compañeros. Pídeles a tus compañeros que hagan algunas tareas, pero no seas demasiado directo(a). Asegúrate de que: 1) incluyas información suficiente para dar una idea clara del proyecto, 2) tu presentación sea convincente, 3) el vocabulario y los tiempos de los verbos sean correctos.

_____
_____
_____
_____
_____
_____

3 Evalúa tu informe usando la siguiente tabla.

	Crédito máximo	**Crédito parcial**	**Crédito mínimo**
Contenido	La presentación incluye mucha información sobre el proyecto y ésta es convincente.	La presentación no incluye suficiente información sobre el proyecto o, a veces, no es muy convincente.	La presentación incluye muy poca información sobre el proyecto y ésta no es convincente.
Uso correcto del lenguaje	Hay muy pocos errores o ninguno en el uso del vocabulario y los tiempos de los verbos.	Hay algunos errores en el uso del vocabulario y los tiempos de los verbos.	Hay un gran número de errores en el uso del vocabulario y los tiempos de los verbos.

Cultura A

> **¡AVANZA!**   **Goal:**   Discover and know the culture and important events of Hispanic people in the United States.

1 Relaciona los lugares de la primera columna con los datos correspondientes de la segunda.

1. ____ California	**a.**	ciudad con importante comunidad puertorriqueña
2. ____ Chicago	**b.**	allí nació Pablo O'Higgins
3. ____ Nueva York	**c.**	estado con mayor población hispana
4. ____ Salt Lake City	**d.**	segundo estado con mayor población hispana
5. ____ Texas	**e.**	ciudad con importante comunidad mexicana

2 La cultura hispana en Estados Unidos se refleja en muchos aspectos. Responde a las siguientes preguntas sobre la cultura y la vida de los hispanos estadounidenses.

1. ¿Cuáles son algunas comidas populares de influencia hispana en Estados Unidos?

_____

2. ¿Qué tipo de producción agrícola ha hecho famoso al estado de California?

_____

3. ¿Qué estado es famoso por las misiones fundadas allí por los españoles?

_____

4. ¿En qué ciudad está el Museo del Barrio?

_____

5. ¿Con quién trabajó el famoso artista Pablo O'Higgins?

_____

3 Durante el «Hands On Miami Day», muchos jóvenes de Miami, Florida, participan en trabajos comunitarios. ¿Hay algún día similar en tu estado o región? Si lo hay, di cómo se llama, a qué está dedicado y escribe tres cosas que hacen los jóvenes ese día. Si no lo hay, ¿crees que sería una buena idea hacer un día similar? ¿A qué dedicarías tú en esos días? ¿Por qué? Di cómo se llamaría ese día, a qué estaría dedicado y escribe tres cosas que harían los jóvenes.

Un día especial en mi comunidad: _____ **en** _____

1. Quiénes participan: _____

_____

2. Qué hacen: _____

_____

3. Mi comentario: _____

_____

_____

Cultura B

> **¡AVANZA!** **Goal:** Discover and know the culture and important events of Hispanic people in the United States.

1 Responde a las siguientes preguntas sobre la cultura y la comunidad hispana en Estados Unidos.

  1. ¿Cuál es el estado que tiene una mayor población hispana?

  _____

  2. Nombra tres cosas por las que es famoso el estado de California.

  _____

  _____

  3. ¿Con qué pintor importante trabajó Pablo O'Higgins durante algunos años?

  _____

  4. ¿Quiénes fundaron el Museo del Barrio de Nueva York?

  _____

2 Completa la tabla siguiente con nombres de ciudades con gran población hispana en cada una de las zonas de Estados Unidos que se indican.

Pacífico	Centro	Atlántico

3 En Estados Unidos hay muchos hispanos famosos en la cultura, el arte, el deporte, las ciencias y la política. Responde a las siguientes preguntas sobre algunas de estas personas y sus obras usando oraciones completas.

  1. Nombra dos personas hispanas de Estados Unidos que sean famosas y escribe una oración explicando por qué es famosa cada una de ellas.

  _____

  _____

  _____

  2. ¿Qué personajes representaban en sus obras los pintores anteriores al siglo XX? ¿En qué se diferencian estos personajes de los que aparecen en las obras de Pablo O'Higgins?

  _____

  _____

  _____

UNIDAD 2 Lección 1 Cultura B

Cultura C

> **¡AVANZA!** **Goal:** Discover and know the culture and important events of Hispanic people in the United States.

1 Responde con oraciones completas a las siguientes preguntas sobre la cultura hispana en Estados Unidos.

1. ¿Qué comidas de influencia caribeña son populares en Estados Unidos?

_____

2. ¿Cuáles son las comunidades hispanas más importantes en Nueva York y Nueva Jersey?

_____

_____

3. ¿Cuál es el origen de la mayoría de la población hispana de Chicago, Illinois?

_____

4. ¿Qué influencia tienen las comunidades hispanas en la sociedad de Estados Unidos?

_____

_____

2 Responde a las siguientes preguntas sobre el arte hispano en Estados Unidos. Da todos los detalles posibles.

1. ¿A qué país viajó Pablo O'Higgins para estudiar pintura y con quién se relacionó? Describe cómo el artista reflejo su sociedad en su arte.

_____

_____

_____

2. ¿Conoces un museo que refleja la cultura hispana en Nueva York? ¿Por qué?

_____

_____

3. ¿Qué artista, cantante o escritor(a) hispano(a) de Estados Unidos admiras? ¿Cómo se reflejan sus raíces hispanas en su obra?

_____

_____

_____

Vocabulario A ¿Cómo nos organizamos?

| ¡AVANZA! | **Goal:** Talk about media and the community. |

1 Indica si las siguientes palabras son partes de un periódico (P) o de la televisión (T). Escribe tus respuestas en los espacios.

1. _____ la teletón
2. _____ el largometraje
3. _____ el titular
4. _____ la columna
5. _____ los dibujos animados

6. _____ el artículo de opinión
7. _____ la subtitulación para sordos
8. _____ un programa educativo
9. _____ un anuncio personal
10. _____ un anuncio clasificado

2 Escribe la parte del periódico que corresponda a cada descripción.

| las gráficas | un anuncio clasificado | un titular |
| una reseña | un anuncio personal | una columna |

1. Una línea de texto que encabeza un artículo es _____
2. Un artículo semanal escrito por una persona es _____
3. La publicidad para un producto o anuncio de un trabajo es _____
4. Una crítica de una película, concierto o libro es _____
5. Las imágenes y tablas que acompañan un artículo son _____
6. Un anuncio para buscar amigos es _____

3 Describe lo que hacen las siguientes personas. Escribe oraciones completas.

1. Los editores _____
2. Un patrocinador _____
3. Una fotógrafa _____
4. Un telespectador _____
5. El público _____

UNIDAD 2 Lección 2 Vocabulario A

Vocabulario B ¿Cómo nos organizamos?

¡AVANZA!	**Goal:** Talk about media and the community.

1 Escoge la palabra o expresión que corresponda a la definición.

1. Dar el equivalente de un texto en otro idioma:

   a. publicar

   b. traducir

   c. entrevistar

2. Una persona que ve la televisión:

   a. una editora

   b. un patrocinador

   c. un(a) telespectador(a)

3. El texto del programa para la gente que no puede oír:

   a. la publicidad por correo

   b. la subtitulación para sordos

   c. el titular

4. Dar dinero para apoyar un programa:

   a. explicar

   b. patrocinar

   c. investigar

2 Escribe la palabra o expresión que completa cada descripción.

1. La gente a quien un artículo o programa está dirigido es _____

2. Un programa para recaudar fondos es _____

3. El día de entregar un artículo al editor es _____

4. Un documental breve es _____

5. Un artículo en el que el público expresa cómo se siente sobre una cuestión es _____

_____

3 Contesta las preguntas de Juan, quien quiere conocer más detalles del periódico o la televisión.

1. ¿En qué sección del periódico se puede encontrar la información sobre ventas y compras de objetos y artículos?

_____

2. ¿Qué es una teletón?

_____

3. ¿Qué diferencia hay entre un editor y un fotógrafo?

_____

4. ¿Qué es la columna del editor?

_____

5. ¿Qué diferencia hay entre un largometraje y un cortometraje?

_____

UNIDAD 2 Lección 2

Vocabulario B

Vocabulario C ¿Cómo nos organizamos?

> **¡AVANZA!** **Goal:** Talk about media and the community.

1 Escribe oraciones completas para describir para qué sirven las siguientes cosas.

1. las gráficas

_____

2. los volantes

_____

3. el titular

_____

4. los anuncios clasificados

_____

2 Escribe si estás de acuerdo con las siguientes declaraciones y explica por qué. Escribe oraciones completas.

1. Los niños aprenden la violencia de los dibujos animados violentos.

_____

2. Se deben ofrecer la subtitulación para sordos en otras lenguas.

_____

3. Se debe emitir los resultados de las elecciones en vivo.

_____

4. Todo el mundo debe tener acceso a las noticias veinticuatro horas al día.

_____

3 Escribe una noticia para el periódico de tu escuela. Cuenta cómo se organizaron tus compañeros(as) y tú para colaborar en la teletón a beneficio de las personas inválidas de tu comunidad. Escribe para decir quiénes participaron, qué hizo cada uno, cuánto dinero recaudaron, etc.

_____

_____

_____

_____

_____

_____

_____

Vocabulario adicional *Abreviaturas comunes*

> **¡AVANZA!**   **Goal:**   Use common abbreviations.

Las siguientes abreviaturas son comunes en español.

señor	Sr.	calle	c/
señora	Sra.	avenida	avda.
señorita	Srta.	izquierda	izq.
doctor	Dr.	derecha	dcha.
doctora	Dra.	departamento	dpto.
página	pág.	número	núm.
capítulo	cap.	apartado postal	apdo.
por ejemplo	p. ej.	al cuidado	a/c
post data	p.d.	teléfono	tel.

1 Escribe de nuevo el siguiente anuncio sin abreviaturas:

> Se vende casa
> Avda. 4, entre c/ 6 y c/ 7, núm. 37B
> tº: 42 35 89

_____

_____

_____

2 Escribe la siguiente dirección con las abreviaturas correspondientes:

> Doctor Rogelio Santana, al cuidado
> del Departamento de Educación
> Calle Palmas, Número 26
> Apartado Postal 3B
> Teléfono 55 53 21

_____

_____

_____

_____

3 Escribe tu dirección con las abreviaturas apropiadas:

_____

_____

_____

_____

UNIDAD 2 Lección 2

Vocabulario adicional

Gramática A   *Object pronouns with commands*

> **¡AVANZA!**   **Goal:**   Give commands combined with object pronouns.

1 Subraya la forma correcta del mandato para responder a las preguntas de algunas personas.

Modelo: ¿Debo traer mis libros? (tráiganlos / _tráelos_)

1. ¿Debo contarles la historia a ustedes? (cuéntanosla / cuéntemela)

2. ¿Debo escribirle una carta a mi abuelita? (escribámosla / escríbesela)

3. ¿Debemos levantar la mano para hablar en clase? (levantémosla / levántenla)

4. ¿Debo conducir el coche al centro de la ciudad? (condúcelo / condúzcanlo)

5. ¿Debo ponerme el abrigo si no hace frío? (póntelo / pónganselo)

6. ¿Debemos mandarte postales desde Florida? (mándasela / mándenmelas)

2 Completa la tabla para darles instrucciones a tus amigos y conocidos.

Actividad	quién	afirmativo	negativo
escribir la carta a tus padres	tu hermanito		
decir a nosotros el horario de los exámenes	la directora de la escuela		
dar las instrucciones a Andrés	tus padres		
ponerse las botas	tu amigo Alejandro		

3 Tu amigo Emilio quiere ayudar a la comunidad y te pide consejos. Contesta sus preguntas con un mandato afirmativo o negativo.

Modelo: ¿Qué debo hacer si tengo que comprar un regalo para mi amigo?

Cómpraselo. / No se lo compres.

¿Qué debo hacer si...

1. ...tengo muchas bolsas de plástico para reciclar? _____

2. ...tengo la oportunidad de ayudar a la gente sin hogar? _____

3. ...tengo que entregar el artículo al editor del periódico? _____

4. ...tengo que preparar la traducción? _____

5. ...quiero ponerme la ropa nueva? _____

UNIDAD 2 Lección 2 **Gramática A**

Gramática B *Object pronouns with commands*

> **¡AVANZA!** **Goal:** Give commands combined with object pronouns.

① Escribe en el espacio en blanco el mandato con lo que tú quieres que hagan estas personas.

Modelo: Julio, nuestra madre quiere un recetario nuevo. *Cómpraselo.*

1. Carmen, la profesora necesita tiza. _____

2. Sofía y Santiago, no manden los artículos al editor hoy. _____

3. La consejera no quiere nuestras metas para mañana. _____

4. Las coordinadoras necesitan sus horarios. _____

② Da instrucciones a las siguientes personas. Sustituye las palabras subrayadas por pronombres y escribe mandatos afirmativos o negativos con los verbos de la caja.

solicitar	poner	practicar	tirar	limpiar	entregar

Modelo: Don Juan, los guantes de trabajo son necesarios. *Póngaselos.*

1. Señoritas enfermeras, las jeringas usadas son peligrosas. _____ en la papelera sino en un recipiente seguro.

2. Señores bomberos, los ejercicios de preparación son importantes. _____ todos los días.

3. Sandra, la profesora Díaz no recibió tu tarea. _____ ahora.

4. Sr. Vélez, el hospital necesita voluntarios. _____ con un anuncio en el periódico.

5. Pedro, tu apartamento está muy limpio. _____ tanto.

③ Contesta las siguientes preguntas que te hace un amigo con mandatos afirmativos o negativos. Luego explica el porqué de tus sugerencias.

Modelo: ¿Debo entregar la tarea a la maestra todos los días?

Sí, entrégasela, porque la maestra es muy estricta.

1. ¿Debemos decir siempre la verdad a nuestros padres?

_____

2. ¿Debe mi padre darme dinero todos los domingos?

_____

3. ¿Puedo escribir notas a mis amigos mientras el profesor explica la lección?

_____

4. ¿Debemos donar sangre en la feria de salud de la escuela?

_____

UNIDAD 2 Lección 2

Gramática B

Gramática C   *Object pronouns with commands*

¡AVANZA!   **Goal:**   Give commands combined with object pronouns.

---

1 Completa el discurso de la coordinadora del proyecto «Parques Limpios y Seguros» de tu comunidad con los mandatos correctos de los verbos subrayados. Usa los pronombres apropiados.

«La verdad es que el éxito del programa se debe a los voluntarios de la comunidad.

Es necesario que les <u>demos</u> un aplauso. **1.** _____ ahora. Pero la labor

apenas empieza y hoy es el momento de <u>pedir</u> ayuda. **2.** _____ a nuestras

autoridades municipales, a nuestros políticos. Vecinos, <u>repitan</u> este mensaje a sus hijos.

3. _____ todos los días: El parque es tuyo, cuídalo. Hay que <u>proteger</u> el

césped, las plantas y los árboles. Niños, **4.** _____ , porque estos árboles son

los pulmones de nuestra ciudad.»

2 Graciela dirige la estación de información en el hospital de su comunidad. Usa los mandatos afirmativos y negativos para corregir las equivocaciones siguientes.

Modelo: David le quiere dar una solicitud de empleo al director. (jefe de personal)

No se la des al director. Dásela al jefe de personal.

1. El señor Fuentes quiere pedir sus medicinas a la asistente. (enfermera)

_____

2. Los voluntarios quieren dirigir sus preguntas a la recepcionista. (a mí)

_____

3. Cristóbal quiere ofrecer su tiempo libre al jefe de personal. (jefe de voluntarios)

_____

4. La enfermera quiere entregar su horario al administrador. (jefa de enfermeras)

_____

5. El visitante quiere contar chistes a los voluntarios. (pacientes)

_____

3 Tu amigo te pide consejos sobre su nuevo trabajo en el canal de televisión. Quiere saber si: 1) debe escribirles una carta a los patrocinadores del programa; 2) debe describirle el proyecto a la prensa local; 3) debe pedirles más dinero a los productores para hacer publicidad; 4) debe mandarles información sobre el proyecto a los líderes de la comunidad. Escríbele un mensaje con mandatos para responder a sus preguntas.

_____

_____

_____

_____

Gramática A *Impersonal expressions + infinitive*

> **¡AVANZA!** **Goal:** Make suggestions and requests with impersonal expressions + infinitive.

1 Usa las expresiones del cuadro para completar cada oración de una manera lógica.

es necesario	es difícil	es interesante	es malo	es mejor

1. _____ resolver todos los problemas de la sociedad.

2. _____ pedir dinero a la gente sin hogar.

3. _____ leer artículos sobre los proyectos de acción social de la comunidad.

4. A mucha gente no le gusta leer el periódico. Para ellos _____ ver las noticias en la televisión.

5. _____ estar informado antes de ofrecer tu opinión.

2 Mira los dibujos de tus amigos. Escribe un comentario con una expresión impersonal para decir cómo mantienen la salud.

Modelo:  *Es necesario hacer ejercicio.*

1.   2.   3.   4.   5.

1. _____

2. _____

3. _____

4. _____

5. _____

Gramática A   UNIDAD 2 Lección 2

Gramática B *Impersonal expressions + infinitive*

> **¡AVANZA!** **Goal:** Make suggestions and requests with impersonal expressions + infinitive.

1 Completa las oraciones con una expresión impersonal para decirle a Javier cómo ser un buen miembro de la comunidad.

1. _____ trabajar de voluntario en un centro de la comunidad.

2. _____ ver televisión todo el tiempo.

3. _____ seguir las normas de la sociedad.

4. _____ tener un trabajo y trabajar de voluntario.

5. _____ no hacer nada, pero la comunidad te necesita.

2 Cambia los mandatos a oraciones completas con una expresión impersonal para dar tus comentarios acerca de las siguientes actividades.

1. ¡Recicla!

_____

2. ¡Elijan temprano una carrera profesional!

_____

3. ¡No digas mentiras!

_____

4. ¡Trabaja de voluntario en el hospital!

_____

5. ¡Hagan la tarea para sacar buenas notas!

_____

3 Escribe un anuncio publicitario para motivar a los estudiantes a escribir para el periódico de la escuela. Escribe cinco sugerencias y recomendaciones con expresiones impersonales.

_____

_____

_____

_____

_____

_____

_____

_____

_____

Gramática C *Impersonal expressions + infinitive*

> **¡AVANZA!**   **Goal:** Make suggestions and requests with impersonal expressions + infinitive.

1 El director de tu escuela hizo varias recomendaciones a los(las) estudiantes esta mañana. Usa los verbos con expresiones impersonales para escribir lo que dijo. Usa la primera fila como modelo.

desayunar	*Es necesario desayunar para tener energía.*
dormir	
bañarse	
escuchar	
cumplir	
faltar	

2 Escribe cinco consejos que te dan las personas mayores. Usa expresiones impersonales con el infinitivo.

Modelo: *Es malo arrojar basura en las calles.*

1. _____

2. _____

3. _____

4. _____

5. _____

3 Escribe un párrafo con sugerencias para un grupo de alumnos nuevos sobre qué lugares visitar en tu ciudad. Usa expresiones impersonales.

_____

_____

_____

_____

_____

_____

_____

Gramática adicional *El sufijo -ción*

> **¡AVANZA!** **Goal:** Form nouns from verbs with the suffix *-ción*.

Se puede agregar el sufijo **-ción** a algunos verbos para crear sustantivos:

publicar	⟶ publicación		transportar	⟶ transportación
traducir	⟶ traducción		inventar	⟶ invención
investigar	⟶ investigación		sustituir	⟶ sustitución
confundir	⟶ confusión		concluir	⟶ conclusión
bendecir	⟶ bendición		expresar	⟶ expresión

1 Completa la tabla con el verbo o el sustantivo apropiado.

verbo	sustantivo
animar	
vocalizar	
	ocupación
	liberación
discriminar	
	integración
	contribución
colaborar	
	producción
terminar	

2 Subraya el verbo o el sustantivo para completar las oraciones.

1. El profesor González va a (sustitución / sustituir) a la profesora Quevedo el próximo martes.

2. El reportero hizo una (investigar / investigación) sobre el problema de la pobreza en nuestra ciudad.

3. La maestra pidió una (traducción / traducir) del artículo del español al inglés.

4. ¿Vas a (invitación / invitar) a Luis a la fiesta?

5. En la actualidad, todavía hay mucha (discriminar / discriminación) en los lugares de trabajo.

6. Quiero (colaboración / colaborar) con este grupo para escribir el artículo.

Conversación simulada

> **¡AVANZA!**   **Goal:**   Respond to a conversation about media and the community.

Vas a participar en una conversación telefónica simulada con tu amigo Rafael. Primero, lee el bosquejo de la conversación que aparece en la página. Luego, escucha el audio. Tú sólo oirás lo que te dice Rafael. Entonces escucha el audio de nuevo. Esta vez participarás en la conversación. Responde de forma oral a lo que te dice Rafael. Una señal te indicará cuando te toque a ti hablar.

[phone rings]

Tú: Contesta el teléfono.

Rafael: (Él saluda y te habla de lo que está haciendo. Te pregunta tu opinión.)

Tú: Tú le das tu opinión acerca del tipo de programas de los que él habla.

Rafael: (Él contesta. Luego te pregunta qué te gusta y si aprendes algo.)

Tú: Explica tu punto de vista.

Rafael: (Él habla de un tipo programa de televisión y te pregunta tu preferencia.)

Tú: Dile cuáles son tus gustos.

Rafael: (Él se despide y te dice qué hará a continuación.)

Tú: Despídete y cuelga.

UNIDAD 2 Lección 2

Conversación simulada

84   Unidad 2, Lección 2
Conversación simulada

¡Avancemos! 3
Cuaderno para hispanohablantes

Integración: Escribir

> **¡AVANZA!** **Goal:** Respond to a conversation about media and the community.

El siguiente fragmento es de un artículo que describe la popularidad de las transmisiones de televisión por Internet. Mientras lees subraya las palabras nuevas para luego buscarlas en un diccionario.

Fuente 1, Leer

  # El periódico

LIBRO 6 NÚMERO 2

¿Televisión durante horas de trabajo?

Raimundo Lida

La incomodidad de mi jefe se dejó sentir entre los dos como una cubeta de hielo. Sin que yo me diera cuenta, había estado observándome por varios minutos, detrás de mí, a la entrada del cubículo, los ojos puestos en la pantalla de mi computadora. ¿Qué le llamó tanto la atención? Que entre uno y otro reclamo, solicitud de cobertura o investigación de datos, yo hallaba tiempo para seguir el partido de fútbol transmitido en televisión directa por Internet.

Era la final del campeonato europeo y por la diferencia de horario, claro, la transmisión en vivo coincidía con mis horas de trabajo. Claro que yo podría haber programado la grabadora en casa y olvidado el juego hasta la noche. ¿Pero cómo resistir la tentación de echar un ojito cuando con sólo un clic el periódico local me ofrecía la posibilidad de verlo en vivo?

Lee el siguiente mensaje que Donald Medina dejó a su esposa, Dulce. Luego completa la actividad.

HL CD 1, tracks 15–16

¿Compartes la opinión del hombre que le dejó un recado a su esposa Dulce? ¿Te parece justo lo sucedido a Raimundo Lida? ¿Por qué?

_____

_____

_____

_____

_____

Lectura A

| ¡AVANZA! | **Goal:** Express opinions and make requests and recommendations. |

1 Lee el artículo que publicó el periódico local sobre una teletón. Luego, responde a las preguntas de comprensión y escribe tu opinión sobre el tema.

Teletón a favor de nuestros ancianos

El ocho de junio, desde las cinco de la tarde hasta las diez de la noche, se va a realizar la segunda teletón a beneficio de Ciudadanos Unidos, un grupo que ayuda a los ancianos. La teletón se hace con el fin de recaudar fondos para la construcción de un hogar de ancianos en nuestra localidad. El evento se va a llevar a cabo en el Teatro Martí y se va a transmitir por la televisión local.

Ya contamos con $12,000 dólares que otorgaron las autoridades locales. Hay cerca de treinta comerciantes que van a dar donaciones de $250 dólares, pero se necesitan patrocinadores y la contribución de todos los ciudadanos. A lo largo de la próxima semana, todos los comerciantes del área van a recibir volantes informativos y formularios para inscribirse como patrocinadores.

El grupo Ciudadanos Unidos necesitan nuestra colaboración. Si necesitan más información, pónganse en contacto con Ciudadanos Unidos, en el teléfono 555-3322.

Muchas gracias por su cooperación.

---

2 **¿Comprendiste?** Responde a las preguntas con oraciones completas.

1. ¿Cuándo y dónde se va a celebrar la teletón?

_____

_____

2. ¿Con que objetivo se va a celebrar la teletón?

_____

_____

3. ¿Quiénes cooperaron con el proyecto y cuántos fondos dieron?

_____

_____

3 **¿Qué piensas?** ¿Alguna vez participaste en una teletón o la viste por la televisión? ¿Cuál crees que es el principal atractivo de este tipo de eventos para que tanta gente participe en ellos?

_____

_____

_____

UNIDAD 2 Lección 2

Lectura A

Lectura B

Copyright © by McDougal Littell, a division of Houghton Mifflin Company.

> **¡AVANZA!** **Goal:** Express opinions and make requests and recommendations.

1 Víctor y su hermano nunca están de acuerdo sobre qué ver en la televisión. Lee su conversación. Luego responde a las preguntas de comprensión y compara su experiencia con la tuya.

¿Qué hay en la tele?

Una tarde, mientras Esteban lee el periódico con interés, Víctor, su hermano, le pide buscar en el periódico la programación de la televisión. Muy animado, Esteban le comenta:

—En el canal de acceso público se emite un programa educativo y después un cortometraje sobre la historia del ferrocarril.

A Víctor no le parece interesante esta idea. Él quiere ver algo divertido, como un largometraje. Esteban continúa leyendo el periódico y encuentra que en el canal 18 hay un largometraje de aventuras. Víctor está contento porque le gustan los largometrajes de aventuras y los dibujos animados.

De pronto, Esteban prende la televisión y le dice a su hermano que en cinco minutos empieza el noticiero. Víctor se levanta y le pide que le avise cuando termine el noticiero para poder ver su largometraje de aventuras.

—Víctor, después del noticiero voy a ver el programa de debate que hay en el canal 15.

Víctor se queda un poco triste. Él quiere ver su largometraje y le pide a Esteban que esta noche olvide los temas de actualidad y las noticias que tanto le gustan. Esteban acepta con una condición: mañana él va a elegir lo que van a ver en la televisión.

2 **¿Comprendiste?** Responde a las siguientes preguntas con oraciones completas.

1. ¿Qué programas hay en el canal de acceso público?

_____

_____

2. Cada uno de los chicos quiere ver un programa diferente. ¿Cómo solucionan este problema?

_____

_____

3 **¿Qué piensas?** ¿En tu casa discuten sobre los programas de televisión que quieren ver? ¿Qué programas quieres ver tú? ¿Qué programas quieren ver las otras personas? ¿Cómo solucionan el problema?

_____

_____

_____

Lectura C

| ¡AVANZA! | **Goal:** Express opinions and make requests and recommendations. |

❶ El director de una revista se reúne con todos sus colaboradores para preparar la próxima edición. Lee lo que el director les dice y luego responde a las preguntas de comprensión.

Preparando la edición

Buenos días a todos. Como ya saben, el viernes es la fecha límite para entregar los materiales que se van a publicar en el próximo número de nuestra revista. Por favor, anoten lo que voy a decirles. Es importante no olvidar ningún detalle para organizar todo el trabajo.

Luis, Gloria y Viviana, si ya tienen sus artículos de opinión terminados, dénselos a Clara. Ella es nuestra nueva editora. Clara, por favor, revísalos bien y si tienes alguna duda, habla con los escritores. Es necesario tener buena comunicación para lograr buenos resultados.

Rogelio, tú ocúpate de los anuncios. Primero, prepara los anuncios clasificados, revísalos y organízalos. Luego, decide dónde se van a colocar los otros anuncios.

Gloria, por favor escribe un artículo sobre los programas de la televisión educativa. Como aún tenemos tiempo, por favor, llama a Julia Muñoz, la directora del nuevo programa educativo para jóvenes que ponen en la televisión local. Dile que queremos hacerle una entrevista sobre su programa. Entrevístala y haz un resumen de la entrevista en tu artículo. Incluye alguna cita con los comentarios de la señorita Muñoz. Acuérdate de pedirme el nuevo número de teléfono de la fotógrafa. Es necesario hablar con ella hoy mismo. Necesitamos una foto de la señorita Muñoz. Cuando hables con ella, pídele de favor que te mande por correo electrónico las fotos que hizo para el artículo de Viviana.

Jorge, por favor, prepara la reseña de cine cuanto antes. Con el artículo de Gloria y tu reseña, ya completamos la página de cultura.

También se necesita traducir al español la información sobre la teletón que va a celebrarse para reunir fondos para el hospital de beneficencia. Luis y Viviana, tradúzcanlo. Rogelio, por favor, no te olvides de poner un anuncio de la teletón en la segunda página de la revista. La traducción con la información va en la página siete y el anuncio en la página dos, debajo de las cartas al editor. Recuérdalo bien. Por cierto, Clara, después de revisar los materiales nuevos, por favor, responde a las cartas al editor.

Por último, les recuerdo que en el próximo número también se va a publicar por primera vez la nueva sección sobre la actualidad regional. Jorge y yo vamos a ocuparnos de esta sección. Cuando todos los materiales estén preparados, pónganlos en archivos electrónicos, un archivo por sección, y envíenmelos por correo electrónico.

Si no hay más preguntas, pongámonos a trabajar. Muchas gracias por toda su colaboración y volvemos a vernos el miércoles por la tarde. Ya saben, llámenme si necesitan algo o si hay algún problema.

¡Gracias!

2 **¿Comprendiste?** Responde a las siguientes preguntas:

1. ¿Cuándo tienen que estar listos todos los materiales para la próxima edición de la revista?

_____

_____

2. ¿Qué novedad va a haber en el próximo número de la revista ?

_____

_____

3. ¿Cuál es el trabajo de Rogelio?

_____

_____

4. ¿Cuáles trabajos de Gloria se van a publicar en el próximo número de la revista?

_____

_____

5. ¿Cuál es el trabajo de Clara?

_____

_____

3 **¿Qué piensas?** ¿Qué secciones te gusta leer primero en un periódico o revista? ¿Por qué? ¿Qué secciones de un periódico o revista te resultan menos interesantes? ¿Por qué?

_____

_____

_____

_____

_____

Escritura A

| ¡AVANZA! | **Goal:** Express opinions and make requests and recommendations. |

Estás colaborando con una asociación que hace obras caritativas. Escríbele a un(a) amigo(a)
para animarlo(a) a colaborar.

1 Explícale las razones por las cuales debe colaborar y dale frases de ánimo con mandatos.

razones por las cuales debe colaborar	frases de ánimo

2 Escríbele un mensaje a tu amigo. Usa las notas de la actividad anterior y hazle reflexionar
sobre las satisfacciones personales que va a obtener con su colaboración. Asegúrate de que
tu mensaje contenga: 1) oraciones completas y lógicas; 2) las razones por las cuales debe
colaborar; 3) frases de ánimo y 4) verbos y ortografía correctos.

_____

_____

_____

_____

_____

_____

_____

_____

3 Evalúa tu mensaje con la siguiente tabla:

	Crédito máximo	**Crédito parcial**	**Crédito mínimo**
Contenido	El mensaje es claro y fácil de entender.	Algunas partes de tu mensaje no son claras o no son fáciles de entender.	Tu mensaje es poco claro y difícil de entender.
Uso correcto del lenguaje	Hay muy pocos errores en el uso de los verbos y de la ortografía.	Hay algunos errores en el uso de los verbos y de la ortografía.	Hay muchos errores en el uso de los verbos y de la ortografía.

UNIDAD 2 Lección 2

Escritura A

90

Unidad 2, Lección 2
Escritura A

¡Avancemos! 3
Cuaderno para hispanohablantes

Escritura B

> **¡AVANZA!** **Goal:** Express opinions and make requests and recommendations.

Como parte de tu trabajo en un grupo de voluntarios de la escuela, tienes que dar consejos a unos niños sobre la importancia de ser un(a) buen(a) estudiante. Escribe una charla que les enseñe a los niños cómo ser un(a) estudiante exitoso/a.

1 Haz una lista de cosas que los jóvenes deben hacer y otra de cosas que no deben hacer.

deben hacer...	no deben hacer...

2 Escribe la charla para los niños con las ideas de la tabla y mandatos. Asegúrate de que:
1) la charla sea clara y fácil de entender, 2) las recomendaciones que haces sean adecuadas y
3) los tiempos y las formas verbales sean correctos.

_____

_____

_____

_____

_____

_____

_____

_____

3 Evalúa tu charla con la siguiente tabla.

	Crédito máximo	**Crédito parcial**	**Crédito mínimo**
Contenido	La charla es clara y fácil de entender y las recomendaciones son adecuadas.	La charla es clara y fácil de entender; algunas de las recomendaciones no son adecuadas.	La charla es poco clara y difícil de entender y las recomendaciones no son adecuadas.
Uso correcto del lenguaje	Hay muy pocos errores o ninguno en el uso de los tiempos de los verbos.	Hay muchos errores en el uso de los tiempos de los verbos.	Hay un gran número de errores en el uso de los tiempos de los verbos.

Escritura C

¡AVANZA!	**Goal:** Express opinions and make requests and recommendations.

Escribe tus opiniones sobre los programas de televisión de esta noche.

1 Primero, escribe los títulos de los programas (reales o imaginarios) y describe qué tipo de programa es cada uno. Los programas pueden durar una o dos horas.

Hoy	8:00 P.M.	9:00 P.M.	10:00 P.M.	11:00 P.M.
Canal 18				
Telecadena				
Canal 23				

2 Usa tus opiniones sobre los programas y recomiéndales a tus lectores que los vean, si son interesantes. Usa mandatos y expresiones impersonales. Asegúrate de que: 1) expreses tus opiniones de forma clara, 2) tu artículo sea convincente y 3) el vocabulario y los tiempos de los verbos sean correctos.

_____

_____

_____

_____

_____

3 Evalúa tu artículo con la siguiente tabla.

	Crédito máximo	**Crédito parcial**	**Crédito mínimo**
Contenido	Las opiniones son claras y el artículo es convincente.	La mayor parte de las opiniones son claras y el artículo es convincente.	Las opiniones son poco claras y el artículo es poco convincente.
Uso correcto del lenguaje	Hay muy pocos errores o ninguno en el uso del vocabulario y de los tiempos de los verbos.	Hay algunos errores en el uso del vocabulario y de los tiempos de los verbos.	Hay un gran número de errores en el uso del vocabulario y de los tiempos de los verbos.

Cultura A

 **¡AVANZA!** **Goal:** Discover and know the culture and important events of Hispanic people in the United States.

1 Un hispano famoso en Estados Unidos es Carlos Santana. Elige la opción correcta para responder a cada pregunta sobre él.

1. Carlos Santana nació en...

   a. Los Ángeles.   **b.** México.   **c.** San Diego.   **d.** Nueva York.

2. El instrumento musical que toca Carlos Santana es...

   a. la guitarra.   **b.** la trompeta.   **c.** el violín.   **d.** los tambores.

3. El instrumento musical que tocaba el padre de Carlos Santana era...

   a. la guitarra.   **b.** la trompeta.   **c.** el violín.   **d.** los tambores.

4. Santana creó la fundación Milagro para ayudar _____ en 1998.

   a. al medio ambiente   **c.** a niños y jóvenes pobres

   b. las escuelas públicas   **d.** a personas con cáncer

2 En Estados Unidos se publican varios periódicos en español. Responde a las siguientes preguntas sobre los principales periódicos estadounidenses en español.

1. ¿Cuál es el periódico estadounidense en español más grande y en qué ciudad está?

_____

2. ¿Cuántos lectores tienen aproximadamente entre los tres principales periódicos del país?

_____

3 ¿Qué razones pueden tener los lectores estadounidenses para elegir periódicos en español? ¿Crees que es importante que se publique este tipo de periódicos? Completa la tabla siguiente según tu opinión.

Razones por las que la gente los lee	Razones por las que es o no es importante su publicación
1. _____ _____ _____	1. _____ _____ _____
2. _____ _____ _____	2. _____ _____ _____

Cultura B

¡AVANZA!	**Goal:**	Discover and know the culture and important events of Hispanic people in the United States.

1 Indica si las siguientes afirmaciones relacionadas con la cultura hispana en Estados Unidos son verdaderas (**V**) o falsas (**F**). Si la oración es falsa, escríbela de forma correcta.

1. _____ Carlos Santana conoció la música a los doce años.

_____

2. _____ El padre de Carlos Santana era cantante en un grupo folclórico.

_____

3. _____ En las canciones de Santana se pueden sentir sus raíces hispanas.

_____

4. _____ El periódico en español más famoso de Chicago es *La Opinión*.

_____

5. _____ El periódico en español más importante de Nueva York es *La Prensa*.

_____

2 Los periódicos son importantes para la comunidad. Responde a las siguientes preguntas sobre periódicos estadounidenses en español con oraciones completas.

1. ¿Por qué en Estados Unidos se publican muchos periódicos en español?

_____

_____

2. Además de informar al público hispano, ¿qué más pueden aportar a la sociedad estadounidense en general los periódicos en español?

_____

_____

_____

3 Explica lo que hizo Carlos Santana para ayudar a los demás. ¿Crees que es importante que los personajes famosos hagan cosas así? ¿Por qué? Explica tus opiniones en un párrafo breve.

_____

_____

_____

_____

_____

UNIDAD 2 Lección 2

Cultura B

Cultura C

¡AVANZA!	**Goal:** Discover and know the culture and important events of Hispanic people in the United States.

1 En el año 1999 Carlos Santana obtuvo el mayor éxito de su carrera. Completa las oraciones con la información correspondiente.

1. La persona que inició a Carlos Santana en la música fue _____ .

2. El instrumento que tocaba el padre de Carlos Santana era _____ .

3. El instrumento que toca Santana es _____ .

4. La música de Santana tiene raíces _____ .

5. Un título de una canción de Carlos Santana es _____ .

2 Los periódicos, lo mismo que los artistas, influyen en su comunidad. Responde a las preguntas con oraciones completas y todos los detalles posibles.

1. ¿Cómo se llama y de qué se ocupa la fundación que creó Carlos Santana?

_____

_____

2. ¿Cuáles son los tres periódicos estadounidenses en español más populares? ¿Dónde se publica cada uno de ellos?

_____

_____

3. Además de la publicación y la lectura de periódicos en español, ¿de qué otras formas mantienen viva su cultura los hispanos en Estados Unidos?

_____

_____

3 ¿Crees que, en general, los jóvenes hispanos de los Estados Unidos que leen periódicos y revistas eligen publicaciones en español o en inglés?¿Cuál es tu opinión sobre esto? Responde en un párrafo breve.

_____

_____

_____

_____

_____

_____

UNIDAD 2 Lección 2 Cultura C

Comparación cultural: Culturas musicales
Lectura y escritura

Después de leer los párrafos sobre la música que se escucha donde viven Rolando y
Mariana, escribe un párrafo sobre la música que se escucha en la región donde tu vives.
Usa la información del organigrama para escribir un párrafo sobre la música que se
escucha en tu región.

Paso 1

Completa el organigrama con los detalles sobre la música de tu región.

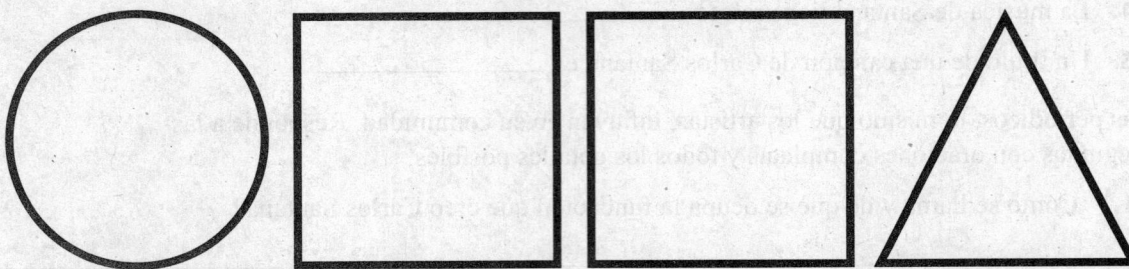

Paso 2

Ahora usa los detalles del organigrama para escribir una oración para cada uno de los temas
del organigrama.

_____

_____

_____

_____

_____

Comparación cultural   UNIDAD 2

Comparación cultural: Culturas musicales
Lectura y escritura (seguir)
(continuación)

Paso 3

Ahora escribe un párrafo usando las oraciones que escribiste como guía. Incluye una oración de introducción y utiliza las expresiones impersonales **se hace**, **se encuentra** para describir la música de tu región.

_____

_____

_____

_____

_____

_____

Lista de verificación

Asegúrate de que...

☐ incluyes todos los detalles del organigrama sobre la música de tu región;

☐ usas los detalles para describir la música de tu región;

☐ utilizas las expresiones impersonales.

Tabla

Evalúa tu trabajo con la siguiente tabla.

Criterio de escritura	Excelente	Bueno	Necesita mejorar
Contenido	Tu párrafo incluye todos los detalles sobre la música de tu región.	Tu párrafo incluye algunos de los detalles sobre la música de tu región.	Tu párrafo incluye muy poca información sobre la música de tu región.
Comunicación	La mayor parte de tu párrafo está organizada y es fácil de entender.	Partes de tu párrafo están organizadas y son fáciles de entender.	Tu párrafo está desorganizado y es difícil de entender.
Precisión	Tu párrafo tiene pocos errores de gramática y de vocabulario.	Tu párrafo tiene algunos errores de gramática y de vocabulario.	Tu párrafo tiene muchos errores de gramática y de vocabulario.

UNIDAD 2 Comparación cultural

Comparación cultural: Culturas musicales
Compara con tu mundo

Ahora escribe un párrafo comparando la música de la región donde vives con la de uno de los estudiantes de la página 143. Organiza tu comparación por temas. Primero, compara el nombre de la música, después los tipos de música y por último tu opinión personal sobre la música regional..

Paso 1

Usa el organigrama para organizar la comparación por temas. Escribe los detalles de cada uno de los temas sobre la música de tu región y la del (de la) estudiante que elegiste.

	Mi música	La música de _____
Nombre de la música		
Tipos de música		
Opiniones		

Paso 2

Usa los detalles del organigrama para escribir la comparación. Incluye una oración de introducción y escribe sobre cada tema. Utiliza las siguientes expresiones impersonales: **se hace, se encuentra.**

_____

_____

_____

_____

_____

_____

_____

UNIDAD 2

Comparación cultural

98

Unidad 2
Comparación cultural

¡**Avancemos! 3**
Cuaderno para hispanohablantes

Vocabulario A ¿Cómo será el futuro?

¡AVANZA!	**Goal:** Discuss the future of the environment.

1 Escoge las palabras o frases correctas para completar las ideas sobre el medio ambiente.

1. El proceso en que se pierden los bosques porque el hombre corta los árboles es:

   a. la deforestación   **b.** la capa de ozono   **c.** el clima

2. Una forma de proteger el planeta es cuidando:

   a. el smog   **b.** el basurero   **c.** el aire puro

3. El calentamiento del planeta provoca:

   a. la biodiversidad   **b.** el efecto invernadero   **c.** el petróleo

4. Un planeta sano no necesita:

   a. biodiversidad   **b.** smog   **c.** recursos naturales

2 Escoge la palabra correcta para completar las oraciones sobre el medio ambiente.

1. Hay que (proteger / dañar) nuestro medio ambiente.

2. Un temblor puede producir (el clima / el derrumbe) de un edificio.

3. La contaminación del aire amenaza (la capa de ozono / el basurero).

4. Muchos científicos dicen que (la biodiversidad / el efecto invernadero) va a destruir el planeta.

5. La deforestación aumenta (el riesgo / la innovación) de contaminación del medio ambiente.

3 Escribe cuatro oraciones completas con las palabras relacionadas al medio ambiente.

1. el petróleo / _____

2. la sequía / _____

3. el aire puro / _____

4. la erosión / _____

UNIDAD 3 Lección 1   Vocabulario A

Vocabulario B ¿Cómo será el futuro?

¡AVANZA!	**Goal:** Discuss the future of the environment.

1 Escribe la letra de la palabra de la derecha que se opone a la palabra de la izquierda.

1. _____ el aire puro   **a.** el pasado

2. _____ el porvenir   **b.** el smog

3. _____ sencillo(a)   **c.** la inundación

4. _____ la sequía   **d.** proteger

5. _____ dañar   **e.** complejo(a)

2 Escoge la palabra correcta para completar las oraciones sobre el medio ambiente.

la deforestación	responsable	la capa de ozono	extinguirse	la erosión

1. _____ destruye nuestros bosques.

2. _____ amenaza los suelos del planeta.

3. La contaminación afecta a _____ de la atmósfera.

4. Cada persona necesita ser _____ del medio ambiente.

5. Si no nos informamos sobre cómo mejorar el medio ambiente, la vida en el planeta puede _____ .

3 Expresa tus opiniones sobre el medio ambiente del planeta con oraciones completas. Utiliza las siguientes frases para empezar cada oración y el vocabulario de la lección.

1. Creo que _____

2. Quiero (que) _____

3. Es esencial (que) _____

4. Hay que _____

5. En el futuro _____

Vocabulario C ¿Cómo será el futuro?

¡AVANZA! **Goal:** Discuss the future of the environment.

1 Explica con oraciones completas lo que se puede hacer para mejorar el medio ambiente. Usa una palabra de la caja para cada oración.

votar	reutilizar	responsabilidad	apreciar	proteger

1. _____
2. _____
3. _____
4. _____
5. _____

2 Contesta con oraciones completas las preguntas sobre el medio ambiente.

1. ¿Cómo se llama el aire contaminado que se encuentra en las ciudades?

   _____

2. Cuando hay erosión junto a un río y éste se desborda de su cauce por la abundancia de agua, ¿qué se produce?

   _____

3. ¿Qué opinión tienes del efecto invernadero?

   _____

4. ¿Cómo puedes ayudar a proteger el medio ambiente?

   _____

3 Escribe en un párrafo corto un resumen de una conferencia sobre el tema de la biodiversidad: qué es, por qué es importante, cómo la cultura humana hace parte de la biodiversidad, etc.

_____

_____

_____

_____

_____

_____

_____

_____

Vocabulario adicional

| ¡AVANZA! | **Goal:** Recognize the Greek origin of words that are masculine but end in **-a**. |

Ya aprendiste que casi todos los sustantivos terminados en **-a** son femeninos. Sin embargo, hay palabras de origen griego terminadas en **-a** que son masculinas. Muchas de estas palabras, pero no todas, terminan en **-ma**, **-ta** o **-sis**.

el programa	*program*	**el clima**	*climate*
el poema	*poem*	**el planeta**	*planet*
el drama	*drama*	**el cometa**	*comet*
el problema	*problem*	**el análisis**	*analysis*
el tema	*theme, topic*	**el día**	*day*
el idioma	*(spoken) language*	**el mapa**	*map*
el sistema	*system*	**el paréntesis**	*the parenthesis*

1 Completa las oraciones con palabras de la lista. Usa una palabra por oración.

    1. _____ en que vivimos es la Tierra.

    2. Me encanta _____ romántico que le escribió su novio.

    3. Necesito _____ de Argentina para ver dónde está Buenos Aires.

    4. _____ de mi composición es sobre «Cómo pasé mis vacaciones de verano».

    5. Me gusta solucionar _____ que aparece en el periódico todos los días.

2 Escoge cinco palabras de la lista y escribe oraciones completas con ellas.

    1. _____

    2. _____

    3. _____

    4. _____

    5. _____

3 Usa palabras de le lista para escribir un poema de cuatro versos. Asegúrate de que tenga título y rima.

_____

_____

_____

_____

_____

UNIDAD 3 Lección 1

Vocabulario adicional

102 Unidad 3, Lección 1
Vocabulario adicional

¡Avancemos! 3
Cuaderno para hispanohablantes

Gramática A *Future Tense*

> **¡AVANZA!**　　**Goal:**　Talk about the future.

① Subraya la forma correcta del verbo en el futuro para hablar del medio ambiente.

1. Nosotros (tendremos / tendrán) que ser responsables por el futuro del planeta.

2. Ustedes (protegerán / protegé) las especies en vía de extinción y los recursos naturales.

3. (Será / Seré) importante conservar el aire puro.

4. La gente (reutilizará / reutilizaré) los artículos en vez de tirarlos a la basura.

5. Tú (haremos / harás) todo lo posible para reciclar.

② Escribe la forma correcta del verbo entre paréntesis para describir el futuro del planeta.

1. El desarrollo de la tecnología _____ (traer) muchos avances.

2. La raza humana _____ (ser) responsable por el planeta y los recursos naturales.

3. Algunos recursos naturales _____ (disminuir) con el paso del tiempo.

4. Tú _____ (informarse) de cuáles son las especies en peligro de extinción.

5. Algunas instituciones _____ (fomentar) la protección de especies de animales y plantas.

③ Escribe oraciones completas para describir qué harán las siguientes personas la próxima semana.

1. Alicia / reciclar los periódicos

_____

2. Los padres de Rafael / votar en las elecciones

_____

3. Nosotros / investigar los programas de conservación

_____

4. Yo / hacer una búsqueda en el Internet sobre organizaciones de caridad

_____

5. Tú / venir a la escuela con información sobre los recursos naturales

_____

Gramática B *Future Tense*

¡AVANZA!	**Goal:** Talk about the future.

1 Elige el verbo apropiado y escribe la forma correcta para completar las predicciones de Elisa.

ir	hacer	despreciar	ser	valorar

1. En el futuro el smog le _____ daño a la capa de ozono.

2. Los niños _____ a la escuela para informarse de las amenazas al planeta.

3. La gente _____ el aire puro.

4. La erosión y la contaminación _____ problemas difíciles de resolver.

5. Yo no _____ los recursos naturales.

2 Escribe los planes tuyos y de otras personas con la forma del futuro correspondiente.

> **Modelo:** Voy a votar / *Votaré en las próximas elecciones.*

1. Vas a tener / _____

2. Van a hacer / _____

3. Vamos a informarnos / _____

4. Voy a ser / _____

5. Va a proteger / _____

3 Contesta las siguientes preguntas sobre tu futuro con oraciones completas.

1. Menciona dos cosas que harás para conservar las riquezas naturales de la tierra.

_____

_____

2. ¿Dónde vivirás dentro de 10 años?

_____

_____

3. ¿Qué les enseñarás a los niños del futuro sobre la conservación del medio ambiente?

_____

_____

4. En tu opinión, ¿cómo podremos mejorar el futuro del medio ambiente?

_____

_____

UNIDAD 3 Lección 1

Gramática B

Gramática C *Future Tense*

Level 3 Textbook pp. 157–161

> **¡AVANZA!**　**Goal:**　Talk about the future.

1 Claudia va a desarrollar un proyecto de acción social con su amigo Andrés. Escribe la forma correcta de los verbos en el futuro para completar las siguientes oraciones sobre sus planes.

1. Andrés y yo _____ una campaña para reducir la basura en la comunidad.

2. Yo _____ unos letreros con nuestro lema: «Conservar, reciclar y proteger».

3. Nuestros compañeros de clase _____ a la comunidad para distribuir los letreros.

4. Tú _____ un letrero en el salón de clase.

5. Nosotros _____ otras campañas por Internet.

2 Escribe una predicción para cada categoría con oraciones completas.

1. la deforestación _____

2. la tecnología _____

3. los recursos naturales _____

4. el petróleo _____

3 Vas a participar como candidato en las elecciones del cuerpo estudiantil en tu escuela. Escribe un párrafo para describir tu campaña y tus planes como futuro presidente del consejo de los estudiantes.

Modelo: *Cuando sea el presidente del consejo estudiantil, todos los salones de clase tendrán acceso directo al Internet.*

_____

_____

_____

_____

_____

UNIDAD 3 Lección 1　Gramática C

Gramática A *Por y para*

> **¡AVANZA!**   **Goal:**   Practice the difference between **por** and **para**.

1 Encierra con un círculo la razón del uso de **por** o **para** en cada oración.

  1. Caminamos por el bosque. (hacia / a través)

  2. Este regalo es para ti. (destinado a / a causa de)

  3. Para ser un niño, él entiende bien las cosas. (a causa de / comparación)

  4. Te daré dos dólares por el libro. (durante / a cambio)

  5. Estuvimos en Costa Rica por seis semanas. (hacia / durante)

  6. Me llamó por teléfono. (medio / a causa de)

  7. Rafael trabajó por mí porque estuve enfermo aquel día. (en lugar de / comparación)

2 Escribe **por** o **para** en el espacio en blanco para completar la descripción del proyecto social de la clase.

  1. Tengo que preparar el informe _____ el sitio web.

  2. Pagaremos cien dólares _____ los folletos de la campaña.

  3. Es necesario reciclar _____ eliminar la basura y proteger el medio ambiente.

  4. _____ mí, el desarrollo de la tecnología es muy importante para el proyecto.

  5. Voy a caminar _____ el parque para disfrutar del aire puro.

3 Escribe una oración nueva con **por** o **para**.

  Modelo: No terminé la tarea / no tener tiempo

  No terminé la tarea por no tener tiempo.

  1. Tengo un regalo / mi maestro

  _____

  2. Enrique llamó a Juan / teléfono

  _____

  3. Tenemos que hacer la tarea / mañana

  _____

  4. Viajaron / todo el país

  _____

  5. Estaremos en Honduras / seis meses

  _____

Gramática B *Por y para*

> **¡AVANZA!** **Goal:** Practice the difference between **por** and **para**.

1 Reemplaza las expresiones subrayadas con **por** o **para**. Escribe las oraciones de nuevo.

Modelo: Nosotros tenemos que ir al centro <u>durante</u> la mañana.

Nosotros tenemos que ir al centro por la mañana.

1. La destrucción de la selva es <u>a causa de</u> la deforestación.

   _____

2. El medio ambiente estará en peligro <u>durante</u> muchos años.

   _____

3. Me mandó las fotos de la selva tropical <u>a tráves del</u> correo electrónico.

   _____

4. Isabel nos dio cinco dólares <u>a cambio de</u> un libro sobre el reciclaje.

   _____

2 Completa el párrafo con **por** o **para**.

1. _____ ser un buen ciudadano, es importante preocuparse 2. _____ las cuestiones sociales de la comunidad. 3. _____ ejemplo, los proyectos de acción social sirven 4. _____ mejorar la sociedad. 5. _____ mucha gente, estos programas funcionan bien y son buenos 6. _____ el futuro de la comunidad. 7. _____ muchos años el público ha participado en las campañas de la comunidad 8. _____ razones personales y sociales. 9. _____ lo general, participar en estos programas es una experiencia acogedora 10. _____ mucha gente.

3 Contesta las siguientes preguntas. Escribe oraciones completas con **por** o **para** en tus respuestas.

1. ¿Para cuándo te gradúas de la escuela?

   _____

2. ¿Por cuánto tiempo piensas estudiar español?

   _____

3. Para ti, ¿cuál es una cuestión social muy importante?

   _____

4. ¿Qué haces normalmente las tardes de los fines de semana?

   _____

UNIDAD 3 Lección 1 Gramática B

Gramática C *Por y para*

> **¡AVANZA!** **Goal:** Practice the difference between **por** and **para**.

1 Completa el siguiente diálogo sobre un viaje de Elena y Carolina con **por** o **para**.

Elena: Hola Carolina. ¿A qué hora pasas **1.** _____ mi casa mañana?

Carolina: **2.** _____ la mañana tengo que comprar un vestido **3.** _____ el viaje.

Elena: ¿ **4.** _____ qué fecha es nuestro vuelo?

Carolina: Es **5.** _____ el quince de noviembre. La agente de viajes dijo que tiene mucha información **6.** _____ nosotras sobre las atracciones turísticas.

Elena: ¿Pudiste cambiar este vuelo **7.** _____ otro vuelo más temprano?

Carolina: Sí. Bueno, **8.** _____ hacer más planes paso **9.** _____ tu casa y hablamos de lo que tenemos que hacer **10.** _____ prepararnos para el viaje.

2 Escribe oraciones completas y lógicas con un elemento de cada columna.

Quería ir a un café	por	tomar un café conmigo
Pregunté si hay un café	para	aquí cerca
Caminé		descansar un rato
Vi a mi amigo José y se quedó		mañana
José me dijo que tenía que hacer la tarea		una hora y media

Modelo: *Quería ir a un café para descansar un rato.*

1. _____

2. _____

3. _____

4. _____

3 Escribe oraciones completas para contar qué haces: por tu salud, para sacar buenas notas, por tu barrio, para disfrutar del tiempo libre y por tu familia.

_____

_____

_____

_____

_____

_____

Gramática C UNIDAD 3 Lección 1

Gramática adicional Algunos fenómenos gramaticales

> **¡AVANZA!** **Goal:** Use of common grammatical phenomena and their standard counterparts.

Observa los siguientes fenómenos del español:

Fenómeno	El español estándar
1. **Habían** tres estudiantes en la biblioteca.	**Había** tres estudiantes en la biblioteca.
2. Ustedes tienen el libro que necesito. **Démenlo**, por favor.	Ustedes tienen el libro que necesito. **Dénmelo**, por favor.
3. **Siéntensen**, por favor.	**Siéntense**, por favor.
4. ¿Tú ya **comistes**?	¿Tú ya **comiste**?
5. Todos los veranos **íbanos** a la playa.	Todos los veranos **íbamos** a la playa.
6. Las chicas **estudiando** en el jardín son mis primas.	Las chicas **que estudian** en el jardín son mis primas.
7. Voy a comprar los **cafeses**.	Voy a comprar los **cafés**.

Estos fenómenos se deben a la sobregeneralización de las formas del estándar al español hablado; se consideran errores gramaticales pero su uso es común en el mundo hispanohablante.

Escribe los siguientes enunciados de nuevo en el español estándar.

> **Modelo:** ¿A qué hora vinistes de trabajar?
>
> _A qué horas viniste de trabajar?_

1. ¿A qué hora te levantastes hoy?

_____

2. Me duelen los pieses.

_____

3. La familia viviendo al lado de nosotros tiene un perro grande.

_____

4. ¿Vistes la nueva blusa que compré?

_____

5. Sólo habían seis personas en el cine.

_____

Integración: Hablar

| ¡AVANZA! | **Goal:** Respond to written and oral passages expressing environmental concerns and possibilities. |

Lee el siguiente artículo que apareció en un periódico centroamericano.

Fuente 1 Leer

El Heraldo

EDICIÓN MATUTINA

La basura electrónica y el medio ambiente

Felipe González
San José, Costa Rica.— Quien diga que los costarricenses, en cuanto a la tecnología, no han entrado pisando fuerte al nuevo milenio, sólo tiene que visitar uno de nuestros tiraderos. La cantidad de televisiones, estéreos, teléfonos celulares y computadoras obsoletas acumulada en las montañas de cosas por reciclar es impresionante. Pero más allá de los esqueletos de todos estos artículos, los peligros surgen cuando pensamos en los metales pesados que forman su cerebro y organismo. El cadmio, el mercurio y el plomo, por ejemplo, son verdaderos peligros para la salud. Y si el problema es evidente en los basureros donde se recicla, sólo hay que visitar los que no llevan a cabo este proceso para darnos cuenta de la emergencia a la que nos enfrentamos. La solución no es difícil de hallar. La mayoría de las grandes ciudades cuenta con empresas de reciclaje especializadas en desmantelar estos aparatos para reutilizar sus partes. Con una pequeña búsqueda en un directorio es seguro que podríamos remediar la situación.

Escucha el mensaje que Humberto Soria dejó en el contestador de su amiga María Elena. Toma notas. Luego completa la actividad.

Fuente 2 Escuchar

HL CD 1, tracks 17–18

Según el artículo que leíste, explica con una respuesta corta lo que María Elena podría sugerirle a Humberto. Explica por qué, en tu opinión, ésta es una buena solución.

UNIDAD 3 Lección 1
Integración: Hablar

110

Unidad 3, Lección 1
Integración: Hablar

¡Avancemos! 3
Cuaderno para hispanohablantes

Integración: Escribir

 **Goal:** Respond to written and oral passages expressing environmental concerns and possibilities.

Lee la siguiente tabla de noticias que viene del sitio web de un periódico de Guatemala.

Fuente 1 Leer

○○○ ⬅ 🔄 ➡ | http://www.ecocafe.com | **GO**

☕ ECOCAFÉ

INICIO | EVENTOS | NOTICÍAS | GALERÍA

El Salvador
Ministros del Programa de las Naciones Unidas para el Medio Ambiente (PNUMA) se reunirán este mes en San Salvador para discutir los peligros de la industria química. Según el PNUMA, la tendencia de los países industrializados de trasladar sus fábricas y laboratorios de productos químicos a los países en desarrollo pone en peligro a la población mundial.

Guatemala
La industria biotecnológica guatemalteca busca mercados entre los países industrializados.

Honduras
Las Islas de la Bahía se beneficiarán de un donativo de 2.5 millones de dólares para la conservación de los ecosistemas y la biodiversidad. El Fondo para el Medio Ambiente Mundial apoyará varios programas con el fin de proteger la región.

Panamá
La ley que castiga con cárcel a los «mercenarios del medio ambiente» será puesta en práctica para investigar las denuncias de los habitantes de las tierras altas de Azuero. La cacería ilegal de especies en peligro de extinción y la tala inmoderada de árboles son delitos que serán perseguidos.

Escucha la nota de Radio Público de Juan José Balseiro, un periodista panameño. Toma notas. Luego completa la actividad.

Fuente 2 Escuchar

HL CD 1, tracks 19–20

Escribe un párrafo en el que resumas los problemas ambientales que afectan a Centroamérica, según estas fuentes. ¿Crees que deba hacerse algo para solucionarlos? ¿Por qué?

_____

_____

_____

_____

UNIDAD 3 Lección 1

Integración: Escribir

Lectura A

| ¡AVANZA! | **Goal:** Read about environmental concerns and possibilities. |

❶ Lee las ideas de Alberto y Daniel sobre el futuro. Responde a las preguntas de comprensión y da tu opinión sobre lo que ellos dicen.

Un mundo mejor

Alberto y Daniel están en un café y conversan sobre el uso del coche. Ambos creen que el auto debe ser económico y debe consumir poca gasolina. Así, dentro de unos años el aire estará limpio y el smog desaparecerá. Alberto cree que muchas cosas mejorarán, pero no en cinco años ni en seis, porque el planeta está bastante enfermo y necesitará más tiempo para volver a tener aire limpio. Daniel le explica que si todos ayudamos no se necesitará tanto tiempo. Él cree que hay muchas personas que se preocupan por la naturaleza, por los riesgos de la contaminación y por el cuidado del medio ambiente. Además, Daniel piensa que muy pronto los investigadores desarrollarán coches y máquinas que no necesitarán petróleo para funcionar; lo harán con energías limpias y renovables como el sol y el viento. Gracias a las energías renovables, la contaminación disminuirá tanto que ya no habrá problemas con la capa de ozono. El mundo será mucho mejor que ahora.

❷ **¿Comprendiste?** Responde a las siguientes preguntas con oraciones completas.

1. Según Daniel, ¿por qué ayudarán las personas a cuidar el medio ambiente?

_____

_____

2. De acuerdo con lo que dice Daniel, ¿cuáles serán los aportes más importantes de los científicos dentro de unos años? ¿Cómo pueden cambiar nuestra vida estos aportes?

_____

_____

_____

3. ¿En qué están de acuerdo Daniel y Alberto y en qué no están de acuerdo?

_____

_____

_____

❸ **¿Qué piensas?** Según Alberto, «nuestro planeta está bastante enfermo y necesitará más tiempo para curarse». ¿Estás de acuerdo con Alberto? ¿Por qué?

_____

_____

_____

Lectura B

¡AVANZA! **Goal:** Read about environmental concerns and possibilities.

1 Lee el anuncio sobre la celebración del Día del Árbol. Responde a las preguntas de comprensión y compara esta celebración con una experiencia tuya.

¡El Día del Árbol!

Los árboles mantienen la vida y el equilibrio de la naturaleza. Ellos limpian el aire, nos proporcionan oxígeno para respirar y embellecen nuestros campos y ciudades. Nos dan los alimentos y la madera, y sirven de hogar para muchos animales. Además evitan la erosión para impedir, con sus raíces, que las lluvias y los vientos arrastren la tierra y los nutrientes. Si te importa la naturaleza, la asociación Amigos de los Árboles instalará un puesto de información en el prado de los Laureles. El domingo 25 de marzo las personas que lo deseen podrán visitar una exposición de fotografías y dibujos de los árboles de nuestra región en la antigua granja de los Laureles. Los actos del día comenzarán a las 10:30 a.m. con una charla del concejal del medio ambiente. A las 11:00 a.m., los instructores de la Escuela-Taller de Jardinería explicarán el ciclo de la vida de los árboles. A partir de las 11:30 a.m., comenzará la plantación de 350 árboles. Las personas que quieran plantar un árbol deberán recogerlo en el puesto de información. Los voluntarios de Amigos de los Árboles y del Ayuntamiento les indicarán cómo deben plantarlos y les proporcionarán guantes y palas. A la 1:00 p.m., el Ayuntamiento invitará a todos los asistentes a un almuerzo campestre. Después de comer tendremos juegos, actividades y un concurso de dibujo para los niños. ¡Los esperamos a todos!

---

2 **¿Comprendiste?** Responde a las siguientes preguntas con oraciones completas.

1. ¿Por qué son importantes los árboles para las personas?

_____

_____

2. ¿Qué tendrán que hacer las personas que quieren plantar un arbolito?

_____

_____

3. ¿Cuál es el principal evento en esta celebración del Día del Árbol? ¿Qué otras actividades se desarrollarán?

_____

_____

_____

3 **¿Qué piensas?** ¿Has participado alguna vez en una tarea colectiva relacionada con la conservación del medio ambiente? Si no es así, ¿cómo te gustaría colaborar para conservar el medio ambiente?

_____

_____

Lectura C

> **¡AVANZA!** **Goal:** Read about environmental concerns and possibilities.

1 Lee el informe que escribió Silvia sobre una sesión de orientación profesional. Responde a las preguntas de comprensión y compara su experiencia con la tuya.

Profesiones del futuro

Ayer asistí a una sesión informativa con mis compañeros y compañeras de clase sobre nuevas profesiones ambientales. Las profesiones que presentaron son todas muy interesantes. Son profesiones que hace unos años no existían y que surgieron al necesitarse personas preparadas para afrontar problemas relacionados con el medio ambiente y para asegurar el cumplimiento de las leyes y reglas de protección.

Varios compañeros, compañeras y yo quedamos tan entusiasmados con estas profesiones que decidimos estudiar para trabajar y ayudar a solucionar los problemas relacionados con el medio ambiente. Además de ser profesiones interesantes nos darán la oportunidad de encontrar un buen empleo. En los próximos años habrá una gran demanda de profesionales ambientales, tanto en las compañías privadas que tienen que cumplir las leyes sobre protección como en las organizaciones que ayudan a que otras compañías las cumplan; por ejemplo las agencias del gobierno que controlan y aseguran el cumplimiento de esas leyes.

Hace unas semanas no sabía qué profesión quería seguir, pero ahora creo que estudiaré para ser ingeniera ambiental. Como ingeniera ambiental vigilaré que las empresas cumplan las leyes y reglas relacionadas con el medio ambiente, analizaré la calidad del agua y dirigiré los programas de reciclaje.

Mi amiga Rosario será especialista en la calidad del aire. Ella y yo haremos tareas muy parecidas porque ella también tendrá que vigilar que se cumplan las leyes y hará análisis para saber si el medio ambiente está contaminado, pero ella se ocupará sólo del aire.

Mis compañeros Marta y Pedro serán conservacionistas de suelos. Ellos se encargarán de analizar y restaurar los suelos y las tierras dañadas por la erosión, y harán sugerencias a los agricultores sobre los mejores tratamientos para el crecimiento de sus plantas.

Fernando, otro amigo, siempre quiso ser maestro. Como ahora también está muy preocupado por el medio ambiente, cree que ser educador ambiental es una profesión perfecta para él. Así podrá hacer las dos cosas que más le gustan: enseñar y cuidar el medio ambiente. Él educará a las personas sobre los problemas del medio ambiente y la forma de solucionarlos, les hablará sobre las especies en peligro de extinción y les dirá qué pueden hacer para protegerlas. Hará sugerencias sobre el ahorro de agua y de energía, enseñará a los niños cómo reciclar y ayudará a la gente a comprender por qué es importante la colaboración de todos para cuidar y salvar la Tierra. Yo conozco bien a Fernando y sé que trabajará mucho y que se sentirá muy feliz con esta profesión.

Con todo esto que te conté, ¿te animas a seguir una profesión para proteger el medio ambiente? Entre más personas nos comprometamos mejor y más efectiva será la acción.

UNIDAD 3 Lección 1
Lectura C

2 **¿Comprendiste?** Responde a las siguientes preguntas:

1. Las profesiones sobre las que escribe Silvia existen sólo desde hace unos años. ¿Por qué?

_____

_____

_____

2. Según lo que escribe Silvia, ¿qué oportunidades de trabajo tendrán los profesionales del medio ambiente?

_____

_____

_____

3. ¿Qué profesionales se ocuparán de analizar la calidad del agua? Di alguna otra tarea de estos profesionales.

_____

_____

4. Si tú decides ser educador o educadora ambiental, ¿cuál será tu trabajo?

_____

_____

_____

_____

3 **¿Qué piensas?** ¿Cuál de las profesiones de las que habla Silvia te parece la más interesante? ¿Por qué? ¿Crees que esta profesión podría ser útil en tu comunidad? Si tuvieras esta profesión, ¿qué cosas harías por tu comunidad? Escribe dos de ellas.

_____

_____

_____

_____

_____

_____

_____

UNIDAD 3 Lección 1 **Lectura C**

Escritura A

¡AVANZA!	**Goal:** Express environmental concerns and possibilities.

Escribe un párrafo sobre el tema de cómo ayudar a mejorar el medio ambiente.

1 Escribe dentro del cuadro dos cosas que cada persona o personas pueden hacer para mejorar el medio ambiente.

Mi profesor(a) y mis compañeros(as) de clase	**1.**
	2.
Mi familia	**1.**
	2.
Yo	**1.**
	2.

2 Escribe tu párrafo con base en los datos de la Actividad 1. Incluye: 1) seis actividades diferentes; 2) ideas bien organizadas y fáciles de comprender; 3) verbos en el futuro.

_____

_____

_____

_____

_____

_____

3 Evalúa tu párrafo usando la siguiente tabla.

	Crédito máximo	**Crédito parcial**	**Crédito mínimo**
Contenido	El párrafo incluye seis actividades diferentes y la información está bien organizada y es fácil de comprender.	El párrafo incluye cinco actividades diferentes; parte de la información no está bien organizada o no es fácil de comprender.	El párrafo incluye cuatro actividades diferentes o menos; la información no está organizada y no es fácil de comprender.
Uso correcto del lenguaje	Hay muy pocos errores o ninguno en el uso de los verbos.	Hay algunos errores en el uso de los verbos.	Hay un gran número de errores en el uso de los verbos.

UNIDAD 3 Lección 1
Escritura A

Escritura B

¡AVANZA!	**Goal:** Express environmental concerns and possibilities.

Haz algunas predicciones sobre cómo será la vida en el año 2100, con el fin de comprender los problemas actuales del medio ambiente.

1 Observa el modelo del cuadro y escribe qué cambiará poco y qué cambiará mucho para cada uno de los elementos de la primera columna.

	Seguirá igual o muy parecido(a)	Cambiará, será totalmente nuevo(a)
La comida	*la comida en paquetes*	*la comida comprimida*
Las casas		
Los medios de transporte		
La naturaleza		
Las diversiones		

2 Escribe el párrafo usando la información de la tabla anterior. Asegúrate de que: 1) la información está clara y bien organizada y 2) el lenguaje y los verbos son correctos.

_____

_____

_____

_____

_____

_____

_____

_____

_____

3 Evalúa el párrafo usando la siguiente tabla.

	Crédito máximo	Crédito parcial	Crédito mínimo
Contenido	El párrafo incluye información clara y bien organizada.	El párrafo incluye información y la mayor parte es clara y bien organizada.	El párrafo incluye poca información y no es clara ni organizada.
Uso correcto del lenguaje	Tuviste muy pocos errores o ninguno en el uso del lenguaje y los verbos.	Tuviste algunos errores en el uso del lenguaje y los verbos.	Tuviste un gran número de errores en el uso del lenguaje y los verbos.

Escritura C

| ¡AVANZA! | **Goal:** Express environmental concerns and possibilities. |

El próximo verano tu hermano(a) mayor va a participar en un proyecto de acción social en un país de Centroamérica. Ayúdalo a tomar una decisión.

1 Elige el país de Centroamérica en el que se desarrollaría cada proyecto. Escribe dos ideas que deben hacerse en cada proyecto. Dile a tu hermano que le dé una puntuación de 1 a 5 a cada actividad según lo que le guste o lo que le parezca interesante.

Proyecto	País	Actividades	Puntos
aplicación de energía solar		1. _____ 2. _____	
eliminación de la deforestación		1. _____ 2. _____	
proyecto educacional		1. _____ 2. _____	

2 Con base en lo anterior, tu hermano decide en qué proyecto puede participar. Prepárale un resumen y asegúrate de: 1) presentar la información de manera organizada; 2) incluir cinco actividades que hará; 3) hacer un uso correcto de los verbos en futuro y del lenguaje.

_____

_____

_____

_____

_____

_____

_____

3 Evalúa el resumen usando la siguiente tabla.

	Crédito máximo	Crédito parcial	Crédito mínimo
Contenido	Tu resumen está bien organizado e incluye cinco actividades.	La mayor parte de tu resumen está bien organizado e incluye cuatro actividades.	Tu resumen está desorganizado y sólo incluye tres actividades o menos.
Uso correcto del lenguaje	Tuviste muy pocos errores o ninguno en el uso del lenguaje y los verbos.	Tuviste algunos errores en el uso del lenguaje y los verbos.	Tuviste un gran número de errores en el uso del lenguaje y los verbos.

UNIDAD 3 Lección 1 Escritura C

Cultura A

¡AVANZA! **Goal:** Discover and know people, places, and culture from Central America.

1 Completa el siguiente crucigrama sobre la geografía de Centroamérica.

1. Capital de Honduras.
2. Capital de Nicaragua.
3. San _____ , capital de Costa Rica.
4. País que tiene frontera con Guatemala.
5. San _____ , capital de El Salvador.
6. Capital de Guatemala.
7. Capital de Panamá.
8. Océano que baña las costas de El Salvador.

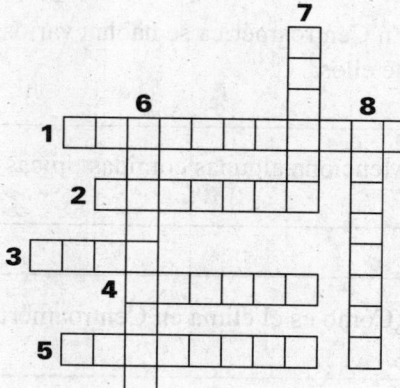

2 Responde de forma breve a las siguientes preguntas.

1. En Centroamérica se hablan el mam y el quiché entre otros idiomas indígenas. ¿Cuál es el origen de estos dos idiomas?

   _____

2. ¿En qué país está el monte más alto de Centroamérica?

   _____

3. ¿Cuáles son los principales problemas que afectan las selvas de Centroamérica?

   _____

3 ¿Por qué crees que los ecoturistas visitan Costa Rica y otros lugares similares?

_____

_____

¿Qué lugar de tu región o estado le recomendarías visitar a una persona que quiere admirar la naturaleza? ¿Cómo es ese lugar? Completa la siguiente ficha y escribe una oración para cada uno de los puntos que se indican.

En _____ recomiendo visitar _____

Paisaje: _____

_____

Vida vegetal y animal: _____

_____

Lo que más me gusta a mí: _____

Cultura B

> **¡AVANZA!** **Goal:** Discover and know people, places, and culture from Central America.

1 Responde de forma breve a las siguientes preguntas sobre la cultura y la geografía de Centroamérica.

1. En Centroamérica se hablan varios idiomas indígenas de origen maya. Menciona tres de ellos.

_____

2. Menciona algunas comidas típicas de Centroamérica.

_____

_____

3. ¿Cómo es el clima en Centroamérica?

_____

4. ¿Cuál es el pico más alto de Centroamérica y en qué país está?

_____

2 La naturaleza y la historia de Centroamérica son muy interesantes. Responde a las siguientes preguntas usando oraciones completas.

1. El lago de Nicaragua tiene agua dulce. ¿Cómo se explica la presencia de tiburones en ese lago?

_____

_____

2. ¿Por qué Centroamérica es una zona interesante para la arqueología?

_____

_____

3 ¿Cuales son dos grandes problemas de las selvas centroamericanas? ¿Qué problemas afectan el medio ambiente de tu región? ¿Cuál es la consecuencia? Explica cuáles son los problemas y escribe una oración explicando las consecuencias que tienen.

_____

_____

_____

_____

_____

Cultura C

¡AVANZA!	**Goal:** Discover and know people, places, and culture from Central America.

1 Responde con oraciones completas a las siguientes preguntas sobre Centroamérica.

1. ¿Qué artesanía indígena típica se puede comprar en los mercados al aire libre de Centroamérica y cuál es una de sus características?

_____

_____

2. Nombra a dos centroamericanos famosos y di de qué país son y por qué son famosos.

_____

_____

2 Responde a las siguientes preguntas con todos los detalles posibles.

1. ¿Cómo se formó el lago de Nicaragua?

_____

_____

2. ¿Qué puede pasar si llegan a desaparecer las tortugas en Centroamérica?

_____

_____

_____

_____

3 ¿Qué se debe hacer para evitar la extinción de algunas especies animales? Menciona una especie en peligro de extinción o una especie protegida en Estados Unidos. Describe cual es su situación actual y cuál tú crees que será su situación dentro de unos años y por qué.

_____

_____

_____

_____

_____

Vocabulario A *Por un futuro mejor*

> **¡AVANZA!**   **Goal:**   Talk about a better future.

❶ Escoge la palabra de la derecha que se asocia con la palabra de la izquierda.

1. la sociedad _____   **a.** esencial

2. persistir _____   **b.** criticar

3. la irresponsabilidad _____   **c.** el fracaso

4. imprescindible _____   **d.** los ciudadanos

5. evaluar _____   **e.** seguir adelante

❷ Completa las oraciones con la palabra correcta del cuadro.

Modelo: Hay que luchar para *superar* los obstáculos de la vida.

desconfianza	un fracaso	sufrimiento	superar	solucionar	la unidad

1. No eres _____ total si cometes un error.

2. No es raro sentir _____ de lo desconocido.

3. Para progresar necesitamos _____ de todas las personas.

4. Juntos vamos a _____ nuestros problemas.

5. Se debe respetar el _____ de otros y ayudarlos a prosperar.

❸ Contesta las preguntas con oraciones completas.

1. ¿Cómo se llama una persona que nace y vive en un país?

_____

2. ¿Cuál es uno de los vehículos más novedosos de los años 2000?

_____

3. ¿Cuál es una dificultad que impide el progreso?

_____

UNIDAD 3 Lección 2

Vocabulario A

Unidad 3, Lección 2
Vocabulario A

122

¡Avancemos! 3
Cuaderno para hispanohablantes

Vocabulario B *Por un futuro mejor*

> **¡AVANZA!**   **Goal:**   Talk about a better future.

1 Escoge la letra de la oración de la derecha que define la palabra de la izquierda.

1. la advertencia _____

2. la unidad _____

3. la irresponsabilidad _____

4. la patente _____

5. la desconfianza _____

a. Es no encargarte de lo que tienes que hacer.

b. Es lo que sientes cuando una persona nunca te dice la verdad.

c. Es el documento oficial que legaliza la comercialización de un producto.

d. Es un aviso de que algo malo o peligroso va a pasar.

e. Es lo que resulta cuando un grupo se hace sólido.

2 Completa el párrafo con la palabra correcta del cuadro.

solución	adelante	satisfacer	obstáculos
problemas	insistir	sociedad	fracasos

Si queremos darle **1.** _____ a los problemas del planeta, tenemos
que luchar contra los **2.** _____ que nos ofrece. Hay incendios,
sequías, inundaciones y temblores pero debemos seguir **3.** _____
para superar estos **4.** _____. Es esencial saber cómo
5. _____ nuestras necesidades y al mismo tiempo respetar
nuestro planeta. A veces criticamos la política y la **6.** _____ por
nuestros **7.** _____ pero la verdad es que todos tenemos que
8. _____ en el progreso del planeta.

3 Completa las siguientes opiniones para describir cómo los ciudadanos pueden encargarse de
la comunidad.

1. Los ciudadanos deben _____

2. Es imprescindible que usemos _____

3. Hay que _____

4. Si hay un obstáculo, _____

5. Tenemos que _____

Vocabulario C *Por un futuro mejor*

> **¡AVANZA!** **Goal:** Talk about a better future.

① Escribe una definición para cada una de las siguiente palabras.

1. invento: _____

2. desconfianza: _____

3. obstáculo: _____

4. advertencia: _____

5. principio: _____

② Escoge la que más se asocia al contexto de los siguientes mini-diálogos. En la caja hay más palabras que las que necesitas.

el principio	el fracaso	el producto	las irresponsabilidades
las sociedades	las políticas	los ciudadanos	los principios los obstáculos

1. María: Hola, Georgina. Para ti, ¿cuál es _____ más novedoso de las últimas décadas?

   Georgina: El más novedoso es el vehículo híbrido.

2. Marisol: Contéstame esta pregunta, por favor. ¿Quién debe encargarse de mejorar el futuro?

   José María: Pienso que todos _____ debemos encargarnos de mejorar el futuro, ¿verdad?

3. Antonio: ¿Cuál es uno de _____ que tenemos que superar para progresar?

   Esmeralda: Uno de ellos es la falta de conciencia social de algunas personas.

③ Escribe un párrafo para describir cómo los ciudadanos y los políticos pueden ser más responsables. Usa el vocabulario de la lección.

_____

_____

_____

_____

_____

UNIDAD 3 Lección 2   Vocabulario C

Vocabulario adicional

| ¡AVANZA! | **Goal:** Expand your vocabulary with common phrases for expressing opinions. |

Ya aprendiste algunas frases verbales que puedes usar para expresar tus opiniones.

Dos de estas frases son **Dudo que** y **No es verdad que**. Hay otras expresiones que puedes usar para dar énfasis a tus opiniones.

Para mí	*as for me*
Por mi parte	*as far as I'm concerned*
Desde mi punto de vista	*from my point of view*
En mi opinión	*in my opinion*
Entiendo que	*from my understanding*
Según	*according to*

1 Indica con las siguientes expresiones lo que piensas de tu libro favorito. Escribe oraciones completas en cada oración.

Título del libro: _____

1. Para mí, _____

2. Desde mi punto de vista, _____

3. En mi opinión, _____

4. Según lo que leo, _____

5. Creo que, _____

2 Describe tu película favorita con cinco expresiones de la lista. Escribe oraciones completas y usa una expresión por oración.

Título de la película: _____

1. _____

2. _____

3. _____

4. _____

5. _____

Gramática A *Present subjunctive of regular verbs*

> **¡AVANZA!** **Goal:** Use impersonal expressions and the subjunctive to express your opinions.

❶ Lee las oraciones sobre las obligaciones de la sociedad y subraya la forma correcta del verbo.

1. Es importante que los ciudadanos (voten / votan).

2. Es necesario que el gobierno (respete / respeta) a los ciudadanos.

3. Para prosperar, es imprescindible que el país (tiene / tenga) buenas relaciones con otros países.

4. Es probable que la sociedad (cometa / comete) errores.

5. Es imposible que una persona (soluciona / solucione) los problemas de mundo.

❷ Completa las siguientes oraciones con la forma correcta del verbo.

1. Es importante que nuestra lucha por la igualdad _____ (persistir).

2. Ojalá que nuestros hijos _____ (informarse) sobre las cuestiones importantes de la sociedad.

3. Es bueno que el gobierno nos _____ (advertir) de los problemas que nos afectan.

4. Es malo que los medios de comunicación _____ (comercializar) con el sufrimiento de la gente.

5. Es probable que yo _____ (cometer) errores con mis hijos.

❸ Escribe seis oraciones para describir qué tiene que hacer Julia para ser una buena ciudadana. Usa el subjuntivo y escoge los elementos de cada columna que correspondan.

Modelo: *Es imprescindible que el alcalde apoye las campañas importantes.*

Es necesario	buscar maneras de ayudar a la gente
Es importante	respetar a las otras personas
(No) es bueno	hacer investigaciones sobre los problemas
(No) es malo	criticar a otros
Es mejor	participar en proyectos de acción social

1. _____

2. _____

3. _____

4. _____

5. _____

UNIDAD 3 Lección 2

Gramática A

126 Unidad 3, Lección 2
Gramática A

¡Avancemos! 3
Cuaderno para hispanohablantes

Gramática B *Present subjunctive of regular verbs*

> **¡AVANZA!** **Goal:** Use impersonal expressions and the subjunctive to express your opinions.

1 María le da consejos a Rosa para sacar buenas notas en la escuela. Completa las siguientes oraciones con la forma correcta del verbo.

Para sacar buenas notas es imprescindible estudiar mucho. Es importante que los alumnos **1.** _____ (respetar) a los profesores y que **2.** _____ (hacer) la tarea. Es imposible progresar si uno no hace sus deberes. Es probable que los profesores **3.** _____ (criticar) tu trabajo, pero al final es mejor que tú **4.** _____ (aprender) de tus errores. Para seguir adelante, es necesario que todos **5.** _____ (tener) en cuenta que van a la escuela para aprender. ¡Ojalá que todos nosotros **6.** _____ (poder) progresar juntos!

2 Completa las siguientes oraciones para explicarle a los estudiantes qué se debe hacer para proteger el medio ambiente.

1. Es necesario que

_____

2. Es bueno que

_____

3. Es malo que

_____

4. Es una lástima que

_____

5. Es posible que

_____

3 Escribe una breve carta de opinión al periódico local sobre la responsabilidad de proteger los recursos naturales que tiene una comunidad. Usa las expresiones impersonales y el subjuntivo.

_____

_____

_____

_____

Gramática C *Present subjunctive of regular verbs*

¡AVANZA!   **Goal:**   Use impersonal expressions and the subjunctive to express your opinions.

---

1 Indica tus opiniones a otras personas. Escribe oraciones completas con el subjuntivo y las expresiones impersonales según el modelo.

Modelo: Juan no quiere investigar los problemas.

Juan, es necesario que investigues los problemas.

1. Carmen y Maribel participan en los proyectos de la universidad.

_____

2. El señor Fuentes busca apoyo de varias organizaciones.

_____

3. Mamá quiere tener tiempo para trabajar en la campaña.

_____

4. Luz, no puedes resolver todos los problemas en un día.

_____

2 Completa las oraciones para explicarle a la gente de tu comunidad cómo tener conciencia social y funcionar como un grupo unido.

1. Es necesario que _____

2. Es mejor que _____

3. Es una lástima que _____

4. Es imprescindible que _____

5. Es importante que _____

3 Escribe una carta de seis oraciones al gobernador de tu estado. Explícale tu opinión sobre los programas de la comunidad con el subjuntivo y las expresiones impersonales.

_____

_____

_____

_____

_____

_____

_____

_____

_____

UNIDAD 3 Lección 2

Gramática C

Unidad 3, Lección 2
Gramática C

128

¡Avancemos! 3
Cuaderno para hispanohablantes

Gramática A *More subjective verb forms*

> **¡AVANZA!**   **Goal:**   Use impersonal expressions and the subjunctive of irregular verbs to express your opinions.

1 Subraya la forma correcta del verbo para completar las oraciones con las ideas de un doctor para mejorar la salud.

1. Es importante que la gente (sabe / **sepa**) qué comidas son buenas.

2. Es necesario que el ambiente (**sea** / es) cómodo y limpio.

3. Es una lástima que muchas personas no (duermen / **duerman**) ocho horas cada noche.

4. Es imprescindible que (hay / **haya**) apoyo para mejorar la salud en la comunidad.

5. Ojalá que todos (estamos / **estemos**) informados de los programas de salud.

2 Completa las oraciones con la forma correcta de los verbos de la caja.

hacer	ir	dar	advertir	pedir	ser

Modelo: Es importante que tú *hagas* tu parte del trabajo.

1. Es imprescindible que la comunidad _____ responsable.

2. No es necesario que mamá y papá _____ contigo al centro de la comunidad todos los días.

3. Es probable que yo _____ a la comunidad de las ventajas del proyecto.

4. Es lógico que nosotros _____ dinero a la comunidad para juntar fondos.

5. Es mejor que tú me _____ un poco de tiempo para organizar el proyecto.

3 Escribe oraciones completas con el subjuntivo y las expresiones impersonales para decirles tu opinión a las siguientes personas.

Modelo: Ojalá /ser responsables / nosotros

   Ojalá que nosotros seamos responsables.

1. es importante / ir al centro estudiantil para recibir información / Juan y Carla

   _____

2. es probable / estar informado sobre los programas de la comunidad / tú

   _____

3. es bueno / darles información a sus amigos sobre los programas / ustedes

   _____

4. es imposible / ir a todas las reuniones de los grupos / nosotros

   _____

Gramática B *More subjective verb forms*

> **¡AVANZA!** **Goal:** Use impersonal expressions and the subjunctive of irregular verbs to express your opinions.

1 Escribe la forma correcta del verbo en paréntesis para completar las oraciones sobre los temores de Daniel por su nuevo invento.

1. Es importante que yo _____ (proteger) mi idea con una patente.

2. Ojalá que la competencia no _____ (saber) de mi invento.

3. No es probable que yo te _____ (dar) información sobre mi producto.

4. Es mejor que mi producto _____ (ser) un secreto por ahora.

2 Escribe de nuevo las siguientes oraciones para distribuir el trabajo a las siguientes personas.

Modelo: Es importante escribir el anuncio publicitario del proyecto. (Tú)

Es importante que tú escribas el anuncio publicitario del proyecto.

1. Es raro ser la única persona que lo organiza todo. (ella)

_____

2. Es bueno saber toda la información del proyecto (ustedes).

_____

3. Es imposible estar en los dos lugares a la vez. (yo)

_____

4. Es probable dar dinero a la campaña. (nosotras)

_____

3 Escríbeles una carta a los líderes de tu ciudad con tus consejos para resolver los siguientes problemas. Usa el subjuntivo y las expresiones impersonales.

> **Problemas de mi comunidad**
>
> **1.** No hay sitio para todos en los salones de clase.
> **2.** No todos los ciudadanos van a las reuniones de la comunidad para informarse.
> **3.** La gente no ve todos los problemas que hay.
> **4.** La gente de la comunidad no da dinero para apoyar las causas sociales.

_____

_____

_____

_____

_____

UNIDAD 3 Lección 2

Gramática B

Gramática C *More subjunctive verb forms*

> **¡AVANZA!** **Goal:** Use impersonal expressions and the subjunctive of irregular verbs to express your opinions.

1 Para tener conciencia social, ¿qué se debe hacer? Escribe un consejo para cada una de las categorías. Usa el subjuntivo de los verbos en el cuadro y las expresiones impersonales.

Modelo: para mejorar la sociedad

Es mejor que todos nosotros seamos respetuosos de las normas sociales para mejorar la sociedad.

| ser respetuoso | estar informado | ver los problemas | dar dinero | ser responsable |

1. para proteger el medio ambiente

_____

2. para seguir adelante con la tecnología

_____

3. para mejorar la educación

_____

4. para eliminar el sufrimiento

_____

2 Tus compañeros de clase y tú organizan una campaña para mejorar la educación. Completa las siguientes oraciones con consejos a la directora de tu escuela para la campaña. Usa el subjuntivo con los verbos en paréntesis.

1. Es importante que (tener) _____

2. Es malo que (haber) _____

3. Es imprescindible que (ir) _____

4. Es necesario que (saber) _____

3 Tú y tus compañeros de clase montan una campaña para convencer a los profesores de hacer más proyectos en la comunidad. Escribe cinco oraciones con las expresiones impersonales y el subjuntivo para preparar tus argumentos.

_____

_____

_____

_____

Gramática adicional *El se pasivo*

¡AVANZA!	**Goal:** Use passive constructions with **se**.

Para no mencionar a la persona que realiza una acción o el sujeto de una oración, podemos usar **se**. Mira los siguientes ejemplos:

Voz activa	Voz pasiva
1. Aquí la gente habla español.	Aquí se habla español.
2. Ellos venden computadoras en esta tienda.	Se venden computadoras en esta tienda.
3. Todo el mundo dice que este restaurante es caro.	Se dice que este restaurante es caro.
4. Ahora sabemos que el mundo es redondo.	Se sabe que el mundo es redondo.

❶ Escribe las siguientes oraciones de nuevo con el **se** pasivo.

> **Modelo:** En este restaurante ellos preparan un buen bistec.
>
> *En este restaurante se prepara un buen bistec.*

1. Esta escuela necesita libros.

_____

2. Trabajamos mucho aquí.

_____

3. El mecánico de este garaje arregla los coches rápido.

_____

4. Los alumnos aprenden mucho en esta escuela.

_____

❷ Escribe oraciones completas con el **se** pasivo.

> **Modelo:** vender / chocolates
>
> Se _venden chocolates_ .

1. comprar artículos de cuero

_____

2. hablar español

_____

3. mantener el espacio limpio

_____

4. buscar secretario(a) bilingüe

_____

UNIDAD 3 Lección 2

Gramática adicional

Conversación simulada

> **¡AVANZA!** **Goal:** Respond to a conversation presenting and supporting an opinion.

Vas a participar en una conversación telefónica simulada con tu amigo Ahmed. Primero, lee el bosquejo de la conversación que aparece en la página. Luego, escucha el audio. Tú sólo oirás lo que te dice Ahmed. Entonces escucha el audio de nuevo. Esta vez participarás en la conversación. Responde de forma oral a lo que te dice Ahmed. Una señal te indicará cuando te toque a ti hablar.

[phone rings]

Tú: Contesta el teléfono.

Ahmed: (Él saluda y te pregunta si ya fuiste a la escuela.)

Tú: Dile que no has ido y por qué.

Ahmed: (Él contesta y te pregunta qué piensas.)

Tú: Contesta y pregúntale por qué le gusta la política.

Ahmed: (Él explica por qué y te hace otra pregunta.)

Tú: Respóndele.

Ahmed: (Él te invita.)

Tú: Contéstale que sí y que ahora piensas votar.

Ahmed: (Él se despide.)

Tú: Despídete y cuelga.

UNIDAD 3 Lección 2 Conversación simulada

Integración: Escribir

| ¡AVANZA! | **Goal:** Respond to written and oral passages presenting and supporting an opinion. |

Lee esta carta al editor que se publicó en un semanario de Managua, Nicaragua.

Fuente 1 Leer

📃 Carta al editor

Fantasía centroamericana

El artículo "Centroamérica: Un país" que apareció en el semanario núm. 487 es más que una fantasía, una prueba de la irresponsabilidad de ciertos periodistas de ver el presente sin mirar el pasado. Si nuestros países atraviesan un período de calma política, esto no es producto de la mano de Dios ni de las grandes catástrofes naturales que nos han mantenido ocupados en años recientes. Esta situación positiva es producto de nuestras luchas por la igualdad ciudadana. ¿Cómo pueden los jóvenes mirar al futuro sin detenerse a examinar de dónde venimos? La democracia naciente en nuestros países no es una recuperación, como dice el señor Asensio en su reportaje, es un cultivo nuevo. Una vista a nuestra historia puede sostener esta opinión.

Abril Mercado
<abmer@...com>

ACONTECER SEMANAL • 3

Escucha el recado que Graciela Carballo, una joven guatemalteca, dejó para su amiga Leticia. Toma notas. Luego completa la actividad.

HL CD 1, tracks 23–24

¿Crees que es importante tener bases correctas cuando expresamos una opinión? ¿Por qué? Usa la información en las fuentes como ejemplos para escribir un párrafo.

_____

_____

_____

_____

_____

_____

UNIDAD 3 Lección 2

Integración: Escribir

Lectura A

> **¡AVANZA!** **Goal:** Read opinions and recommendations.

1 Lee el siguiente comunicado de una asociación de vecinos. Luego responde a las preguntas de comprensión y da tu opinión sobre el tema.

La plaza de nuestro barrio

(Comunicado de la Asociación de Jóvenes Ciudadanos)

Hace tiempo la plaza Cuatro Vientos era el lugar de reunión de la gente del barrio. Lamentablemente, hace tres años, las autoridades locales decidieron cortar los árboles de la plaza y quitar los bancos para construir un estacionamiento. Pasó el tiempo y nunca se construyó el estacionamiento. Es importante que recordemos que la plaza Cuatro Vientos era la única de nuestro barrio en la que había árboles.

Es importante que recuperemos este lugar de recreo. Es necesario que los niños tengan un sitio seguro donde jugar y que todos los vecinos tengamos un lugar para pasear, encontrarnos y descansar.

Nuestra asociación luchará por la recuperación de Cuatro Vientos. Tenemos el compromiso de devolverle al barrio este lugar de recreo. Para ello solicitamos la colaboración de todos los ciudadanos y ciudadanas. Si tiene usted conciencia social y quiere ayudarnos en esta solicitud, por favor firme abajo. Es sumamente importante que reunamos cinco mil firmas para presentar nuestra solicitud al ayuntamiento.

---

2 **¿Comprendiste?** Responde a las siguientes preguntas con oraciones completas.

1. ¿Cuál es el problema que expone la Asociación de Jóvenes Ciudadanos en su comunicado?

_____

2. ¿Por qué era tan importante la plaza?

_____

_____

3. ¿Qué es lo que quiere lograr la Asociación y cómo espera conseguirlo?

_____

_____

3 **¿Qué piensas?** ¿Crees que los grupos cívicos y las asociaciones de vecinos son importantes? ¿Por qué?

_____

_____

UNIDAD 3 Lección 2 **Lectura A**

Lectura B

¡AVANZA!   **Goal:**   Read opinions and recommendations.

1 Lee el siguiente aviso de la dirección de una escuela. Luego responde a las preguntas de comprensión y compara su experiencia con la tuya.

A todos los alumnos

La semana pasada algunos alumnos jugaron al fútbol delante de la escuela y rompieron los arbustos que plantaron los alumnos de tercer grado. Es muy triste que algunas personas no cuiden lo que es propiedad de todos. Los estudiantes de tercero trabajaron mucho para arreglar los jardines que hay delante de la escuela. Es lamentable que la irresponsabilidad de un pequeño grupo de personas haga fracasar así un trabajo de varios meses.

Afortunadamente conseguimos varios arbustos nuevos y los estudiantes de tercero volverán a arreglar los jardines. Es importante que todos comprendamos la importancia de este proyecto y que colaboremos en él. Todos queremos tener una escuela bonita y agradable y para conseguirlo es imprescindible que todos la cuidemos.

Les recordamos a todos los estudiantes que no está permitido jugar al fútbol delante de la escuela y les advertimos que quienes lo hagan serán penalizados. Es una lástima que algunos estudiantes no respeten las reglas de la escuela y que necesitemos recurrir a las penalizaciones.

Es imprescindible que no olvidemos nunca que la política de esta escuela se basa en el respeto a los demás y el respeto a nuestro entorno. Para el equipo de dirección es sumamente importante que nuestros estudiantes aprendan a ser ciudadanos y ciudadanas responsables y respetuosos y que tengan una conciencia social que les ayude a relacionarse con las demás personas de una manera positiva.

2 **¿Comprendiste?** Responde a las siguientes preguntas con oraciones completas.

1. ¿Cuál es el problema que hay en la escuela?

_____

_____

2. ¿Cómo van a solucionar el problema?

_____

3. ¿Qué va a hacer la dirección para que todos los alumnos cumplan las reglas?

_____

3 **¿Qué piensas?** En tu opinión, ¿qué se debe hacer para ser buen(a) ciudadano(a)? Explica.

_____

_____

Lectura C

Copyright © by McDougal Littell, a division of Houghton Mifflin Company.

| ¡AVANZA! | **Goal:** Read opinions and recommendations. |

1 Lee el siguiente debate que tiene lugar en un programa de televisión. Luego responde a las preguntas de comprensión y da tu opinión sobre el tema.

Un producto novedoso

LOCUTORA: Buenos días. En el Congreso de Jóvenes Inventores, que se celebra en nuestra ciudad, vimos muchos inventos muy interesantes. Al congreso asisten jóvenes inventores de todo el país. Muchos de ellos son todavía estudiantes y están en el congreso acompañados por sus profesores. También asisten al congreso representantes de varias compañías que observan los inventos y hablan con los jóvenes. Es posible que las compañías comercialicen algunos de los productos novedosos que vimos en el congreso, o también es posible que ofrezcan un puesto de trabajo a alguno de los jóvenes inventores. Hoy tenemos con nosotros a dos de estos representantes de las compañías que asisten al congreso: el señor Palacios y la señora Urquijo. Señor Palacios, señora Urquijo, nos gustaría conocer su opinión sobre un producto novedoso para ahorrar gasolina que se presentó en el Congreso de Jóvenes Inventores. ¿Ustedes estarían dispuestos a comercializarlo?

SR. PALACIOS: Por un lado, el producto es interesante porque ahorra hasta un siete por ciento de gasolina. Por el otro lado, es demasiado caro. Tanto, que es muy posible que el consumidor gaste en comprarlo e instalarlo más de lo que puede ahorrar en gasolina en dos años. Yo creo que no es útil.

SRA. URQUIJO: Yo no estoy de acuerdo. El producto es de gran utilidad. En primer lugar, el ahorro de gasolina no es interesante sólo por el dinero que le permite ahorrar al consumidor. Es importante que pensemos que un coche que consuma menos gasolina, también contaminará menos.

SR. PALACIOS: En mi opinión, lo que usted dice no tiene sentido. Es muy difícil que los consumidores vayan a gastar su dinero en un producto que ahorra gasolina sólo por disminuir la contaminación si ellos no obtienen ningún beneficio directo del uso de ese producto. Por eso pienso que es lógico que las compañías no estén interesadas en comercializarlo. Es un producto completamente inútil.

SRA. URQUIJO: Perdone usted, Sr. Palacios. Creo que usted está equivocado. Es posible que el producto no se pueda comercializar tal y como se presentó en el Congreso, pero usted estará de acuerdo conmigo en que mejorándolo un poco será un invento magnífico.

SR. PALACIOS: Por favor, es mejor que hablemos de otra cosa. Ese producto no tiene ningún futuro.

SRA. URQUIJO: Entonces ¿por qué habló usted con el chico que lo presentó y le dijo que su compañía está interesada en comprarle los derechos del producto?

❷ ¿Comprendiste? Responde a las siguientes preguntas.

1. ¿Quiénes asisten al congreso de jóvenes inventores?

_____

_____

2. ¿Qué pueden ofrecer las compañías a los jóvenes inventores?

_____

_____

3. ¿Cuáles son las ventajas y cuáles los inconvenientes del producto del que se habla en el debate?

_____

_____

❸ ¿Qué piensas? ¿Comprarías un producto que ayude a disminuir la contaminación si a ti no te reporta beneficios económicos? ¿Por qué?

_____

_____

_____

Unidad 3, Lección 2
Lectura C
138

¡Avancemos! 3
Cuaderno para hispanohablantes

Lectura C   UNIDAD 3 Lección 2

Escritura A

> **¡AVANZA!** **Goal:** Write about opinions and recommendations.

Tu amiga está preocupada porque en la última evaluación no sacó buenas notas y tú quieres ayudarla. Escribe un párrafo con tus recomendaciones para ella.

1 Escribe tres razones por las que tu amiga no sacó buenas notas y tres cosas que puede hacer para mejorar en la próxima evaluación.

No sacó buenas notas por:

1._____

2._____

3._____

Para mejorar puede:

1._____

2._____

3._____

2 Escribe un párrafo con al menos tres recomendaciones que le harías a tu amiga. Usa mandatos y expresiones impersonales para hacer tus recomendaciones. Asegúrate de que:
1) tus explicaciones son claras y fáciles de entender; 2) tus recomendaciones son lógicas;
3) las estructuras sintácticas y las formas verbales son correctas.

_____

_____

_____

_____

_____

_____

3 Evalúa tu párrafo con la siguiente tabla.

	Crédito máximo	**Crédito parcial**	**Crédito mínimo**
Contenido	Escribiste tres recomendaciones que son claras y fáciles de entender.	Casi todas tus recomendaciones son claras y fáciles de entender.	Tus recomendaciones son poco claras y no son fáciles de entender.
Uso correcto del lenguaje	Hay muy pocos errores o ninguno en las estructuras sintácticas y las formas verbales.	Hay algunos errores en las estructuras sintácticas y las formas verbales.	Hay un gran número de errores en las estructuras sintácticas y las formas verbales.

Escritura B

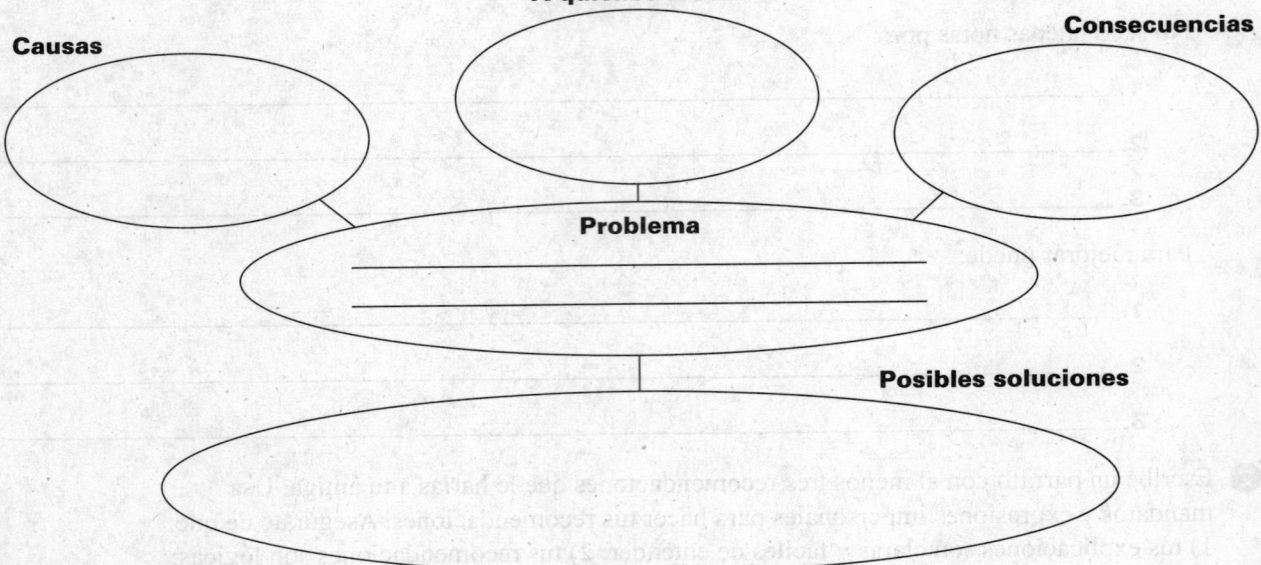

¡AVANZA!　　**Goal:**　Write about opinions and recommendations.

Escribe sobre algún problema que existe en tu escuela y sobre cómo solucionarlo.

1 Describe en una oración corta cuál es el problema y luego completa el organizador gráfico con las principales ideas que vas a incluir en tu propuesta.

A quiénes afecta

Causas

Consecuencias

Problema

_____

_____

Posibles soluciones

2 Usa los datos de la gráfica anterior para escribir una propuesta para solucionar el problema. Usa expresiones impersonales y asegúrate de que: 1) tu propuesta sea clara y fácil de comprender; 2) tus recomendaciones resulten convincentes; 3) las formas verbales sean correctas.

_____

_____

_____

3 Evalúa tu propuesta con la siguiente tabla.

	Crédito máximo	**Crédito parcial**	**Crédito mínimo**
Contenido	La propuesta es clara y fácil de entender y las recomendaciones son convincentes.	En general la propuesta es clara y fácil de entender pero las recomendaciones no son muy convincentes.	La propuesta es poco clara y difícil de entender y las recomendaciones no son convincentes.
Uso correcto del lenguaje	Hay muy pocos errores o ninguno en los modos y las formas verbales.	Hay algunos errores en los modos y las formas verbales.	Hay muchos errores en los modos y las formas verbales.

UNIDAD 3 Lección 2

Escritura B

Escritura C

> **¡AVANZA!**   **Goal:**   Write about opinions and recommendations.

Identifica el problema ecológico más grave de tu comunidad. Luego escribe un informe sobre el problema.

1 Describe en una oración corta cuál es el problema y luego completa el esquema con las principales ideas que vas a incluir en tu informe.

Problema:			
Causas	**Consecuencias**	**¿Qué pueden hacer las autoridades?**	**¿Qué pueden hacer los ciudadanos?**

2 Con los datos del esquema anterior escribe el informe. Expresa tus opiniones y da razones para apoyarlas. Incluye algunas recomendaciones con expresiones impersonales. Asegúrate de que: a) tu informe contenga una introducción, una exposición del problema, tu opinión, tus recomendaciones y una conclusión; 2) tus opiniones y sugerencias sean claras y son fáciles de comprender; 3) las formas verbales sean correctas.

_____

_____

_____

_____

_____

3 Evalúa tu proyecto con la siguiente tabla.

	Crédito máximo	**Crédito parcial**	**Crédito mínimo**
Contenido	Tu informe es claro y bien organizado e incluye la información que se indica en el punto anterior.	Algunas partes de tu informe son poco claras o no están bien organizadas pero incluyes la información que se indica en el punto anterior.	Tu informe es poco claro y poco organizado y no incluye la información que se indica en el punto anterior.
Uso correcto del lenguaje	Hay muy pocos errores o ninguno en las formas verbales.	Hay algunos errores en las formas verbales.	Hay un gran número de errores en las formas verbales.

UNIDAD 3 Lección 2

Escritura C

Cultura A

> **¡AVANZA!**   **Goal:** Discover and know people, places, and culture from Central America.

1 Indica si las siguientes afirmaciones sobre la población y la cultura de los países de Centroamérica son ciertas (C) o falsas (F). Si la oración es falsa, escríbela de forma correcta.

1. _____ Los chinos forman una de las minorías más importantes de Panamá.

    _____

2. _____ La construcción del Canal de Panamá cambió la geografía del país, pero la vida sigue siendo más o menos igual que antes.

    _____

3. _____ José Antonio Velásquez fue un pintor salvadoreño.

    _____

4. _____ José Antonio Velásquez pintó sus cuadros pensando en cómo pintaban los hombres primitivos y en cómo pintan los niños.

    _____

5. _____ El estilo de pintura que usó Velásquez se conoce como arte primitivo.

    _____

2 ¿Qué representa José Antonio Velásquez en sus obras? ¿Cuál es una característica de las personas que aparecen en las obras de José Antonio Velásquez?

_____

_____

3 Escribe el nombre de una pintura muy famosa de José Antonio Velásquez. Escribe un comentario breve sobre este cuadro: Usa oraciones completas para describirlo y para expresar tu opinión personal sobre el mismo.

_____

_____

Mi opinión: _____

_____

_____

_____

Cultura B

> **¡AVANZA!** **Goal:** Discover and know people, places, and culture from Central America.

1 Responde de forma breve a las siguientes preguntas.

1. ¿Cómo era Panamá antes de la construcción del canal?

_____

2. ¿Qué impacto tuvo la construcción del canal en la población panameña?

_____

3. ¿Qué otro nombre recibe el arte ingenuo?

_____

4. Menciona una característica de los cuadros de José Antonio Velásquez.

_____

2 El Canal de Panamá es una gran obra de ingeniería. ¿Con qué comparación o ejemplo se puede ilustrar la cantidad de piedras y tierra que se excavaron para su construcción? Responde con una oración completa.

_____

_____

_____

3 ¿Por qué se muestra en tu libro una fotografía de un molino de viento en Costa Rica? ¿Se usa el viento u otra energía renovable en tu región? ¿Cuál? ¿Por qué se usa ese tipo de energía? ¿Se podría usar otra? Si en la actualidad en tu región no se usa energía renovable, ¿cuál o cuáles se podrían o no se podrían usar? Completa la ficha con oraciones completas sobre los puntos que se indican.

_____

_____

_____

_____

_____

No se puede o no se podría usar (da razones): _____

_____

_____

_____

Cultura C

> **¡AVANZA!** **Goal:** Discover and know people, places, and culture from Central America.

1 Responde con oraciones completas a las siguientes preguntas sobre Panamá.

1. ¿Qué es el Canal de Panamá y cuál es su función?

_____

_____

2. ¿De qué manera cambió la vida en Panamá tras la construcción del canal?

_____

_____

3. ¿Por qué en Panamá existe una minoría china muy importante?

_____

_____

2 José Antonio Velásquez fue un famoso pintor hondureño. Responde a las siguientes preguntas sobre su obra y sobre su pintura con todos los detalles que puedas.

1. ¿Por qué motivo crees que un artista puede elegir este estilo para su obra?

_____

2. ¿Qué importancia tienen los detalles en la obra de José Antonio Velásquez? Explica tu respuesta con ejemplos del cuadro *Vista de San Antonio de Oriente.*

_____

_____

_____

3 ¿Por qué crees que el Canal de Panamá es importante? Y en tu región, ¿cuál es el principal centro de mercancías o la principal vía de transporte de mercancías en tu región? ¿Por qué es importante? ¿Hay algo que se podría hacer para que el transporte de mercancías fuera más efectivo o rápido? Responde en un párrafo.

_____

_____

_____

_____

_____

_____

UNIDAD 3 Lección 2

Cultura C

Comparación cultural: Protejamos la naturaleza
Lectura y escritura

Después de leer los párrafos sobre lo que hacen Manuela y Ruth para proteger la naturaleza, escribe un párrafo sobre la naturaleza de tu zona, cómo la protegen y quiénes participan. Usa la información que está en tus gráficas circulares para escribir un párrafo sobre la naturaleza de tu zona.

Paso 1

Completa las gráficas circulares con los detalles sobre la naturaleza de dos lugares de tu región.

Lugar

Actividades   Personas

Paso 2

Ahora usa los detalles de gráficas circulares para escribir una oración para cada uno de los temas.

_____

_____

_____

_____

_____

_____

Comparación cultural: Protejamos la naturaleza

Lectura y escritura (seguir)
(continuación)

Paso 3

Ahora escribe tu párrafo usando las oraciones que escribiste como guiá. Incluye una oración de introducción y utiliza las expresiones impersonales **es bueno que**, **es necesario que** para describir la naturaleza de tu región.

_____
_____
_____
_____
_____
_____

Lista de verificación

Asegúrate de que...

☐ incluyes todos los detalles de las gráficas circulares sobre la naturaleza de tu región;

☐ usas los detalles para describir la naturaleza de tu región;

☐ utilizas las frases impersonales seguidas del subjuntivo.

Tabla

Evalúa tu trabajo con la siguiente tabla.

Criterio de escritura	Excelente	Bueno	Necesita mejorar
Contenido	Tu párrafo incluye todos los detalles sobre la naturaleza de tu región.	Tu párrafo incluye algunos de los detalles sobre la naturaleza de tu región.	Tu párrafo incluye muy poca información sobre la naturaleza de tu región.
Comunicación	La mayor parte de tu párrafo está organizada y es fácil de entender.	Partes de tu párrafo están organizada y son fáciles de entender.	Tu párrafo está desorganizado y es difícil de entender.
Precisión	Tu párrafo tiene poco errores de gramatica y de vocabulario.	Tu párrafo tiene algunos errores de gramatica y de vocabulario.	Tu párrafo tiene muchos errores de gramatica y de vocabulario.

UNIDAD 3

Comparación cultural

Comparación cultural: Protejamos la naturaleza
Compara con tu mundo

Ahora escribe un párrafo comparando la naturaleza de tu región con la de una de las estudiantes de la página 203. Organiza la comparación por temas. Primero, compara el nombre del lugar, después cómo lo protegen y por último describe a las personas que participan en su cuidado.

Paso 1

Usa la tabla para organizar la comparación por temas. Escribe los detalles de cada uno de los temas sobre la naturaleza de tu región y la de la estudiante que elegiste.

	Mi región	La región de _____
Nombre del lugar		
Actividades		
Participantes		

Paso 2

Ahora usa los detalles de la tabla para escribir la comparación. Incluye una oración de introducción y escribe sobre cada tema. Utiliza las expresiones impersonales **es bueno que**, **es necesario que** seguidas del subjuntivo para describir la naturaleza de tu región y la de la estudiante que has elegido.

_____
_____
_____
_____
_____
_____
_____
_____

Vocabulario A ¿Quién te inspira?

> **¡AVANZA!** **Goal:** Discuss the types of people who inspire you.

1 Escribe la letra de la frase de la derecha que se relaciona con la palabra de la izquierda.

1. _____ el (la) entrenador(a)   **a.** trabaja en la construcción de una casa
2. _____ el (la) astronauta   **b.** viaja a la luna
3. _____ el (la) obrero(a)   **c.** prepara a un equipo de fútbol para jugar en el parque
4. _____ el (la) científico(a)   **d.** dirige una compañía
5. _____ el (la) empresario(a)   **e.** investiga las partes del átomo

2 Encierra en un círculo la palabra que mejor completa cada oración sobre la personalidad.

1. El astronauta es (modesto / orgulloso) y no habla mucho de sí mismo.
2. Mi tía es (vanidosa / considerada) le gusta ayudar a las demás personas.
3. El mecánico es (sincero / impaciente) y cumple lo que dice que hará.
4. La empresaria rica es (generosa / presumida) y ayuda a los pobres.
5. El trabajador social debe ser (impaciente / comprensivo) con la gente.

3 Escribe oraciones completas para decir lo que hacen las siguientes personas.

1. un(a) programador(a): _____
2. un(a) trabajador(a) social: _____
3. un(a) mecánico(a): _____
4. un(a) maestro(a): _____
5. un(a) chofer: _____

UNIDAD 4 Lección 1
Vocabulario A

Vocabulario B ¿Quién te inspira?

> **¡AVANZA!** **Goal:** Discuss the types of people who inspire you.

1 Benjamín encuentra disciplina en todas partes. Identifica a las personas de quiénes Benjamín se queja en las situaciones siguientes.

los maestros	el entrenador	la gente	mis padres	el chofer

1. En la escuela, _____ me exigen que haga la tarea.

2. En la casa, _____ me prohíben que traiga amigos a la casa.

3. En el gimnasio, _____ no me deja que falte a las prácticas.

4. En el cine, _____ me sugiere que no hable.

5. En el autobús escolar, _____ me aconseja que me siente.

2 Agnes describe la personalidad de varias personas a quienes admira en su familia. Usa las palabras del vocabulario para completar las descripciones correctamente.

1. Mi padre es muy _____ siempre ayuda a los que lo necesitan.

2. Mi hermana Isabel es _____ , ella es una persona muy constante, se mantiene a mi lado en las buenas y en las malas.

3. Mi tío Iván es una persona _____ ; sus ideas son innovadoras.

4. A mi hermano Carlos lo conoce todo el mundo, él es muy _____ .

5. Mi abuela Laura es una mujer muy _____ , no le teme a nada.

3 Escribe una oración completa para identificar cada profesión.

Modelo: Enseña en una escuela. _Es un(a) profesor(a)._

1. Se interesa en los negocios. _____

2. Conduce un avión. _____

3. Trabaja en la construcción. _____

4. Diseña sistemas para la computadora. _____

5. Viaja en una nave espacial. _____

Vocabulario C ¿Quién te inspira?

¡AVANZA! **Goal:** Discuss the types of people who inspire you.

---

❶ Escribe oraciones completas para describir lo que hace cada profesionista.

Modelo: Un(a) carpintero(a). *Un(a) carpintero(a) trabaja la madera en el taller.*

1. Un(a) astronauta: _____

2. Un(a) entrenador(a): _____

3. Un(a) mecánico(a): _____

4. Un(a) detective: _____

5. Un(a) científico(a): _____

6. Un(a) empresario(a): _____

❷ Contesta con oraciones completas las preguntas sobre la personalidad. Usa el vocabulario de la lección.

Modelo: ¿Cómo es la persona impaciente?
La persona impaciente no puede esperar a nadie.

1. ¿Cómo es la persona presumida? _____

2. ¿Cómo es la persona tímida? _____

3. ¿Cómo es la persona desagradable? _____

4. ¿Cómo es la persona comprensiva? _____

5. ¿Cómo es la persona honesta? _____

❸ Usa por lo menos cinco palabras del vocabulario nuevo para describir en un párrafo al maestro o maestra que más te ha inspirado en tu vida de estudiante. Después de escribir, subraya las palabras del vocabulario nuevo.

_____

_____

_____

_____

_____

UNIDAD 4 Lección 1
Vocabulario C

Vocabulario adicional *Palabras con b y v*

> **¡AVANZA!** **Goal:** Use the proper spelling for words with **b** and **v**.

Hay palabras que se escriben con **b** y otras que se escriben con **v**. Las dos letras tienen más o menos el mismo sonido. Hay algunas reglas generales que puedes seguir pero la mejor manera de dominar su uso es memorizar las palabras por separado.

Algunas reglas generales	Ejemplos
«b» delante de una consonante	blanco, brazo, pueblo
«b» con el imperfecto del indicativo	daba, ibas, andabas
«v» en las palabras que terminan en «venir»	convenir, prevenir

1 Escribe una **b** o una **v**, según sea el caso. Usa el diccionario si necesitas ayuda.

Modelo: _b_risa   Mo_v_er

1. ama _____ le
2. su _____ es
3. ad _____ ertir
4. _____ otar (en las elecciones)
5. _____ otar (la basura)

6. _____ ar _____ acoa
7. a _____ ión
8. _____ ienen
9. sa _____ en
10. andu _____ e

2 Completa el siguiente párrafo con la letra correcta:

Los bomberos valientes

Eran las cinco de la tarde de un día **1.** _____ iernes. Los niños juga **2.** _____ an alegremente en la calle **3.** _____ enito Juárez. Algunos llega **4.** _____ an de la **5.** _____ i **6.** _____ lioteca con sus padres. Era un día muy **7.** _____ onito. De pronto se oyó un ruido **8.** _____ ár **9.** _____ aro. ¡Había un incendio en la casa de los **10.** _____ argas! La señora **11.** _____ erónica grita **12.** _____ a: —¡Llamen a los **13.** _____ om **14.** _____ eros! Todos corrimos a nuestras casas a **15.** _____ uscar **16.** _____ aldes con agua. Cuando llegaron los **17.** _____ om **18.** _____ eros, arriesgaron sus **19.** _____ idas y sal **20.** _____ aron a los que esta **21.** _____ an dentro de la casa. Todos pensamos que fueron muy **22.** _____ alientes.

3 Escribe oraciones completas con las siguientes palabras.

1. amable / valiente: _____
2. votar / botar: _____
3. Bárbara / barbacoa: _____

Gramática A *The subjuntive with ojalá and verbs of hope*

¡AVANZA!	**Goal:** Use subjunctive to express hopes and wishes.

1 Lee las oraciones y haz un círculo alrededor de la forma correcta del subjuntivo.

Modelo: Mi madre quiere que yo (saque / saques) buenas notas.

1. Mis hermanas desean que yo no (entremos / entre) en su cuarto.

2. Mi hermano Luis espera que nosotras (escuches / escuchemos) sus discos.

3. Mis padres no quieren que tú (llames / llamen) tan tarde.

4. Néstor espera que yo te (enseñes / enseñe) la carta.

5. Ojalá que él (hable / hables) sinceramente conmigo.

2 Lee las oraciones sobre lo que unas personas esperan de otras. Complétalas con los verbos del cuadro en subjuntivo.

Modelo: Mis padres quieren que yo no *falte* a ninguna clase.

faltar	escribir	estar	ser	acabar	ganar	volver

1. El capitán del equipo espera que nosotros _____ el partido.

2. Las maestras de química quieren que yo _____ en el laboratorio.

3. Jorge y yo esperamos que tú _____ en el periódico escolar.

4. Yo deseo que ustedes _____ sinceros con ella.

5. Ustedes quieren que ellos _____ pronto a casa.

6. Ojalá que Sandra _____ de leer el libro mañana.

3 Expresa qué te gustaría que pasara en el mundo para que fuera mejor. Empieza cada oración con *Ojalá* e incluye la palabra entre paréntesis.

Modelo: (el ambiente) *Ojalá que las industrias no contaminen el ambiente.*

1. (guerras) _____

2. (enfermedades) _____

3. (basura) _____

4. (niños) _____

5. (mecánico) _____

Gramática B *The subjuntive with ojalá and verbs of hope*

| ¡AVANZA! | **Goal:** Use subjunctive to express hopes and wishes. |

1 Un grupo de amigos intenta ponerse de acuerdo sobre lo que van a hacer un sábado por la tarde. Completa el diálogo con los verbos del cuadro en subjuntivo.

| estar | salir | alquilar | ir | ver | poner |

TOMÁS: Oigan chicos, ¿qué les parece si vamos al cine?

MIKI: ¡Buf! ¿Otra vez? Yo quiero que _____ a patinar sobre hielo.

ROSI: Sí, pero la pista de patinaje está muy lejos y mis padres no quieren que yo _____ hasta tan tarde.

MARTA: Yo quiero que _____ una película y que la _____ en mi casa.

ROSI: A mí me parece muy bien. Ojalá que el video club _____ cerca de aquí.

MIKI: Bueno, ojalá nos _____ de acuerdo sobre qué película queremos ver.

2 Escribe seis oraciones sobre lo que esperas que la familia Ordoñez haga durante sus vacaciones. Utiliza la expresión "ojalá" o los verbos **desear**, **esperar** o **querer** al empezar tus oraciones.

Modelo: Papá / bucear   *Espero que papá bucee.*

1. Marina / tomar el sol _____

2. el abuelo / hacer esquí acuático _____

3. José / nadar _____

4. mamá y papá / pasear _____

5. todos juntos / jugar al fútbol _____

3 Escribe cuatro oraciones completas para decir lo que deseas que pase durante este año escolar.

Modelo: Ojalá que los maestros no nos den mucha tarea este año.

1. _____

2. _____

3. _____

4. _____

Gramática C *The subjuntive with Ojalá and verbs of hope*

¡AVANZA!	**Goal:** Use subjunctive to express hopes and wishes.

1 Estas personas esperan que los demás hagan lo mismo que ellos. Lee las siguientes oraciones y escríbelas de nuevo con el verbo **esperar** y el pronombre indicado.

Modelo: Juan y Charlie estudian en la biblioteca / ustedes
Juan y Charlie esperan que ustedes estudien en la biblioteca.

1. Yo trabajo en la pizzería / tú _____

2. Nosotros somos pacientes / ustedes _____

3. Tú escuchas a la directora / él _____

4. Pilar hace deporte cada día / ellos _____

5. Ellos respetan a los animales / nosotros _____
_____

2 Contesta las preguntas sobre lo que quieren unas personas de otras. Usa la información en paréntesis.

Modelo: ¿Qué quiere el maestro de los alumnos? (estudiar)
El maestro quiere que los alumnos estudien.

1. ¿Qué esperan los señores López del mecánico? (arreglar el coche)
_____

2. ¿Qué quiere el entrenador de béisbol de su equipo? (ganar el partido)
_____

3. ¿Qué esperamos nosotros de la maestra de español? (tener paciencia)
_____

4. ¿Qué esperan ustedes de mis amigos? (ser comprensivos)
_____

5. ¿Qué quieren ellos de los exámenes de historia? (ser fáciles)
_____

3 Escribe cuatro oraciones para expresar lo que tú y los miembros de tu familia esperan o quieren hacer cuando van a acampar.

Modelo: Mis padres *quieren que vayamos juntos a pasear por la montaña.*

1. Mis primas _____

2. José _____

3. Mi hermano _____

4. Todos nosotros _____

UNIDAD 4 Lección 1

Gramática C

Unidad 4, Lección 1
Gramática C

154

¡Avancemos! 3
Cuaderno para hispanohablantes

Gramática A *Subjunctive with Verbs of Influence*

> **¡AVANZA!** **Goal:** Use the subjunctive to give advice, opinions and suggestions.

1 Completa las oraciones con los verbos del cuadro según corresponda.

Modelo: Te recomiendo que __*visites*__ las playas de Puerto Rico.

viajen	pueda	vayamos	canten	comer	seas	visites

1. Juan recomienda que nosotros _____ al cine esta tarde.

2. Mamá nos sugiere que _____ la cena en el jardín en el verano.

3. Yo espero que _____ volver a Cuba algún día.

4. Te aconsejo que _____ paciente.

5. Yo quiero que mis padres _____ por todo el mundo.

6. Tú prefieres que los estudiantes no _____ en la biblioteca.

2 Contesta las preguntas para decir qué quieren las siguientes personas que hagas.

Modelo: ¿Qué quiere tu vecino(a)? (ir a su casa)
Mi vecino quiere que yo vaya a su casa.

1. ¿Qué quieren tus padres? (sacar la basura) _____

2. ¿Qué quiere el maestro? (estudiar) _____

3. ¿Qué quieren ustedes? (ir al cine) _____

4. ¿Qué quieres tú? (comprar un disco compacto) _____

3 Un grupo de estudiantes se reúne para conversar sobre sus amigos. Usa la información de abajo para describir cómo es cada uno y cómo quieres que sea cada persona.

Modelo: Carlos / generoso / cariñoso
Carlos es generoso pero yo deseo que sea cariñoso.

1. Jorge y Sabina / inteligentes / comprensivos

_____

2. Nosotras / brillantes / dedicadas

_____

3. Yo / cortés / enérgico(a)

_____

4. Ustedes / orgullosos / modestos

_____

Gramática B *Subjunctive with Verbs of Influence*

> **¡AVANZA!** **Goal:** Use the subjunctive to give advice, opinions and suggestions.

1 Completa la conversación telefónica entre Maité y Carla con la forma correcta del verbo.

> **MAITÉ:** ¡Hola Carla! ¿Quieres que _____ (hacer) algo esta tarde?
>
> **CARLA:** No sé. ¿Prefieres que _____ (ver) una película o que _____ (ir) a casa de Alexa?
>
> **MAITÉ:** Me parece buena idea ir a casa de Alexa. También le podemos decir a Carlos y Toni que _____ (ir).
>
> **CARLA:** De acuerdo. Diles que _____ (llevar) algunos discos compactos. Yo llamo a Alexa para que _____ (comprar) los tacos y las bebidas.

2 Elige un verbo del cuadro para completar los consejos que la gente da a otros.

comprar	visitar	estudiar	llegar	tomar

1. Los padres de Ana y Carlos les exigen que no _____ tarde.

2. Mi profesor me aconseja que _____ más.

3. El mecánico te sugiere que _____ un carro nuevo.

4. Nuestros amigos nos recomiendan que _____ el museo.

5. El médico le prohibe al paciente que _____ la medicina con café.

3 Escribe las recomendaciones para un grupo de amigos que viaja a Puerto Rico. Usa los verbos **aconsejar**, **recomendar**, **querer**, **sugerir** y **desear** en oraciones completas.

> **Modelo:** Mis padres / tú / probar la comida portorriqueña
> *Mis padres esperan que tú pruebes la comida portorriqueña.*

1. Abuelos / Alex y Elsa / comprar / una guía de Puerto Rico.

_____

2. Juani / yo / no salir solo(a) por la noche

_____

3. Ustedes / Rosa / visitar los museos

_____

4. Yo / ustedes / llevar ropa de verano

_____

5. Nosotros / ustedes / comer en el restaurante Mi Tierra

_____

Gramática B UNIDAD 4 Lección 1

Gramática C *Subjunctive with Verbs of Influence*

> **¡AVANZA!** **Goal:** Use the subjunctive to give advice, opinions and suggestions.

❶ Las siguientes personas expresan lo que quieren que otros hagan. Usa los sujetos indicados para reescribir las oraciones según el modelo.

Modelo: Ustedes quieren cambiar el mundo / Ellos
Ustedes quieren que ellos cambien el mundo.

1. Yo quiero ser piloto / Tú _____

2. René quiere ir a su casa / Nosotros _____

3. Tú quieres comer en casa / Yo _____

4. Nosotros queremos compartir el trabajo / José Luis

_____

5. Ellos quieren aconsejar a los niños. / Ustedes

❷ Escribe cinco oraciones en subjuntivo usando los verbos de influencia.

Modelo: *El doctor le recomienda a mi papá que haga más ejercicio.*

1. Aconsejar _____

2. Insistir _____

3. Mandar _____

4. Sugerir _____

5. Exigir _____

❸ Piensa en algún problema o necesidad que existe en tu comunidad o en tu escuela. Escribe un párrafo para indicar lo que deseas o esperas que se haga para mejorar la situación.

Sugerencias:

Escuela: Los pupitres en el aula. Más tecnología en las clases. Cantidad de estudiantes por clase. Materiales de estudio. Motivación en el aula.

Comunidad: Actividades culturales en la comunidad. Reparaciones en la comunidad. Más edificios públicos en la comunidad. Guía de la comunidad. Tráfico en la comunidad

_____

_____

_____

_____

_____

UNIDAD 4 Lección 1 Gramática C

Gramática adicional *Interjecciones*

¡AVANZA! **Goal:** Use interjections to enhance a conversation.

Las palabras o expresiones de interjección acentúan de manera espontánea los sentimientos, actitudes o sensaciones del hablante.

Ejemplos: **¡Ojo!**, el piso está resbaladísimo.
Salimos ya. Apúrate, **¡eh!**

Algunas palabras y expresiones de interjección son:

¡Ah!	¡Ya!	¡Hola!
¡Anda!	¡Caramba!	¡Hombre!
¡Ay!	¡Ea!	¡Huy!
¡Bah!	¡Eh!	¡Oh!
¡Bravo!	¡Fuera!	¡Ojo!
¡Uh!	¡Uf!	¡Vaya!

1 Marca con **X** la oración que no responda correctamente al escenario.

1. Hice muchos ejercicios ayer.

 a. ¡Huy!, me duelen los brazos hoy.

 b. ¡Anda!, me duelen los brazos hoy.

2. ¿Te gusta mi nuevo coche?

 a. ¡Hombre! ¡Es fantástico!

 b. ¡Bah! ¡Es fantástico!

3. Ya son las seis y media.

 a. ¡Bravo!, vamos a perder el autobús.

 b. ¡Caramba!, vamos a perder el autobús.

4. ¿Trajeron la torta de cumpleaños a la fiesta?

 a. ¡Uf!, se nos olvidó en casa.

 b. ¡Ojo!, se nos olvidó en casa.

2 Responde a las siguientes situaciones con expresiones de interjección.

 1. Tu no dormiste anoche. _____

 2. Tu equipo favorito de fútbol acaba de ganar el campeonato. _____

 3. Tu amigo tiene un perrito nuevo. _____

 4. Tu tienes mucha tarea esta noche. _____

Integración: Hablar

Lee el siguiente fragmento de una entrevista publicada en la revista de entretenimiento puertorriqueña *Mirador*. La entrevistada es Graciela Pérez, una locutora de televisión.

Fuente 1 Leer

continuación

«Te va a parecer una respuesta muy cursi pero la mujer a quien más admiro es mi madre. Ella no fue una de esas madres abnegadas que se dedicaban al hogar y a los hijos nada más. Mi madre fue y es una mujer emprendedora, trabaja mucho. Siempre insiste en que sus hijos sean mejores cada día. Nos recomienda que tengamos mucha paciencia y tolerancia hacia las personas que no son o piensan como nosotros. Cada vez que puedo le hablo por teléfono y le pido consejos. No es que yo sea dependiente pero siempre es bueno saber la opinión de alguien que vela por tu beneficio, de una persona que te ama incondicionalmente. Ella siempre está contenta y te contagia de su buen humor».

ENTRETENIMIENTO HOY • 19

Escucha el mensaje que Leonor Vega dejó en el contestador de su prima Angélica. Toma notas. Luego completa la actividad.

Fuente 2 Escuchar

HL CD 1, tracks 25–26

¿En qué se parecen las dos mujeres de las que se habla en estos dos casos? ¿En qué son diferentes? Usa tus notas para formular tu respuesta.

Integración: Escribir

> **¡AVANZA!** **Goal:** Respond to written and oral passages describing people.

Lee la siguiente noticia que se publicó en un periódico dominicano.

Fuente 1 Leer

Noticias matutinas

EDICIÓN DE MAÑANA

Dominicanos eligen representante de la belleza nacional

Santo Domingo.— En un ambiente de alegría y sofisticación, los dominicanos eligieron ayer domingo a la nueva reina de belleza que los representará en los concursos internacionales este año. Arambi Prieto Gonzáles, originaria de Santiago de los Caballeros, es una muchacha preparada, cordial e inteligente. De 23 años, la nueva reina cuenta ya con un título de ingeniería industrial. «Arambi es la personificación de la nueva mujer dominicana, bella, preparada e independiente», dijeron dos de las finalistas, «va a representarnos con dignidad».

Escucha el mensaje que Annie Ponce dejó para su amiga Delia. Toma notas. Luego completa la actividad.

Fuente 2 Escuchar

HL CD 1, tracks 27–28

¿Cómo debe ser una reina de belleza? ¿Estás de acuerdo con los padres de Annie Ponce? ¿Cuál es tu opinión sobre los concursos de belleza? Escribe un párrafo en el que expliques el porqué de tu opinión.

_____

_____

_____

_____

_____

_____

_____

_____

Lectura A

| ¡AVANZA! | **Goal:** Read about opinions and advice. |

1 Lee el siguiente resumen que apareció en el periódico y después contesta las preguntas.

Un encuentro con María de los Ángeles

    (Cagua, Puerto Rico) Encontré a María de los Ángeles que acaba de volver a su casa en Puerto Rico después de una larga gira por los Estados Unidos. La popular cantante de boleros me contó que está impaciente por ir a las playas durante su breve visita a la isla. Ella me contó que teme que no pueda quedarse mucho tiempo en la isla porque la próxima semana tiene conciertos en Miami y Nueva York.

    Hace unas semanas, su canción fue una de las más escuchadas en la radio y llegó a ser una de las diez primeras canciones. Cuando le di esta noticia me dijo, «Ojalá esto no sea un sueño y que sea realidad. Me emociono cuando veo que mis discos se venden y se escuchan en otros países». Cuando le pregunté qué consejos tiene para los cantantes jóvenes, me contestó que es necesario que los cantantes jóvenes practiquen todos los días y que hagan una rutina de ejercicios vocálicos para mejorar la voz. ¡Qué buenos consejos!

---

2 **¿Comprendiste?** Responde a las siguientes preguntas con oraciones completas.

  1. ¿Por qué no puede quedarse mucho tiempo en Puerto Rico María de los Ángeles?

_____

  2. ¿Cómo reaccionó María cuando se enteró que su canción era una de las diez primeras canciones?

_____

  3. ¿Qué sugerencia le hace María a los cantantes jóvenes y por qué?

_____

_____

3 **¿Qué piensas?** ¿Qué le aconsejas a una persona que quiere seguir una carrera musical? ¿Por qué?

_____

_____

_____

_____

UNIDAD 4 Lección 1 Lectura A

Lectura B

> **¡AVANZA!** **Goal:** Read about opinions and advice.

1 Lee lo que escribió Ramón sobre un tema que le preocupa. Responde a las preguntas de comprensión y compara su experiencia con la tuya.

Una decisión difícil

El próximo curso tengo que decidir qué estudios voy a seguir. El problema es que va a ser difícil elegir porque hay varias profesiones que me interesan. El orientador profesional de la escuela me recomienda que pase una prueba para saber cuál es mi vocación. Pero yo insisto en decidirlo yo solo. Mis amigos dicen que soy popular, paciente y generoso, que me destaco en los deportes y me gusta ayudar a los demás, por eso me aconsejan que sea entrenador deportivo. Mi hermana cree que yo soy sobresaliente en informática y espera que yo estudie para ser programador. Ella cree que yo podré hacer programas extraordinarios.

Mis padres me aconsejan que tome tiempo para pensar porque es una decisión importante. Dicen que ellos sólo desean que yo encuentre una profesión que me interese y que me permita tener un buen puesto de trabajo. Ellos insisten en que me informe bien sobre las profesiones que me interesan. Mi padre, que es muy organizado, quiere que yo haga una lista de profesiones y que anote las habilidades y los estudios que necesitaría para cada una de ellas. Quiere que después investigue las posibilidades de empleo. Yo creo que no es una mala idea y aunque es mucho trabajo lo voy a hacer.

2 **¿Comprendiste?** Responde a las siguientes preguntas con oraciones completas.

1. ¿Por qué está preocupado Ramón por su futuro?

_____

_____

2. ¿Qué le aconsejan los amigos? ¿Por qué?

_____

_____

3. ¿Cuál es la opinión de los padres? ¿Cuál es el principal consejo que le dan?

_____

_____

_____

3 **¿Qué piensas?** ¿Qué consejos le darías a Ramón y por qué?

_____

_____

UNIDAD 4 Lección 1
Lectura B

Lectura C

| ¡AVANZA! | **Goal:** Read about opinions and advice. |

1 Lee el siguiente diálogo. Responde a las preguntas de comprensión y compara la experiencia de los estudiantes con la tuya.

La nueva profesora

CLAUDIA: ¿Es cierto que ustedes van a tener una profesora nueva este trimestre?

RICARDO: Sí, el profesor Vargas se va un trimestre a Colombia y tendremos una profesora sustituta. Espero que sea tan buena profesora como el señor Vargas.

CLAUDIA: ¡Ojalá que no sea tan estricta como nuestro profesor, el señor Gutiérrez!

RICARDO: ¿El señor Gutiérrez exige que los estudiantes trabajen mucho?

CLAUDIA: Sí. Nos manda que leamos un libro cada semana y que llenemos una ficha sobre el libro.

RICARDO: Bueno, el señor Vargas también nos recomienda que leamos mucho, tanto libros como periódicos y revistas.

CLAUDIA: El señor Gutiérrez prohíbe que hablemos inglés en la clase de español. Una vez al mes, exige que veamos una película en español.

RICARDO: Nosotros también vemos algunas películas en la clase de español. ¡Ver películas es divertido!

CLAUDIA: No cuando el profesor te exige que hagas un informe sobre ella.

RICARDO: ¿Él les manda que hagan un informe sobre cada película que ven? Tienes razón, ¡eso ya no es tan divertido!

MARISOL: Pero eso no es malo. Así aprenderán mucho español.

CLAUDIA: Sí, pero tenemos que estudiar demasiado.

RICARDO: Pues espero que nuestra nueva profesora nos enseñe mucho. Que sea amable y que no nos haga estudiar mucho. Quiero que llegue el jueves para conocerla.

MARISOL: ¿A quién? ¿A la señora Perdomo? Ella fue la profesora de mi hermano el año pasado.

RICARDO: ¿La conoces? ¿Cómo es? ¡Vamos! Necesitamos que nos lo digas.

MARISOL: Ella es amable y muy simpática. Ella quiere que los estudiantes tengan un nivel muy bueno de español. Les aconsejo que empiecen ya a estudiar si no quieren tener una mala nota. ¡Dejen que les de la primera clase!

> **RICARDO:** No me asustes. Yo espero sacar buenas notas en español.
>
> **MARISOL:** Sí, y yo deseo que saques las mejores notas, por eso te aconsejo que estudies.
>
> **RICARDO:** ¡Ay! ¡Todos los profesores insisten en que estudiemos demasiado!

❷ ¿Comprendiste? Responde a las siguientes preguntas:

1. ¿Ricardo está contento o descontento con su profesor el señor Vargas? ¿Por qué lo sabes?

_____

_____

2. ¿Qué hace el señor Gutiérrez para que los estudiantes aprendan mucho español?

_____

_____

_____

3. ¿Qué es lo que más les preocupa a los estudiantes?

_____

_____

_____

4. Según la conversación de los chicos, ¿cómo es la señora Perdomo?

_____

_____

❸ ¿Qué piensas? ¿Qué es lo que más te gusta y lo que menos te gusta de tu clase de español? ¿Por qué? ¿Qué crees que podrían hacer en la clase de español para que sea más interesante y todos aprendan más?

_____

_____

_____

_____

Lectura C   UNIDAD 4 Lección 1

Escritura A

> ¡AVANZA! **Goal:** Write about wishes and plans.

1 En el diagrama siguiente, anota cuáles son los proyectos y esperanzas que tú tienes para las personas indicadas. En las intersecciones escribe proyectos y esperanzas compartidos.

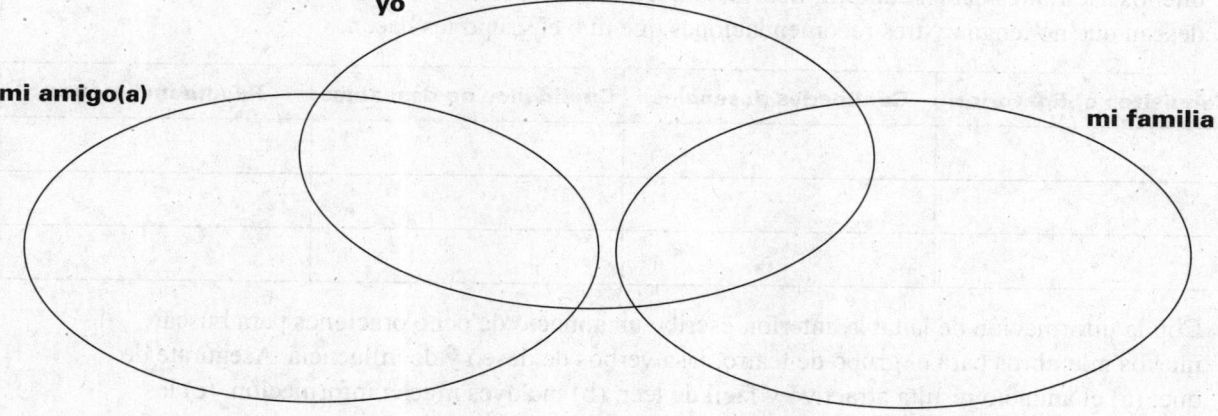

mi amigo(a)   yo   mi familia

2 Escribe un párrafo para explicar tus esperanzas para la gente a tu alrededor. Asegúrate de que: (a) tus explicaciones son claras y ordenadas, (b) incluyes proyectos y esperanzas tuyos, de tu amigo(a) y de tu familia, (c) las estructuras sintácticas y los verbos son correctos.

_____
_____
_____
_____
_____
_____
_____
_____

3 Evalúa tu párrafo con la siguiente tabla.

	Crédito máximo	**Crédito parcial**	**Crédito mínimo**
Contenido	Tus explicaciones son claras y ordenadas e incluyen esperanzas para ti, tu amigo(a) y tu familia.	Hay partes de tus explicaciones que son poco claras pero incluyen esperanzas para ti, tu amigo(a) y tu familia.	Tus explicaciones son poco claras y no incluyen esperanzas para ti, tu amigo(a) o tu familia.
Uso correcto del lenguaje	Hay muy pocos errores o ninguno en las estructuras sintácticas y los verbos.	Hay algunos errores en las estructuras sintácticas y los verbos.	Hay un gran número de errores en las estructuras sintácticas y los verbos.

Escritura B

> **¡AVANZA!**　**Goal:**　Write about wishes and plans.

1　Formas parte del grupo de teatro de tu escuela. El groupo necesita incorporar nuevos
miembros. ¿Qué cualidades deben tener los aspirantes? Completa la tabla con tres requisitos
que los aspirantes deben cumplir, tres cualidades que ustedes desean que tengan, tres que
desean que no tengan y tres recomendaciones que tú o el grupo les hacen.

Requisitos obligatorios	Cualidades deseables	Cualidades no deseables	Recomendaciones

2　Con la información de la tabla anterior, escribe un anuncio de ocho oraciones para buscar
nuevos miembros para el grupo de teatro. Usa verbos de deseo y de influencia. Asegúrate de
que: (a) el anuncio resulta atractivo y fácil de leer, (b) incluyes mucha información, (c) las
estructuras sintácticas y los verbos son correctos.

_____

_____

_____

_____

_____

_____

3　Evalúa tu anuncio con la siguiente tabla.

	Crédito máximo	Crédito parcial	Crédito mínimo
Contenido	Escribiste un anuncio claro con ocho oraciones. Incluiste mucha información de la Actividad 1.	Escribiste un anuncio de seis oraciones. Incluiste alguna información de la Actividad 1.	Escribiste un anuncio de cuatro oraciones. El anuncio no es claro y no incluiste información de la Actividad 1.
Uso correcto del lenguaje	Hay muy pocos errores o ninguno en las estructuras sintácticas y los verbos.	Hay algunos errores en las estructuras sintácticas y los verbos.	Hay un gran número de errores en las estructuras sintácticas y los verbos.

Escritura C

¡AVANZA! **Goal:** Write about wishes and plans.

1 Escribe una lista de cinco consejos que le darías a un amigo deprimido para que se sienta mejor y una lista de cinco esperanzas para su presente y su futuro.

Consejos	Esperanzas
a.	a.
b.	b.
c.	c.
d.	d.
e.	e.

2 Con la información de la tabla escribe un poema para tu amigo con el tema de la esperanza. Asegúrate de que tu poema: 1) está escrito en un tono positivo para darle ánimo a tu amigo; 2) le da tus consejos; 3) contiene detalles de la personalidad de tu amigo.

_____

_____

_____

_____

_____

_____

_____

_____

3 Evalúa tu poema con la siguiente tabla.

	Crédito máximo	Crédito parcial	Crédito mínimo
Contenido	El tono de tu poema es positivo y expones tus consejos con claridad.	El tono de tu poema es positivo pero algunos de tus consejos se exponen con poca claridad.	El tono de tu poema es poco positivo y tus consejos no se exponen con claridad.
Uso correcto del lenguaje	Hay muy pocos errores o ninguno en los verbos y la ortografía.	Hay algunos errores en los verbos y la ortografía.	Hay un gran número de errores en los verbos y la ortografía.

UNIDAD 4 Lección 1 Escritura C

Cultura A

> **¡AVANZA!**   **Goal:**   Discover and know people, places, and culture from Caribbean countries.

1 Relaciona los nombres de la columna del centro con las ocupaciones de la columna de la izquierda y los países de la columna de la derecha.

1. _____ Julia Álvarez

2. _____ Alejo Carpentier

a. deporte

b. literatura

c. música

3. _____ Gloria Estefan

4. _____ Pedro Martínez

5. _____ Olga Tañón

6. _____ Félix Sánchez

d. República Dominicana

e. Puerto Rico

f. Cuba

2 Responde de forma breve a las siguientes preguntas.

1. Menciona tres ciudades importantes de Puerto Rico.

_____

2. ¿Cuántas estaciones tiene el año en los países caribeños?

_____

3. ¿Cuáles son tres comidas típicas de los países hispanos del Caribe?

_____

4. ¿Qué estudió Juan Luis Guerra?

_____

3 ¿Cómo se divierten los jóvenes caribeños los fines de semana? ¿Y tú? Escribe dos oraciones explicando dos diversiones típicas de los jóvenes caribeños y otras dos oraciones con dos cosas que tú haces para divertirte con tus amigos. Luego escribe una oración comparando las diversiones de los jóvenes caribeños con las tuyas.

Nos divertimos el fin de semana	
Los jóvenes caribeños	**Mis amigos y yo**
1. _____	**1.** _____
2. _____	**2.** _____

Cultura B

> **¡AVANZA!**   **Goal:**   Discover and know people, places, and culture from Caribbean countries.

1 Responde de forma breve a las siguientes preguntas sobre los países hispanos del Caribe.

1. ¿Cuáles son los tres países hispanos del Caribe?

_____

2. ¿Qué características geográficas comparten los tres países hispanos del Caribe?

_____

3. ¿Cuáles son algunas frutas tropicales típicas del Caribe?

_____

4. ¿Dónde nació el beisbolista Roberto Clemente?

_____

2 Responde con oraciones completas a las siguientes preguntas sobre la carrera profesional de dos caribeños famosos.

1. Juan Luis Guerra es una famosos cantante de República Dominicana ¿Qué tipo de música canta José Luis Guerra? ¿En qué universidad estadounidense estudió? ¿Qué materia estudió allí?

_____

_____

2. En tu libro puedes ver una fotografía de Félix Sánchez cuando ganó una medalla de oro en los Juegos Olímpicos. ¿En qué competencia ganó la medalla? ¿Cuántas medallas de oro ganaron los atletas dominicanos?

_____

_____

3 ¿Cual es una tradición muy popular del carnaval del Caribe? ¿Se celebra el carnaval en tu región? ¿Cuáles son algunas tradiciones del carnaval en tu comunidad o en otro lugar de Estados Unidos? Escribe un párrafo de cuatro o cinco oraciones describiendo una celebración de carnaval en Estados Unidos.

_____

_____

_____

_____

_____

Cultura C

> **¡AVANZA!** **Goal:** Discover and know people, places, and culture from Caribbean countries.

1 Responde a las siguientes preguntas sobre los países hispanos del Caribe, sus costumbres y el deporte en estos países con oraciones completas.

1. Nombra los tres países hispanos del Caribe y sus respectivas capitales.

_____

_____

2. ¿Qué son los vejigantes, cabezones y cojuelos?

_____

3. ¿Quién fue Roberto Clemente? ¿Dónde nació?

_____

2 Responde a las siguientes preguntas sobre dos caribeños famosos que hicieron algo para ayudar a los demás. Da todos los detalles posibles.

1. Roberto Clemente murió en un accidente cuando iba a ayudar a personas de Centroamérica. ¿Qué ayuda llevaba? ¿En qué país estaban esas personas y por qué necesitaban ayuda?

_____

_____

2. ¿Qué es la fundación 4.40? ¿Quién la creó? ¿A qué se dedica esta fundación?

_____

_____

3 ¿Por qué crees que al cantante Juan Luis Guerra se le considera poeta? ¿Prestas atención a la letra de las canciones que escuchas? ¿Piensas que es importante lo que dice una canción o que lo que importa es sólo la música? ¿Qué cantante o grupo crees que tiene letras interesantes en sus canciones? ¿Por qué te gustan esas letras? ¿Las calificarías cómo poesía? Responde en un párrafo breve.

_____

_____

_____

_____

UNIDAD 4 Lección 1

Cultura C

Vocabulario A ¿Quiénes son los héroes?

> **¡AVANZA!**　　**Goal:**　Discuss the heroes around you.

1 Subraya la palabra correcta para describir a estos profesionales.

1. Un(a) bombero(a) debe tener (fama / valentía).

2. Los políticos tienen que pensar en su (imagen / vecina) pública.

3. A José le gustan las computadoras y por eso es (cartero / técnico) de computación.

4. Flor se interesa en los animales y su meta es ser (veterinaria / secretaria).

5. A Gloria le gusta trabajar con la madera y quiere ser (carpintera / cartera).

2 Usa las palabras de la caja para completar las oraciones correctamente.

la meta	el deber	la fama	logro	propósito

1. _____ de un policía es cuidar a los vecinos de su comunidad.

2. El artista tiene como _____ llegar a la fama.

3. El mayor _____ de un político es ganar una campaña.

4. _____ de Camila es convertirse en una periodista famosa.

5. Lograr _____ es el propósito de muchos músicos.

3 Ernesto, el candidato para el comité estudiantil de la escuela, te pide tu colaboración. Escribe una oración que describa una de las cualidades que debe tener cada uno de los miembros de la mesa directiva estudiantil.

Modelo:　　Carla / vocal

　　　　　　Carla sabe hablar en público. Será muy buena vocal.

1. Ernesto / presidente

_____

2. Clara / secretaria

_____

3. Laura / tesorera

_____

4. Ramón / fiscal

_____

UNIDAD 4 Lección 2 Vocabulario A

Vocabulario B ¿Quiénes son los héroes?

| ¡AVANZA! | **Goal:** Discuss the heroes around you. |

1 Escoge la palabra correcta para completar las opiniones de algunas personas de tu comunidad.

| sorprendente | auténtico | imagen | sacrificios | realistas |

1. Pienso que las noticias locales son _____ .

2. Muchas veces los padres hacen _____ por sus hijos.

3. Es _____ ver cómo los bomberos arriesgan sus vidas por la comunidad.

4. Carmen quiere un autógrafo _____ de su actor favorito.

5. Las personas famosas no siempre logran una buena _____ .

2 Contesta las preguntas sobre las profesiones con oraciones completas.

1. ¿Quién es la persona que pinta, dibuja y hace esculturas?

   _____

2. ¿Qué profesión tiene la persona que trabaja con animales?

   _____

3. ¿Quién es la persona que repara las computadoras?

   _____

4. ¿Qué profesión tiene la persona que nos mantiene informados?

   _____

5. ¿Quién es la persona que convence al público de votar por él/ella?

   _____

3 Usa el vocabulario para describir cada profesión con una oración completa.

1. Músicos _____

2. Periodistas _____

3. Policías _____

4. Bomberos _____

5. Maestros _____

6. Veterinarios _____

UNIDAD 4 Lección 2

Vocabulario B

Vocabulario C ¿Quiénes son los héroes?

> **¡AVANZA!** **Goal:** Discuss the heroes around you.

1 Escribe un poema teniendo en cuenta las profesiones del Vocabulario. Ejemplo: Reparto el correo, soy el cartero, etc.

_____

_____

_____

_____

_____

2 Describe con oraciones completas la diferencia entre lo que hacen los siguientes profesionales y la relación que tienen entre sí.

Modelo: La secretaria y la artista:

La secretaria organiza los documentos en la oficina y la artista realiza pinturas.
Muchas veces la artista necesita a una secretaria para que organice la
correspondencia.

1. Los carpinteros y los carteros:

_____

_____

2. Los periodistas y los bomberos:

_____

_____

3. Los técnicos y los veterinarios:

_____

_____

3 ¿Para ti quiénes son los verdaderos héroes? Escribe un párrafo corto para describir a tu héroe. Usa palabras del vocabulario de la lección.

_____

_____

_____

_____

_____

Vocabulario adicional

| ¡AVANZA! | **Goal:** Recognize words with the combination **gü**. |

- La letra **g** se pronuncia de varias maneras en español. Tiene un sonido fuerte delante de las vocales **a**, **o** y **u**:

> gato, gorra, gusto.

Tiene un sonido suave delante de las vocales **i** y **e**:

> gigante, gente.

- Si quieres producir un sonido fuerte delante de **e** o **i**, añades una **u**:

> guerra, guía.

- Si quieres que suene la **u** delante de la **e** o **i**, añade la diéresis (los dos puntos sobre la letra):

> cigüeña.

- Puedes utilizar estas reglas para el deletreo o puedes memorizar cada palabra por separado.

❶ Escribe **g**, **gu** o **gü**, según el caso. Si tienes dudas, consulta un diccionario bilingüe.

1. _____ar_____anta
2. pin_____ino
3. _____ante
4. _____azpacho
5. in_____enioso
6. _____itarra
7. _____acamole
8. di_____estión
9. _____orila

❷ Escribe un cuento corto diferentes palabras que usen **g**, **gu**, y **gü**. Escribe por ejemplo: Era un gigante al que le gustaba comer guacamole...

_____

_____

_____

_____

_____

_____

_____

UNIDAD 4 Lección 2

Vocabulario adicional

Gramática A

The use of the subjunctive with expressions of doubt and denial

Level 3 Textbook pp. 183–187

> **¡AVANZA!** **Goal:** Use the subjunctive to express doubt, denial or disbelief.

1 Completa las oraciones con el verbo apropiado del cuadro.

quiera	sea	logren	sepamos

1. Me sorprende que estos políticos _____ convencer al público.
2. Dudo que mi vecino _____ un chico famoso.
3. No estoy segura de que Javier _____ ayudar a la veterinaria.
4. Es improbable que nosotros _____ toda la historia.

2 Escribe la forma correcta del subjuntivo de los verbos en las siguientes oraciones.

1. Es imposible que Juan y yo _____ (alcanzar) nuestra meta.
2. No es cierto que mi vecino _____ (estar) pensando en mudarse.
3. Dudo que la secretaria _____ (venir) mañana.
4. No creo que la fama _____ (ser) algo bueno.

3 Observa las ilustraciones y escribe cuatro oraciones que expresan duda que Carmen siga estas profesiones.

Modelo:  *Es dudoso que Carmen sea veterinaria.*

1.   **2.**   **3.**   **4.**

1. _____
2. _____
3. _____
4. _____

Gramática B
The use of the subjunctive with expressions of doubt and denial

Level 3 Textbook pp. 183–187

> **¡AVANZA!** **Goal:** Use the subjunctive to express doubt, denial or disbelief.

1 Escribe oraciones con las siguientes frases: me sorprende, dudo que, tú no crees que no es verdad que, es improbable que.

Modelo: el astronauta / estar solo en el espacio

Me sorprende que el astronauta esté solo en el espacio.

1. el artista / cambiar de imagen _____

2. el veterinario / curar al animal _____

3. la bombera / no cumplir con su deber _____

4. este artista / ser famoso _____

2 Contesta negativamente las siguientes preguntas con las expresiones entre paréntesis.

Modelo: ¿Cantas en el coro? (es dudoso)

No, es dudoso que cante en el coro.

1. ¿Salimos esta noche? (es improbable)

_____

2. ¿Voy al teatro esta tarde? (es dudoso)

_____

3. ¿Hacen el pastel para Juan? (no creo)

_____

4. ¿Traes los materiales necesarios? (no creo)

_____

3 Escribe cuatro oraciones en las que expreses tus dudas sobre los siguientes temas.

Modelo: Comer mañana en la Casa Blanca con el Presidente

Dudo que mañana coma en la Casa Blanca con el Presidente.

1. Dar la vuelta al mundo en 8 horas

_____

2. Cruzar nadando el océano Atlántico

_____

3. Construir una casa de la noche a la mañana

_____

4. Ganar el premio Nobel de la paz este año

_____

UNIDAD 4 Lección 2
Gramática B

Gramática C

The use of the subjunctive with expressions of doubt and denial

Level 3 Textbook pp. 183–187

¡AVANZA! **Goal:** Use the subjunctive to express doubt, denial or disbelief.

❶ Completa las oraciones con el verbo del cuadro. Puede haber más de una respuesta por oración.

querer	ser	llegar	lograr	arriesgar	saber

1. Me sorprende que estos políticos _____ convencer al público.

2. Julia duda que su vecino _____ un chico famoso.

3. Nosotros no estamos seguros de que Rosa y Ana _____ ayudar a la veterinaria.

4. Es probable que el bombero _____ su vida una vez más.

5. Es imposible que nosotros _____ a tiempo para tomar el tren.

❷ Recuerda que a Ricardo siempre le gusta llevar la contraria. Comienza cada una de las siguientes oraciones con la expresión de Ricardo entre paréntesis y escribe de nuevo las oraciones con los cambios necesarios.

Modelo: El secretario habla con la directora. (Es improbable)

Es improbable que el secretario hable con la directora.

1. El mecánico puede arreglar el coche con estas herramientas. (No creo)

   _____

2. Lourdes llega esta tarde en el tren de las cinco. (Dudo)

   _____

3. El carpintero está haciendo la mesa del comedor con madera de pino. (Me sorprende)

   _____

4. El cartero no puede llevar el correo hasta tu casa. (No es verdad)

   _____

❸ Escribe un párrafo sobre algo que te gustaría hacer en tu vida pero que no estás seguro(a) que puedas alcanzar. Usa las frases de dudas y el subjuntivo.

   _____

   _____

   _____

   _____

   _____

UNIDAD 4 Lección 2 Gramática C

Gramática A Use the subjunctive with expressions of emotion

¡AVANZA! **Goal:** Use the subjunctive with clauses that express emotion.

1 Escribe oraciones lógicas con las siguientes frases.

Siento que tú	estudien	su coche
Me alegro de que nosotros	estés	enferma
Nos sorprende que ellos	venda	a cenar fuera
Es una lástima que Tomás	vayamos	tanto

1. _____

2. _____

3. _____

4. _____

2 Escoge los adjetivos del cuadro para completar las siguientes oraciones en grado superlativo.

Modelo: Siento que el gato / estar *esté enfermísimo.*

enfermo	rico	bueno	fácil	feas

1. Me sorprende que el equipo no /ser _____

2. Siento que el arroz no / estar _____

3. Espero que las faldas no /ser _____

4. Nos alegra que el examen /ser _____

3 Describe lo que ocurre en los dibujos con las expresiones indicadas.

1. "es triste que" **2.** nosotros "Alegrarse de que" **3.** Riki, "Esperar que"

1. _____

2. _____

3. _____

Gramática B Use the subjunctive with expressions of emotion

Level 3 Textbook pp. 188–190

¡AVANZA!   **Goal:**   Use the subjunctive with clauses that express emotion.

---

1 Escribe la forma correcta del verbo en cada oración.

Modelo: Me sorprende que Manuel _cante_ (cantar) tan bien.

1. Me sorprende que Juan _____ (tomar) el autobús para ir al colegio.

2. Me gustaría _____ (entender) todos los problemas de matemáticas.

3. Nosotros esperamos _____ (participar) en la función de Navidad.

4. ¿Te alegras de que _____ (venir) tus primos de Puerto Rico?

5. Camila siente que tu _____ (estar) enfadada con ella.

2 Contesta las siguientes preguntas con las expresiones del cuadro.

Modelo: ¿Qué le dices a tu mejor amigo(a) cuando se va de viaje?

Espero que tengas un buen viaje.

sorprenderse de que	esperar que	es una lástima que	sentir que	alegrarse de que

1. ¿Qué le dices a tu mamá cuando está enferma?

_____

2. ¿Qué le dices a un(a) amigo(a) cuando ha alcanzado su meta?

_____

3. ¿Qué le dices a tu hermano(a) cuando te sorprende con una visita?

_____

4. ¿Qué le dices a tu abuela cuando llegas tarde a su casa?

_____

3 Escribe cuatro oraciones para expresar las cosas que tú esperas que le ocurran a Sonia.

Modelo: aprobar las matemáticas / _Espero que Sonia apruebe matemáticas este año._

1. ir de acampada / _____

2. tomar clases de natación / _____

3. aprender a jugar al ajedrez / _____

4. conseguir su meta / _____

Gramática C   *Use the subjunctive with expressions of emotion*

> **¡AVANZA!**   **Goal:**   Use the subjunctive with clauses that express emotion.

1 Escribe las oraciones sobre el héroe de Darío con el verbo entre paréntesis en subjuntivo.

Me alegro de que mi vecino Roberto **1.** _____ (ser) bombero y de que

2. _____ (ser) un hombre muy valiente. Un día unas personas provocaron un

incendio en un bosque detrás de nuestra casa. Nuestro vecino Roberto salió con el equipo de

bomberos a luchar contra el fuego y al cabo de largas horas consiguieron apagarlo. Es una

lástima que **3.** _____ (haber) gente así y que no **4.** _____

(respetar) la naturaleza. Espero que no **5.** _____ a ocurrir algo así nunca

más. Es tristísimo ver un bosque quemado sin vida y sin color.

2 Escribe una oración con una expresión de emoción para describir cada dibujo y otra oración
para desearles a los personajes que solucionen su problema.

Modelo:    *Siento que hayas perdido el anillo.*
Espero que lo encuentres pronto.

1.   **2.**   **3.**

1. _____

2. _____

3. _____

3 Piensa en alguien a quien admiras y escribe un párrafo que describa los aspectos que más
te impresionan de la vida de esta persona. Luego escribe lo que puedes hacer para tener las
mismas cualidades de él o ella.

_____

_____

_____

_____

_____

UNIDAD 4 Lección 2
Gramática C

Gramática adicional

La raya (—) es un signo de puntuación que se usa para indicar el cambio de un hablante a otro en una narración o en un diálogo.

Observa el uso de la raya en el siguiente ejemplo:

—¿Cómo estás hoy? —le preguntó Jaime.

—Muy bien, —le respondió Jorge—, ¿y tú?

—Muy bien, gracias.

1 En el siguiente diálogo coloca rayas donde sean necesarias.

David y Emilia se reunieron en el parque.

_____ ¡Hola! _____ dijo Emilia _____.

_____ Emilia, ¿cómo estás? _____ Hace mucho que no nos vemos. _____

_____ Sí. Estoy bien, ¿y tú cómo estás? _____ le preguntó.

_____ Bien. Estoy muy ocupado en mi nuevo trabajo. _____ le respondió.

_____ Me imagino. _____ ¿Te gusta el trabajo? _____

_____ Sí, mucho. _____ ¿Cómo van tus estudios? _____ le preguntó David.

_____ Acabo de completar mis exámenes finales. _____

_____ ¡Qué bien! _____

2 Escribe un pequeño diálogo entre las primas Josefina y Laura. Laura fue de compras y le muestra a Josefina lo que compró. Usa rayas para indicar los cambios de una hablante a otra.

_____

_____

_____

_____

_____

Conversación simulada

> **¡AVANZA!** **Goal:** Respond to an oral conversation expressing positive and negative emotions.

Vas a participar en una conversación telefónica simulada con tu amiga Eduviges. Primero, lee el bosquejo de la conversación que aparece en la página. Luego, escucha el audio. Tú sólo oirás lo que te dice Eduviges. Entonces escucha el audio de nuevo. Esta vez participarás en la conversación. Responde de forma oral a lo que te dice Eduviges. Una señal te indicará cuando te toque a ti hablar.

[phone rings]

Tú: Contesta el teléfono y pregunta quién llama.

Eduviges: (Ella responde y te dice cómo se siente.)

Tú: Pregúntale por qué.

Eduviges: (Ella te explica por qué ella y su papá se sienten así.)

Tú: Dile qué opinas de la situación.

Eduviges: (Ella te responde y te pregunta sobre un evento.)

Tú: Respóndele y ofrece tu ayuda.

Eduviges: (Ella te pide algo.)

Tú: Contesta si puedes hacerlo.

Eduviges: (Ella se despide.)

Tú: Despídete y cuelga.

UNIDAD 4 Lección 2

Conversación simulada

Unidad 4, Lección 2
Conversación simulada

182

¡**Avancemos! 3**
Cuaderno para hispanohablantes

Integración: Escribir

> **¡AVANZA!** **Goal:** Respond to written and oral passages expressing positive and negative emotions.

Lee la siguiente línea de mensajes de un foro de Internet donde jóvenes expresan sus opiniones sobre distintos asuntos.

Fuente 1 Leer

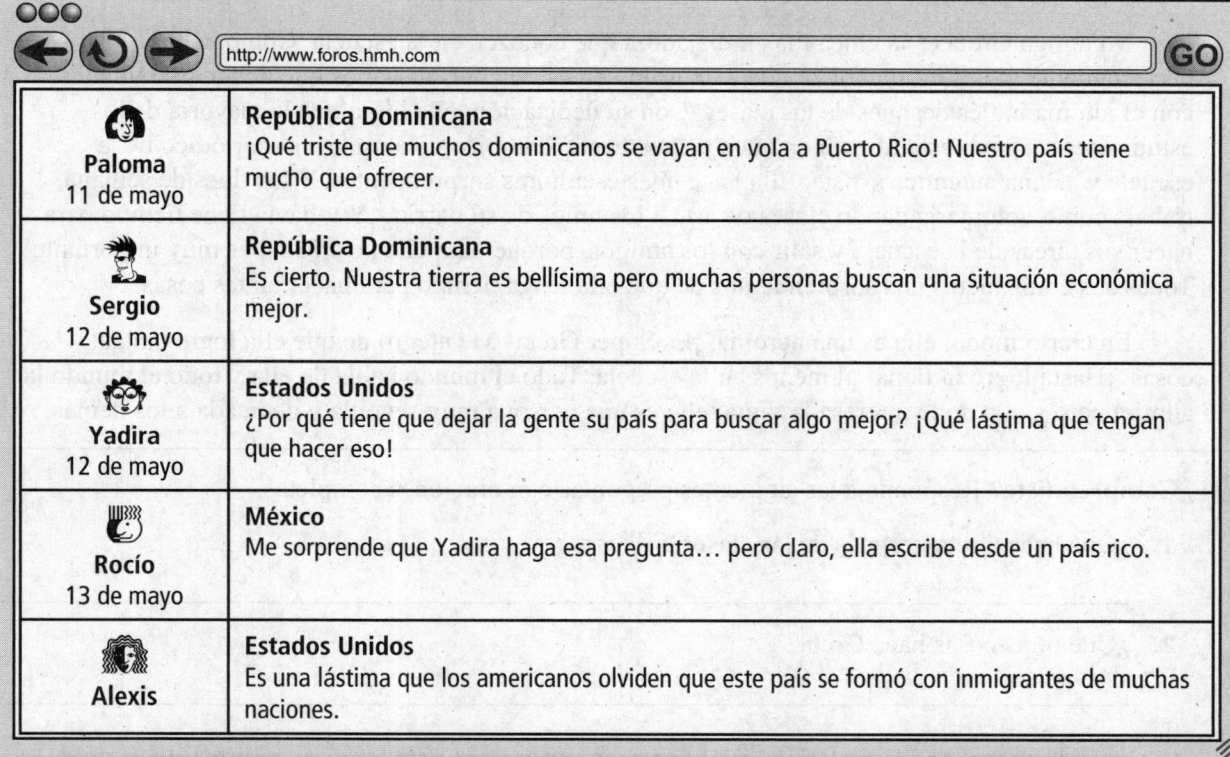

Paloma 11 de mayo	**República Dominicana** ¡Qué triste que muchos dominicanos se vayan en yola a Puerto Rico! Nuestro país tiene mucho que ofrecer.
Sergio 12 de mayo	**República Dominicana** Es cierto. Nuestra tierra es bellísima pero muchas personas buscan una situación económica mejor.
Yadira 12 de mayo	**Estados Unidos** ¿Por qué tiene que dejar la gente su país para buscar algo mejor? ¡Qué lástima que tengan que hacer eso!
Rocío 13 de mayo	**México** Me sorprende que Yadira haga esa pregunta… pero claro, ella escribe desde un país rico.
Alexis	**Estados Unidos** Es una lástima que los americanos olviden que este país se formó con inmigrantes de muchas naciones.

Escucha los comentarios de Silvia Montero, una locutora de radio público en San Juan, Puerto Rico. Toma notas. Luego completa la actividad.

Fuente 2 Escuchar

HL CD 1, tracks 31–32

Escribe un párrafo para expresar tus propias ideas y emociones sobre el tema de la emigración. ¿Con qué opiniones de las que has escuchado estás de acuerdo? ¿Por qué?

_____

_____

_____

_____

_____

Lectura A

¡AVANZA!	**Goal:** Read about reactions and emotions.

1 Lee lo que Aurora piensa de su amiga Greta. Responde a las preguntas de comprensión y da tu opinión sobre el tema.

Mi amiga Greta

Mi amiga Greta es la chica más trabajadora que conozco en la escuela. Como habla perfectamente inglés y español, ayuda a un grupo de estudiantes hispanos que tienen dificultades con el idioma inglés después de las clases. Con su dedicación, ella logra que la mayoría de los estudiantes mejoren este idioma en unos pocos meses. También colabora en el periódico de la escuela y es una auténtica artista. Ella hace unas esculturas sorprendentes. Y los fines de semana, trabaja como voluntaria dando clases de arte a los niños de su barrio. ¡Y todavía tiene tiempo para hacer sus tareas de la escuela y salir con los amigos, porque para ella la amistad es muy importante! Todas sus compañeras nos sorprendemos de que ella tenga tiempo para hacer tantas cosas.

En cierto modo, ella es una heroína. ¡Es Super Greta! Me alegro de que ella logre tantas cosas. ¡Hasta logró la fama! al menos en la escuela. Todo el mundo habla de ella y todo el mundo la admira pero a ella no le interesa la fama; ella es una persona muy sencilla y dedicada a los demás.

2 **¿Comprendiste?** Responde a las siguientes preguntas con oraciones completas.

1. ¿Qué hace Greta después de las clases?

_____

2. ¿Qué otras cosas hace Greta?

_____

3. ¿Por qué a Greta no le interesa la fama? ¿Por qué crees entonces qué hace tantas cosas? ¿Qué palabras del diálogo confirman tu respuesta?

_____

_____

_____

3 **¿Qué piensas?** ¿Qué otras cosas haces tú además de estudiar? ¿Te gusta hacer muchas cosas o pocas cosas a lo largo del día? ¿Por qué?

_____

_____

_____

_____

_____

Lectura B

| ¡AVANZA! | **Goal:** Read about and express reactions and emotions |

1 Lee el texto que escribió Rosa para explicar qué va a hacer cuando termine la escuela. Responde a las preguntas de comprensión y compara su experiencia con la tuya.

¿Qué voy a hacer?

Todavía no estoy muy segura qué voy a estudiar. Es probable que estudie para ser científica porque soy muy buena en ciencias, sobre todo en biología. Mis amigas me aconsejan que estudie para ser médica. Aunque dudo mucho que llegue a ser una buena doctora, porque me pongo demasiado nerviosa cuando veo sangre. También me gusta mucho el arte. No creo que sea una mala pintora, pero no estoy segura de que tenga la valentía necesaria para enfrentarme a los momentos de inseguridad y a los sacrificios por los que tiene que pasar un artista. Por eso me gustaría elegir otro tipo de profesión.

Me sorprende que muchas de mis amigas sepan ya qué profesión quieren tener. Mi hermano mayor dice que no siempre podemos tener la seguridad de que elegimos el mejor camino. También dice que muchas veces hay que actuar, tomar decisiones sin saber si son las correctas y arriesgarse. Pero yo no creo que este consejo sea bueno para mí. Cada persona tiene una forma diferente de actuar y tiempo para tomar una decisión.

2 **¿Comprendiste?** Responde a las siguientes preguntas con oraciones completas.

1. ¿Qué profesión creen las amigas de Rosa que es buena para ella? ¿Por qué? ¿Qué opina ella?

_____

_____

2. ¿Cree Rosa que una profesión artística puede ser buena para ella? ¿Por qué?

_____

_____

3. ¿Qué le aconseja el hermano a Rosa? ¿Crees que ella va a seguir su consejo? ¿Por qué?

_____

_____

_____

3 **¿Qué piensas?** ¿Qué haces tú cuando tienes que tomar una decisión y no estás seguro(a) de que es la mejor? ¿Alguna vez tomaste una decisión arriesgada? Explica tu experiencia sobre este tema.

_____

_____

Lectura C

| ¡AVANZA! | **Goal:** Read about reactions and emotions |

1 Lee el siguiente diálogo. Responde a las preguntas de comprensión y da tu opinión sobre el tema.

Periodistas

ROSARIO: Hola, estoy preparando un artículo sobre los héroes de los jóvenes. ¿Podrías ayudarme?

FRANCISCO: Bueno, sabes que yo no soy periodista como tú, dudo que pueda ayudarte mucho.

ROSARIO: Sí, claro que puedes. Yo hablé con varios chicos y chicas y les pregunté quién era su héroe y por qué. Éstas son las notas que tomé en las entrevistas. Ahora tengo que clasificarlas, buscar las más interesantes y escribir el artículo.

FRANCISCO: Está bien, yo puedo ayudarte a clasificarlas.

ROSARIO: Bueno, pues vamos a empezar. Quiero que las leas y que me des tu opinión.

FRANCISCO: No creo que ahora sea un buen momento para empezar.

ROSARIO: Sí lo es. No tenemos mucho tiempo, por eso no creo que debamos esperar más. Revisa esas notas y yo revisaré estas otras.

FRANCISCO: ¡Vaya! Aquí hay toda clase de héroes: una deportista, unos bomberos, un músico, una política, ¡hasta un secretario! Creo que es bastante improbable que un secretario llegue a ser un héroe.

ROSARIO: ¿Por qué no? Todos podemos ser héroes. Si de verdad me quieres ayudar, por favor empieza a leer y luego hablamos.

FRANCISCO: Ya terminé con estas historias y tienes razón, la del secretario es verdaderamente interesante. Me sorprende que ese señor se arriesgara a atravesar una habitación en llamas para salvar a alguien que no conocía. ¡Hay que tener mucha valentía para hacer eso!

ROSARIO: Me alegro que te guste la historia del secretario. Para mí también es una de las mejores. La incluiré en el artículo, junto con la de los bomberos y la de la política.

FRANCISCO: No creo que debas incluir la historia de la política. Pienso que la historia del cartero que ayudó a la señora enferma es más interesante.

ROSARIO: Pues yo creo que las dos son interesantes. Es una pena que no tengamos espacio para incluir las dos.

FRANCISCO: Tú misma lo has dicho, si no tienes espacio debes elegir una de las dos historias. Por lo tanto, creo que debes elegir la más sorprendente. La política actuó correctamente pero no hizo nada sorprendente. Sin embargo, es improbable que alguien piense que el cartero al final sea capaz de hacer lo que hizo. Es muy dudoso que los lectores imaginen el final de la historia, por eso me parece muy interesante.

ROSARIO: ¿Sabes algo? Me sorprende que me hayas hecho unas observaciones tan acertadas. Creo que tú sí serías un buen periodista.

2 **¿Comprendiste?** Responde a las siguientes preguntas.

1. ¿Qué le pide Rosario a Francisco?

_____

_____

2. ¿Por qué a Francisco le gustó la historia del secretario?

_____

_____

_____

3. ¿Qué historias quiere incluir Rosario en el artículo? ¿Qué le aconseja Francisco?

_____

_____

_____

4. ¿Por qué piensa Rosario que Francisco puede ser un buen periodista?

_____

_____

_____

3 **¿Qué piensas?** ¿Qué características crees que debe tener un artículo de periódico para que resulte interesante? ¿Por qué? ¿Te gustaría ser periodista? ¿Por qué?

_____

_____

_____

_____

UNIDAD 4 Lección 2 Lectura C

Escritura A

¡AVANZA!	**Goal:** Write about your reactions, beliefs and emotions

1 Piensa en un héroe o heroína, real o imaginario, que tú admires. Escribe todo lo que sepas (o imagines) sobre este héroe o heroína.

Características físicas	Características de su personalidad	Cosas que lo/la hacen especial	Datos de su biografía

2 Escribe un párrafo teniendo en cuenta los datos anteriores. Asegúrate de incluir: 1) cómo es tu héroe o tu heroína, desde el punto de vista físico y de la personalidad; 2) qué cosas hace que sea especial y algunos datos importantes de su biografía; 3) descripciones claras y detalles interesantes; 4) expresiones de emoción con subjuntivo y 5) ortografía correcta.

_____

_____

_____

_____

3 Evalúa tu párrafo con la siguiente tabla.

	Crédito máximo	**Crédito parcial**	**Crédito mínimo**
Contenido	Explicaste a tu personaje con aspectos físicos y personales; con cosas que hacen que sea especial y datos importantes. Hay descripciones claras y detalles interesantes.	Explicaste sólo uno de los dos aspectos del personaje. Faltan explicaciones que lo hagan especial o datos importantes. Algunas descripciones son poco claras y algunos detalles son poco interesantes.	No hay explicaciones físicas o de la personalidad del personaje. No hay datos sobre por qué el personaje es especial ni hay datos importantes. Las descripciones no son claras y los detalles son poco interesantes.
Uso correcto del lenguaje	Usas correctamente expresiones de emoción con el subjuntivo. Usas correctamente la ortografía.	Hay algunos errores en el uso de expresiones de emoción con el subjuntivo. Tienes algunos errores de ortografía.	Tienes muchos errores en el uso de expresiones de emoción con el subjuntivo. Tienes muchos errores de ortografía.

UNIDAD 4 Lección 2

Escritura A

Unidad 4, Lección 2
Escritura A
188

¡Avancemos! 3
Cuaderno para hispanohablantes

Escritura B

> **¡AVANZA!**   **Goal:**   Write about your reactions, beliefs and emotions

1 Estás viendo tu programa de televisión favorito y de repente interrumpen el programa para dar la siguiente noticia: «*Esta tarde una nave espacial aterrizó en las afueras de la capital. De la nave bajaron tres extraterrestres que, muy educadamente, pidieron hablar con la presidenta del gobierno. Los extraterrestres fueron llevados al palacio presidencial. En estos momentos están cenando con los líderes del país*». Piensa cómo te sentiste.

a. al principio, cuando interrumpieron la programación _____

b. mientras escuchabas la noticia _____

c. después de escuchar la noticia completa _____

2 Escribe un párrafo para explicar tu reacción ante la noticia. Asegúrate de que: 1) tu párrafo tiene un orden lógico; 2) expresa tus sentimientos y dudas de forma clara; 3) usa expresiones de duda, negación, incredulidad y emoción con el subjuntivo; 4) haces buen uso del lenguaje y de la ortografía.

_____
_____
_____
_____
_____
_____
_____

3 Evalúa tu párrafo con la siguiente tabla.

	Crédito máximo	Crédito parcial	Crédito mínimo
Contenido	Tu párrafo es lógico y claro; también expresa tus sentimientos y dudas.	Algunas partes de tu párrafo no son lógicas o son poco claras, como tampoco expresan tus sentimientos y dudas.	Tu párrafo no sigue un orden lógico y es poco claro. No expresa tus sentimientos ni tus dudas.
Uso correcto del lenguaje	Hiciste un buen uso de las expresiones de duda, negación, incredulidad y emoción, como también del lenguaje y de la ortografía.	Tuviste algunos errores con el uso de expresiones de duda, negación, incredulidad y emoción, así como del lenguaje y de la ortografía.	Tuviste muchos errores con las expresiones de duda, negación, incredulidad y emoción; además con el uso del lenguaje y la ortografía.

UNIDAD 4 Lección 2   Escritura B

Escritura C

| ¡AVANZA! | **Goal:** Write about your reactions, beliefs and emotions |

1 Piensa en un problema que exista en tu comunidad y que te haga sentir incómodo(a). Escribe un artículo para el periódico local y expresa tus opiniones y sentimientos. Describe en una oración corta cuál es el problema y luego anota algunas razones por las que te sientes incómodo ante el problema:

Situación: _____

a. El problema en la comunidad es: _____

b. Medidas que podrían haberse tomado y no se tomaron: _____

c. Reacción de las autoridades ante el problema: _____

2 Escribe un artículo de opinión al editor del periódico. El artículo: 1) debe tener una introducción (en la que presentas el problema), un desarrollo en el que manifiestas tu malestar (usa expresiones de duda, negación y emoción con el subjuntivo) y una conclusión en la que manifiestas tu deseo de que se solucione el problema; 2) debe ser claro y expresar tus sentimientos con viveza pero sin ofender a nadie; 3) debe hacer un buen uso de los verbos y de la ortografía.

_____

_____

_____

_____

_____

3 Evalúa tu artículo con la siguiente tabla.

	Crédito máximo	**Crédito parcial**	**Crédito mínimo**
Contenido	El artículo contiene introducción, desarrollo y conclusión; es claro y los sentimientos están expresados con viveza pero sin ofender.	Al artículo le falta una de las partes. Algunas partes son poco claras y algunos sentimientos están expresados con poca viveza pero no son ofensivos.	Al artículo le faltan dos partes; es poco claro y los sentimientos están expresados sin viveza o en algunos casos resultan ofensivos.
Uso correcto del lenguaje	Tuviste pocos errores con el uso de expresiones de duda, negación y emoción. Tampoco tuviste errores con los verbos o con la ortografía.	Tuviste algunos errores con el uso de expresiones de duda, negación y emoción. También tuviste algunos errores con los verbos y la ortografía.	Tuviste muchos errores con el uso de expresiones de duda, negación y emoción. También tuviste muchos errores con los verbos y la ortografía.

UNIDAD 4 Lección 2

Escritura C

Unidad 4, Lección 2
Escritura C

190

¡Avancemos! 3
Cuaderno para hispanohablantes

Cultura A

> **¡AVANZA!** **Goal:** Discover and know people, places, and culture from Caribbean countries.

1 Indica si las siguientes afirmaciones sobre los países del Caribe y su cultura son ciertas (C) o falsas (F). Si la oración es falsa, escribe la forma correcta.

1. _____ La fortaleza del Morro de Puerto Rico se encuentra en Mayagüez.

_____

2. _____ El Morro fue construido por los españoles para defender la ciudad.

_____

3. _____ En la actualidad, el Morro ha perdido la popularidad que tuvo como sitio turístico.

_____

4. _____ Amelia Peláez nació en Cuba.

_____

2 Responde de forma breve a las siguientes preguntas sobre la pintora Amelia Peláez.

1. ¿Por qué fue una pionera en la pintura Amelia Peláez?

_____

2. ¿Qué tipos de colores usaba Amelia Peláez en sus cuadros?

_____

3 Escribe cuatro oraciones para describir el cuadro *Marpacífico* de Amelia Peláez y algunas de sus características más importantes. Despues, escribe si crees que esta pintura refleja la cultura del Caribe. Explica tu respuesta.

Marpacífico

1. _____

2. _____

3. _____

4. _____

5. _____

6. _____

7. _____

8. _____

UNIDAD 4 Lección 2 Cultura A

Cultura B

> **¡AVANZA!** **Goal:** Discover and know people, places, and culture from Caribbean countries.

1 Responde de forma breve a las siguientes preguntas sobre los países caribeños, su historia y sus artistas.

   1. ¿Cuál es el nombre de la fortaleza que construyeron los españoles en San Juan de Puerto Rico?

   _____

   2. Las pinturas de Amelia Peláez se caracterizan por unas líneas anchas y negras. ¿Dónde aparecen estas líneas?

   _____

   _____

   3. ¿Qué efecto producen estas líneas anchas y negras en contraste con colores brillantes?

   _____

2 Responde a las siguientes preguntas sobre la obra de Amelia Peláez usando oraciones completas.

   1. ¿Qué elementos combinó en su obra Amelia Peláez además de la pintura y la arquitectura?

   _____

   _____

   2. ¿Qué representa el cuadro *Marpacífico* de Amelia Peláez? ¿Qué objetos aparecen en él?

   _____

   _____

3 Describe el cuadro en la página 250 de tu libro de texto y explica cuáles son sus características más importantes. ¿Qué es lo que más te ha llamado la atención de este cuadro? ¿Por qué? Responde en un párrafo breve.

   _____

   _____

   _____

   _____

   _____

   _____

Cultura C

> **¡AVANZA!**   **Goal:** Discover and know people, places, and culture from Caribbean countries.

① Responde con oraciones completas a las siguientes preguntas sobre los países caribeños.

1. ¿Qué es El Morro de Puerto Rico y con que finalidad fue construido?

_____
_____

2. Escribe una característica de la pintura de Amelia Peláez.

_____
_____

② Responde con detalles a las siguientes preguntas sobre Amelia Peláez y su obra.

1. ¿A que movimiento artístico perteneció Amelia Peláez? ¿Cuál fue su importancia en dicho movimiento? ¿Por qué?

_____
_____

2. ¿Cómo logró Amelia Peláez un efecto similar a los vitrales coloniales en su pintura?

_____
_____
_____

③ Al hablar de las obras en las páginas 245 y 250 de tu libro de texto respectivamente, ¿cuáles son los elementos que deben mencionarse para describirlas y compararlas? Explica cuáles son, en tu opinión, las diferencias más importantes entre los dos cuadros. ¿Qué estilo te gusta más o te parece más interesante? ¿Por qué?

_____
_____
_____
_____
_____
_____

UNIDAD 4 Lección 2   Cultura C

Comparación cultural: Héroes del Caribe
Lectura y escritura

Después de leer los párrafos sobre los datos históricos que mencionan Inés y Fernando, escribe un párrafo sobre un héroe o heroína de tu comunidad. Usa la información del organigrama para escribir tu párrafo.

Paso 1

Completa el organigrama con los detalles sobre un héroe o heroína de tu comunidad.

· Introducción · Nombre del héroe · ¿Qué hizo?	Cualidades e ideales	Fechas y hechos	Conclusión

Paso 2

Ahora usa los detalles del organigrama para escribir una oración para cada uno de los temas.

_____

_____

_____

_____

_____

_____

194
Unidad 4
Comparación cultural

¡**Avancemos! 3**
Cuaderno para hispanohablantes

Comparación cultural   UNIDAD 4

Comparación cultural: Héroes del Caribe

Lectura y escritura
(continuación)

Paso 3

Ahora escribe tu párrafo usando las oraciones que escribiste como guía. Incluye una oración de introducción y utiliza las frases **por eso**, **por lo tanto**, **sin embargo** para describir a un héroe o heroína de tu comunidad.

_____

_____

_____

_____

_____

_____

Lista de verificación

Asegúrate de que...

☐ incluyes todos los detalles del organigrama sobre un héroe o heroína de tu comunidad;

☐ usas los detalles para describir a un héroe o heroína de tu comunidad;

☐ utilizas las frases de conexión.

Tabla

Evalúa tu trabajo con la siguiente tabla.

Criterio de escritura	Excelente	Bueno	Necesita mejorar
Contenido	Tu párrafo incluye todos los detalles sobre un héroe o heroína de tu comunidad.	Tu párrafo incluye algunos detalles sobre un héroe o heroína de tu comunidad.	Tu párrafo incluye muy poca información sobre un héroe o heroína de tu comunidad.
Comunicación	La mayor parte de tu párrafo está organizada y es fácil de entender.	Partes de tu párrafo están organizadas y son fáciles de entender.	Tu párrafo está desorganizado y difícil de entender.
Precisión	Tu párrafo tiene pocos errores de gramática y de vocabulario.	Tu párrafo tiene algunos errores de gramática y de vocabulario.	Tu párrafo tiene muchos errores de gramática y de vocabulario.

UNIDAD 4 Comparación cultural

Héroes del Caribe
Comparación Cultural: Compara con tu mundo

Ahora escribe un párrafo comparando al héroe o heroína de tu comunidad con el de uno de los estudiantes que están en la página 263. Organiza la comparación por temas. Primero compara el nombre del héroe y qué hizo, después sus cualidades, las fechas y los eventos importantes, y por último escribe sobre su personalidad.

Paso 1

Usa la tabla para organizar la comparación por temas. Escribe los detalles de cada uno de los temas sobre un héroe o heroína de tu comunidad y los detalles del héroe o heroína del (de la) estudiante que has elegido.

	Mi héroe o heroína	Un héroe o heroína de _____
Nombre del héroe o heroína		
Cualidades		
Fechas y eventos		
Detalles		

Paso 2

Ahora usa los detalles de la tabla para escribir la comparación. Incluye una oración de introducción y escribe sobre cada tema. Utiliza las frases de conexión **por eso, por lo tanto, sin embargo** para describir a tu héroe o heroína y el del (de la) estudiante que has elegido.

_____

_____

_____

_____

_____

_____

Vocabulario A ¿Cómo te entretienes?

> **¡AVANZA!** **Goal:** Talk about personal items.

1 Indica con una **X** qué artículos guardas en una cartera y qué artículos guardas en una computadora.

artículos	en una cartera	en una computadora
las gafas de sol		
los juegos de computadora		
el paraguas		
la contraseña		
la búsqueda		
el monedero		
los documentos de identidad		
el sitio web		

2 Escribe la palabra que corresponde a las descripciones relacionadas con las computadoras.

un salón de charlas **un escáner** **una búsqueda** **un enlace** **una contraseña** **un sitio web**

Modelo: Una palabra o secuencia de letras y números que permite el acceso a un sitio web: *una contraseña*

1. Un lugar en el ciberespacio donde la gente con intereses comunes puede conversar y conocerse: _____

2. Un sitio del web que te lleva a otros sitios semejantes: _____

3. Una máquina conectada a la computadora que sirve para copiar imágenes y documentos: _____

4. Una investigación en Internet: _____

5. Una página en el ciberespacio con una dirección única: _____

3 Contesta las siguientes preguntas sobre el uso de la computadora y el Internet. Escribe oraciones completas.

1. ¿Cuándo sueles conectarte al Internet?

   _____

2. ¿Qué tipo de información descargas del Internet normalmente?

   _____

3. Para ti, ¿es valioso usar una agenda electrónica? ¿Por qué sí o por qué no?

   _____

Vocabulario B ¿Cómo te entretienes?

¡AVANZA! **Goal:** Talk about personal items.

1 Linda es muy descuidada y perdió su mochila. Mira los dibujos de los artículos que la policía pudo recuperar y los artículos que todavía faltan. Escribe en los espacios la lista de artículos.

Artículos recuperados   **Artículos que faltan**

Modelo: *un lapiz*

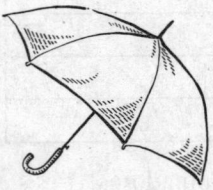
4. _____
_____

1. _____
_____

5. _____
_____

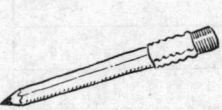
2. _____
_____

6. _____
_____

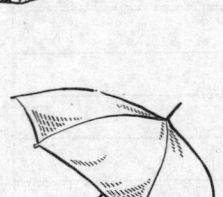
3. _____
_____

7. _____
_____

2 Contesta las siguientes preguntas con oraciones completas.

1. Para ti, ¿qué es más valioso, la computadora portátil o la agenda electrónica? ¿Por qué?

_____

2. ¿Temes que el Internet no sea un lugar seguro para enviar mensajes? ¿Por qué sí o por qué no?

_____

3. ¿Has entrado en un salón de charlas? ¿Cuál era el tema de la charla?

_____

4. ¿Con qué frecuencia descargas música del Internet?

_____

UNIDAD 5 Lección 1

Vocabulario B

Vocabulario C ¿Cómo te entretienes?

> **¡AVANZA!**　**Goal:**　Talk about personal items.

1 Tu abuelo no sabe usar la computadora. Explícale con oraciones completas para qué sirven las siguientes cosas.

1. una contraseña _____

   _____

2. una búsqueda por Internet _____

   _____

3. un salón de charlas _____

   _____

4. una agenda electrónica _____

   _____

2 Escribe oraciones completas para decir cuál de los dos elementos de cada pareja es más valioso para ti y por qué.

Modelo:　las gafas de sol / el paraguas

> *Para mí, las gafas de sol son más valiosas porque en mi pueblo no llueve mucho y no necesito paraguas.*

1. una agenda electrónica / una computadora portátil

   _____

2. una contraseña / una dirección electrónica

   _____

3. los documentos de identidad / las tarjetas de crédito

   _____

4. un sitio seguro del web / un salón de charla

   _____

3 Escribe cinco oraciones para explicarles a Carmen y Cristina lo que deben hacer si sospechan que un salón de charlas no es seguro.

Modelo:　*Deben esconder su identidad cuando usan estos sitios.*

1. _____
2. _____
3. _____
4. _____
5. _____

UNIDAD 5 Lección 1　Vocabulario C

Vocabulario adicional *La ortografía: h*

| ¡AVANZA! | **Goal:** Use the spelling of words with silent h. |

La letra **h** no se pronuncia en español. Por eso es difícil saber si una palabra se deletrea con **h** o no.

Observa los siguientes homófonos:

hecho	echo
hola	ola
ha	a
haber	a ver
hay	¡ay!

1 Escribe las siguientes oraciones de nuevo y corrige los errores de ortografía.

Modelo: Héctor a aprendido mucho español este año.

Héctor ha aprendido mucho español este año.

1. Voy a la cocina haber si hay comida echa.

_____

2. He hido al supermercado ha comprar frutas.

_____

3. Llamé ha Juan el otro día para saber si a hecho la tarea.

_____

4. Hecho de menos ha mis primos.

_____

5. ¡Hay! No les dije ni ola.

_____

2 Escribe cuatro oraciones completas con las palabras de la lista de arriba.

_____

_____

_____

_____

Gramática A Subjunctive with Conjunctions

Level 3 Textbook pp. 325–329

> ¡AVANZA! **Goal:** Use the subjunctive after certain conjunctions.

1 Antes de viajar a La Paz, Julián repasa las recomendaciones que le dieron las siguientes personas. Encierra en un círculo el verbo que complete correctamente la recomendación.

1. El maestro de español: Estudia el vocabulario regional para que
   (entiendes / entiendas) todo.

2. Su mamá: Lleva un abrigo en caso de que (haga / hace) frío.

3. Su papá: Visita los museos a fin de que (aprendas / aprender) mucho.

4. El abuelo Fulgencio: Come las comidas regionales sin que (te quejes / te quejas).

5. Bibiana, la hermanita de seis años: Cómprame una muñeca inca a menos que no
   (tienes / tengas) dinero.

2 Iván Maldonado hace planes para la excursión a Cuzco. Usa las conjunciones del cuadro para completar la nota que escribió esta mañana.

en caso de que	a menos que	con tal de que	sin que	para que

Es importante prepararnos **1.** _____ tengamos que andar
con prisas. **2.** _____ no llegue a tiempo el autobús es
necesario tener otro modo de transporte. Carmen necesita llamar a la recepción
3. _____ tengan listos el taxi o la camioneta del hotel.
4. _____ no nos pongan en la camioneta vieja de ayer todo
estará bien. Este es el plan, **5.** _____ llueva.

3 Antes de irse para Bolivia, Julián también tiene consejos para su familia. Completa sus recomendaciones.

1. Escríbanme mucho por computadora a menos que _____

2. Mándenme dinero frecuentemente para que _____

3. No alquilen mi cuarto sin que _____

4. Vengan a visitarme antes de que _____

5. Tendrán que llamarme por teléfono en caso de que _____

UNIDAD 5 Lección 1 Gramática A

Gramática B *Subjunctive with Conjunctions*

Level 3 Textbook pp. 325–329

> **¡AVANZA!** **Goal:** Use the subjunctive after certain conjunctions.

❶ Juán describe su personalidad para un programa de intercambio estudiantil en Bolivia. Encierra en un círculo las conjunciones con subjuntivo y subraya los verbos que las siguen.

Modelo: Siempre estudio mucho *antes de que* *tenga* un examen.

1. Ayudo a mis amigos en caso de que tengan problemas.

2. Soy serio a menos que conozca bien a la persona.

3. Hago la tarea sin que mis padres me lo digan.

4. Siempre llevo mis documentos en la cartera en caso de que los necesite.

❷ Mario Fuentes a veces olvida que tiene una hermana gemela y hay actividades que comparten. Cambia las oraciones por las correcciones que le hace Marcela.

Modelo: **Mario:** El dinero es para comprar una bicicleta.

Marcela: El dinero es *para que nos compremos una bicicleta.*

1. **Mario:** A fin de llegar a tiempo a la escuela, me levanto temprano.

   Marcela: A fin de que _____

2. **Mario:** En caso de tener retraso para llegar a la escuela, llamo a la dirección.

   Marcela: En caso de que _____

3. **Mario:** Con tal de que mis padres estén orgullosos de mí, soy buen hijo.

   Marcela: Con tal de que _____

❸ La enfermera de la escuela habla con los estudiantes que van al viaje de estudios. Usa las pistas para formar las recomendaciones.

Modelo: no viajar / sin que / estar vacunados

   No viajen sin que estén vacunados.

1. no comer en la calle / a menos que / tener mucha hambre

   _____

2. lavarse las manos / a fin de que / no enfermarse

   _____

3. avisar al guía / en caso de que / sentirse mal

   _____

4. llevar un botiquín / para que / resolver pequeñas emergencias

   _____

UNIDAD 5 Lección 1
Gramática B

Unidad 5, Lección 1
Gramática B

202

¡Avancemos! 3
Cuaderno para hispanohablantes

Gramática C   *Subjunctive with Conjunctions*

Level 3 Textbook pp. 325–329

> **¡AVANZA!**   **Goal:**   Use the subjunctive after certain conjunctions.

1 Luis pone un anuncio en la cartelera del salón de clases. Completa el párrafo con la conjugación correcta de los verbos.

En caso de que **1.** _____ interesado en viajar a los países andinos, ésta es tu oportunidad. Claro, a menos que no **2.** _____ mucho dinero, debes saber que en el banco te hacen un préstamo para viajar. Antes de que **3.** _____ que no, el préstamo no lo empiezas a pagar sino hasta el año próximo, con muy bajas cuotas. En caso de que **4.** _____ saber mucho más sobre Perú, Bolivia y Ecuador, puedes hacer una búsqueda por Internet. La excursión durará dos semanas y con tal de que **5.** _____ te darán toda la comida gratis. Aquí está mi buzón electrónico para que me **6.** _____ si quieres conocer más detalles.

2 Esta mañana los excursionistas del grupo turístico de Guadalupe Cerna tienen muchas ideas. Combina las oraciones con la conjunción entre paréntesis y haz cambios en los verbos.

Modelo: No vamos en el autobús. El hotel nos da un descuento. (a menos que)
No vamos en el autobús a menos que el hotel nos dé un descuento.

1. Desayunemos en el camino. Probamos la comida típica. (para que)

_____

2. Llevemos zapatos tenis. Estamos muy cansados. (en caso de que)

_____

3. Regresemos temprano. Vemos el partido de fútbol. (a fin de que)

_____

4. Compremos recuerdos de Cuzco. Nos vamos de Perú. (antes de que)

_____

3 Aunque el futuro es incierto, las personas hacen diferentes actividades para prepararse para el futuro. Escribe un párrafo para describir cómo te preparas tú. Usa las conjunciones que expresan duda.

_____

_____

_____

_____

_____

UNIDAD 5 Lección 1   Gramática C

Gramática A *Subjunctive with the Unknown*

> **¡AVANZA!** **Goal:** Use the subjunctive to talk about the unknown.

1 Dibuja un círculo rojo alrededor de la forma correcta del verbo en cada oración.

Modelo: ¿Conocen a alguien que (sepa / sabe) tocar el violín?

1. No hay nadie que (confía / confíe) en ese banco como yo.

2. Todos los chicos quieren un coche que (sea / es) rápido.

3. No conozco a nadie que (quiere / quiera) ser ingeniero.

4. Lili quiere una computadora que (hace / haga) sus tareas.

2 Mónica Restrepo va a pasar un año en Quito, Ecuador. Usa el subjuntivo para formar las preguntas que le va a hacer al consejero de su escuela.

Modelo: restaurantes / vender hamburguesas

¿Hay restaurantes que vendan hamburguesas?

1. guías turísticos / llevarte a la línea ecuatorial.

_____

2. familias / hospedar estudiantes extranjeros

_____

3. jóvenes / practicar fútbol americano

_____

4. canales de televisión / pasar programas en inglés

_____

3 Escribe una oración negativa para cada una de estas frases utilizando el verbo **conocer**.

Modelo: Nosotros / trabajar en una oficina.

Nosotros no conocemos a nadie que trabaje en una oficina.

1. Elsa y Silvia / cocinar comida peruana

_____

2. Yo / tener problemas en la escuela

_____

3. Alex / esconder la cartera en el coche

_____

4. Nosotros / llevarse mal con Alicia

_____

Gramática B *Subjunctive with the Unknown*

Level 3 Textbook pp. 330–332

> **¡AVANZA!** **Goal:** Use the subjunctive to talk about the unknown.

1 Andrea Chávez describe a su familia. Escribe en el cuadro el número del verbo que completa correctamente la oración.

1. Tengo una tía que _____ mucho.	**a.** sean
2. No tengo una prima que _____ rubia.	**b.** sea
3. Necesito un hermano que me _____ .	**c.** hable
4. No tengo hermanos que _____ gemelos.	**d.** ronca
5. En mi familia no hay nadie que _____ alemán.	**e.** comprenda

2 Jaime, el hermano menor de Luisa, es muy curioso. Completa las respuestas que Luisa le da a su hermano con el verbo en subjuntivo.

Modelo: ¿Tienes un novio romántico?

No, busco un novio que *sea* romántico.

1. ¿Te gustan muchos chicos en la escuela?

No, no hay nadie que me _____ en la escuela.

2. ¿Muchos amigos tuyos hablan español?

No, no tengo muchos amigos que _____ español.

3. Tienes una computadora portátil que tiene Internet, ¿verdad?

No, no tengo una computadora portátil que _____ Internet.

4. Tienes amigos que llevan a sus hermanos a la universidad, ¿o no?

No, no tengo amigos que _____ a sus hermanos a la universidad.

3 Utiliza las palabras para escribir cuatro oraciones con subjuntivo sobre lo que buscan, quieren o necesitan algunas personas.

Modelo: *Ustedes necesitan una casa que sea más grande.*

Yo		un ordenador
Eduardo		una cartera
Cristina y María	buscar	una agenda electrónica
Ustedes	querer	una casa
Mi familia	necesitar	un libro
Mis amigos y yo		un paraguas

_____

_____

_____

_____

UNIDAD 5 Lección 1 Gramática B

Gramática C *Subjunctive with the Unknown*

Level 3 Textbook pp. 330–332

> **¡AVANZA!** **Goal:** Use the subjunctive to talk about the unknown.

1 Unos amigos buscan ideas para hacerle un regalo a una chica. Lee el diálogo y complétalo con la forma correcta en subjuntivo.

JORGE: ¡Hola Miriam! A Roberto y a mí nos gustaría hacerle un regalo a Sonia y buscamos algo que _____ (ser) diferente.

MIRIAM: Creo que Sonia necesita un monedero pequeño que _____ (caber) en su bolsa nueva. También quiere unos aretes que _____ (ir) bien con su vestido nuevo.

JORGE: ¿Conoces algunas tiendas que _____ (vender) monederos y aretes?

MIRIAM: Sí, si quieres un monedero que no _____ (costar) mucho, puedes ir a Don Pieles. Y si quieres comprarle unos aretes que le _____ (gustar) debes ir a Romeo's. Cierran a las cinco, pero si se dan prisa llegarán antes de que _____ (cerrar).

JORGE: Gracias Miriam, no hay nadie que _____ (conocer) a Sonia tan bien como tú.

2 Esteban le hace preguntas a Marco Antonio. Escribe las preguntas con la forma del subjuntivo.

Modelo: *¿Conoces a alguien que sea pelirrojo?*
Martina es pelirroja.

1. _____
No conozco a nadie que tenga tres carros en mi familia.

2. _____
La profesora Rincón va de vacaciones a Bolivia.

3. _____
No conozco a nadie que tenga escáner.

4. _____
Mi amigo Luis usa agenda electrónica.

5. _____
Luis, Miguel y Esperanza entran a salones de charla.

3 Un amigo(a) te ha invitado a pasar un mes en Perú. Escríbele un párrafo con preguntas sobre lo que necesitas hacer y llevar. Usa el subjuntivo en tus preguntas.

_____

_____

_____

_____

Gramática C UNIDAD 5 Lección 1

Gramática adicional *Verbos y preposiciones acompañantes*

¡AVANZA!   **Goal:**   Use verbs accompanied with prepositions.

Una preposición es una palabra que crea una relación de lugar (**en** la mesa), tiempo (**para** mañana) o modo (**sin** ella) en el contexto de la oración. Estas son las preposiciones del español: *a, ante, bajo, con, contra, de, desde, en, entre, hacia, hasta, para, por, sin, sobre, tras.*

Ciertos verbos requieren preposiciones específicas. La siguiente tabla te muestra las preposiciones apropiadas que acompañan a los verbos indicados:

Preposición	Verbos que la acompañan
a	acostumbrarse a, aprender a, ayudar a, empezar a, parecerse a, volver a
con	casarse con, contar con, cumplir con, soñar con
de	acabar de, acordarse de, aprovecharse de, ser de, tratar de
en	basarse en, confiar en, entrar en, pensar en, insistir en
por	preocuparse por

1 La abuela Sabrina le habla a sus nietos sobre Bolivia, su país de origen. En el párrafo siguiente, encierra en un círculo los verbos que requieren una preposición y las preposiciones que los acompañan.

—Mi tierra inca cada vez está más lejos. A veces sueño con ella y me preocupo por toda la gente que dejé allí. ¿Qué habrá sido de ellos? Pienso en las calles empinadas de La Paz, la capital más alta del mundo, en las palabras quechuas que todavía no olvido. Si no me hubiera casado con su abuelo, habría tratado de volver hace muchos años.

2 Aunque los nietos de la abuela Sabrina nunca han ido a Bolivia, ellos saben mucho de ese país. Completa la siguiente lista de información sobre Bolivia con las preposiciones que requieren los verbos.

1. Simón Bolívar, el héroe nacional de Bolivia, soñaba _____ la paz.

2. Los conquistadores españoles se aprovecharon _____ los indígenas.

3. Bolivia cuenta _____ más de ocho millones de habitantes.

4. La población indígena de Bolivia insiste _____ no perder su cultura.

5. Los bolivianos tratan _____ negociar una ruta al mar.

Integración: Hablar

 **¡AVANZA!**   **Goal:**   Respond to written and oral passages about requirements.

Lee la lista de requisitos que el Buró Turístico de Perú proporciona a las personas que quieren visitar el país.

Fuente 1 Leer

BOLETÍN de INFORMACIÓN
Buró Turístico de Perú

Requerimientos para entrar a Perú

- La mayoría de los ciudadanos de los países americanos y europeos no necesita visa para visitar Perú.
- Con tal de que la visita no pase de los 90 días, el turista extranjero podrá disfrutar del país sin restricciones.
- En caso de que el turista desee quedarse más tiempo deberá solicitar una prórroga a las autoridades de migración.
- A fin de llevar un control de registro de visitantes, usted recibirá una tarjeta internacional de Embarque y Desembarque en el avión o navío. Consérvela porque usted debe entregarla a su salida del país. En caso de que la pierda, deberá pagar US $4.00

Para más información visite el sitio web:
visiteperú.com

Ahora escucha las recomendaciones de Rosalinda Andrade, una peruana agente de viajes, sobre cómo preparar un buen viaje a Perú. Toma notas. Luego completa la actividad.

Fuente 2 Escuchar

HL CD 2, tracks 1–2

¿Crees que es más fácil para ti visitar Perú que para un peruano visitar Estados Unidos? ¿Qué diferencias hay entre Estados Unidos y Perú en los consejos que has recibido? Formula una respuesta oral a estas preguntas.

Integración: Escribir

> **¡AVANZA!** **Goal:** Respond to written and oral passages about what may or may not happen.

Lee el siguiente artículo tomado de la revista *En VUELO* de Aerolíneas Inca.

Fuente 1 Leer

¡Cuidado con las alturas!

Lo más probable es que si su viaje a Perú es de recreo, usted va a visitar Cuzco o el Lago Titicaca. Por la altitud de estos lugares, muchas personas sufren de dolores de cabeza, falta de apetito, cansancio y vómitos. Si teme que esto le sucederá a usted, hay varios remedios que puede probar con anticipación: primero que nada, no se olvide de descansar y reponerse de las horas de viaje; luego beba suficiente agua y, finalmente, tómese una infusión de coca (un remedio muy peruano). Así, el mal de altura no arruinará sus vacaciones.

REVISTA *En VUELO* | 37

Escucha la opinión del doctor naturista Enrique Legaspy. Toma notas. Luego completa la actividad.

Fuente 2 Escuchar

HL CD 2, tracks 3–4

Escribe un párrafo con tus opiniones sobre la medicina tradicional y la medicina alternativa. ¿En qué casos tú irías con un médico naturista? ¿Por qué?

_____

_____

_____

_____

_____

Lectura A

| ¡AVANZA! | **Goal:** Read about personal possessions and requirements. |

1 David escribió sobre su experiencia de trabajo durante el verano. Lee el texto y responde a las preguntas de comprensión.

Regalos "Obregón"

Durante las vacaciones de verano fui a trabajar a la tienda de mi tía Irma. Ella necesitaba ayuda para organizar mejor su tienda. A mi me gustó la idea. Llevé mi computadora portátil para comenzar a hacer una lista de todo lo que había en la tienda: bolsas para dama, carteras de piel, monederos, gafas de sol, paraguas y muchas otras cosas. Hasta que hice la lista no me di cuenta de que la tienda era muy grande. Le di muchos consejos a mi tía para que comprara los regalos que más se venden. También nos pusimos de acuerdo para llevar un control de lo que se necesita cada temporada del año. Le dije a mi tía que podría vender agendas electrónicas y juegos de computadoras, porque son regalos que muchos jóvenes quieren recibir. Ella me dijo que lo haría para que mejoraran las ventas.

Mi tía dice que mi ayuda ha sido muy valiosa. Un mes después, se compró una computadora portátil. Ahora asiste al colegio comunitario a fin de que pueda aprender nuevas ideas para mejorar su negocio.

2 **¿Comprendiste?** Responde a las siguientes preguntas con oraciones completas.

1. ¿Crees que fue bueno para David trabajar con su tía Irma? ¿Por qué?

_____

_____

2. ¿Qué hacía David en la tienda?

_____

_____

3. ¿Crees que David influyó para que su tía Irma fuera al colegio comunitario? ¿Cómo lo sabes?

_____

_____

3 **¿Qué piensas?** Escribe una experiencia en la que tus conocimientos hayan ayudado a otra persona.

_____

_____

_____

_____

Lectura B

| ¡AVANZA! | **Goal:** Read about personal possessions and requirements. |

1 Entérate cómo el abuelito Guillermo decidió comprar una computadora para hacer más útil su vida diaria. Lee la historia y responde a las preguntas de comprensión.

Una computadora para el abuelo

El abuelo Guillermo llega de trabajar y pone su cartera pesada y un viejo paraguas en la mesa. El abuelo Guillermo lleva el paraguas al trabajo aunque no llueva porque piensa que con el clima, nunca se sabe. En la cartera lleva algunos documentos de identidad, recibos y muchas fotos de sus queridos nietos. Algunas de las fotos están un poco maltratadas.

Al ver la cartera del abuelo, Andrea piensa que tal vez a su abuelo le convendría tener una agenda electrónica y le sería más fácil traer ahí las fotos de toda la familia. Le dice que con una computadora portátil y el Internet, él podría ver los resultados de los torneos de fútbol y béisbol en cualquier lugar. También vería información sobre el clima y podría jugar con sus amigos y hasta leer los periódicos.

Al abuelo no le gustan ni las agendas electrónicas ni las computadoras portátiles porque son muy modernas para él, pero las ideas de su nieta le parecen muy valiosas. Así que decide comprarse una computadora después de escuchar a Andrea. Por su parte ella le enseñará a practicar en la computadora de la casa.

2 **¿Comprendiste?** Responde a las siguientes preguntas con oraciones completas.

1. ¿Cómo se informa el abuelo Guillermo acerca del clima? ¿Cómo lo sabes?

_____

_____

2. ¿Qué traía el abuelo en su cartera? ¿Qué era lo más valioso para él?

_____

_____

3. ¿Qué le sugiere Andrea al abuelo?¿Crees que la idea de Andrea es buena? ¿Por qué?

_____

_____

_____

3 **¿Qué piensas?** ¿Alguna vez le has dado a alguien una idea valiosa? ¿Qué pasó? Explica tu respuesta.

_____

_____

Lectura C

¡AVANZA!	**Goal:** Read about personal possessions and requirements.

1 Lee lo que escribió Tatiana en su diario sobre como se conocieron sus padres. Luego responde a las preguntas de comprensión y compara su experiencia con la tuya.

Mis papás y el Internet

Mi padre se llama Tim Stewart y es profesor de español en una universidad en Baltimore, Maryland. Él también da clases de literatura latinoamericana. Mi mamá se llama Úrsula Morente y es peruana. Ella vino a vivir a Estados Unidos después de casarse con mi papá. Su historia tiene mucho que ver con las computadoras.

Hace muchos años una universidad de Lima, Perú, invitó a mi papá a dar una conferencia. Él aceptó, a fin de que sus ideas sobre la literatura de Perú fueran más conocidas. Durante su viaje, visitó una biblioteca en donde trabajaba mi mamá, en el departamento de computación. En esos años, la gente apenas comenzaba a usar el Internet. Mi papá le pidió a mi mamá que, en caso de que fuera posible, le enviara por Internet a los Estados Unidos algunos artículos de periódicos y revistas que iban a publicarse en Lima. Así comenzó la amistad entre ellos. Ellos siguieron escribiéndose correos electrónicos después de que mi papá regresó a Baltimore.

Ella le daba muchas sugerencias acerca de cómo interpretar la literatura peruana y él le enseñaba inglés en sus correos. También pasaban horas conversando en los salones de charlas. En otro viaje que mi papá hizo a Lima, se pusieron de acuerdo para verse nuevamente en la universidad. Poco después se hicieron novios y comenzaron a conocerse mejor a través del Internet. Después de varios viajes de mi papá, comenzaron a planear su futuro juntos, en los Estados Unidos. Mis abuelos conocieron a mi papá y les dio gusto saber que se casarían, aunque les dio tristeza pensar que su hija se iría a vivir muy lejos.

Dos años después de escribirse mensajes a través del Internet todos los días, mis papás se casaron en Lima. Fue una típica boda peruana, muy hermosa. Mis abuelos les dieron su aprobación con tal de que fueran felices. Les sugirieron que hicieran una boda sencilla, para que no gastaran mucho dinero. Mi abuela le dio muchos consejos a mi mamá para que aprendiera a vivir en otro país sin olvidar Perú.

Al año siguiente nací yo. Ahora, mis papás y yo nos comunicamos a través de nuestras computadoras portátiles cuando estamos separados. Nos enviamos mensajes para saber dónde estamos. Mi mamá también envía y recibe mensajes de su familia en Lima. También busca información sobre su trabajo y recetas de cocina. Mi papá publica sus artículos en el sitio Web de su universidad, donde los pueden leer personas de todo el mundo. A mí me encantan los juegos electrónicos y me gusta descargar e imprimir información de mis deportes favoritos. También tenemos agendas electrónicas para organizarnos mejor. Como ves, nuestra familia ha sido siempre, ¡una familia computarizada!

2 **¿Comprendiste?** Responde a las siguientes preguntas.

1. Tatiana dice que la historia de sus padres tiene que ver con las computadoras. ¿Crees que tiene razón? ¿Por qué?

_____

_____

_____

2. ¿Cómo se comunicaban los papás de Tatiana cuando estaban separados?

_____

3. ¿Cómo reaccionaron los abuelos al saber que la madre de Tatiana se casaría y se iría a vivir a los Estados Unidos?

_____

4. ¿Crees que la familia de Tatiana es "una familia computarizada"? Explica tu respuesta.

_____

_____

_____

_____

3 **¿Qué piensas?** ¿Crees que el mundo de hoy podría vivir sin las computadoras? Explica tu respuesta. Algunos padres no dejan que sus hijos usen una computadora hasta que tengan 10 años o más. ¿Estás de acuerdo o en desacuerdo con esta medida? ¿Por qué?

_____

_____

_____

_____

_____

_____

_____

_____

_____

_____

_____

_____

_____

_____

Escritura A

| ¡AVANZA! | **Goal:** Write about travel preparations, personal items, and requirements. |

Tus amigos(as) y tú necesitan buscar información para un viaje al Lago Titicaca.

① Llena la tabla con la información que encontraste.

¿Dónde está ubicado el lago?	
¿Cuál es el clima de la región?	
¿A qué altura se encuentra el lago?	
¿Quiénes viven en esa área?	
¿Qué ropa debes vestir para visitar ese lugar?	
¿Qué actividades se pueden hacer allí?	
¿Qué objetos personales se pueden llevar?	

② Escribe tu ensayo corto con la información anterior. Asegúrate de que tu ensayo contenga:
1) introducción, desarrollo y conclusión, 2) oraciones completas, claras y lógicas,
3) recomendaciones para los que viajan con expresiones de subjuntivo, 4) buen uso del
lenguaje y de la ortografía.

_____

_____

_____

_____

_____

③ Evalúa tu ensayo con la información de la tabla:

	Crédito máximo	**Crédito parcial**	**Crédito mínimo**
Contenido	Tu ensayo contiene: introducción, desarrollo y conclusión; oraciones claras y lógicas.	Tu ensayo contiene: dos de las tres partes requeridas. Algunas oraciones no son claras o no son lógicas.	Tu ensayo no contiene las partes requeridas. En general las oraciones no son claras ni lógicas.
Uso correcto del lenguaje	Haces buen uso del subjuntivo, del lenguaje y de la ortografía.	Tienes algunos errores en el uso del subjuntivo, del lenguaje y de la ortografía.	Tienes muchos errores en el uso del subjuntivo, del lenguaje y de la ortografía.

UNIDAD 5 Lección 1

Escritura A

214

Unidad 5, Lección 1
Escritura A

¡Avancemos! 3
Cuaderno para hispanohablantes

Escritura B

| ¡AVANZA! | **Goal:** Write about travel preparations, personal items, and requirements. |

Manuela y tú preparan un folleto de información turística sobre cómo viajar de Lima a Cuzco. Se conectan al Internet y hacen una búsqueda para imprimir información importante.

1 Organiza la información que encontraron en la siguiente tabla. Usa y subraya las expresiones de subjuntivo.

Modelo: _A menos que_ usted no quiera viajar en autobús, puede hacerlo por tren.

Consejos sobre...

Cómo viajar de Lima a Cuzco	Qué lugares se pueden visitar	Qué cosas puede o no puede llevar	Qué cosas puede o no puede traer

2 Con la información anterior elabora el folleto. El éxito de tu folleto depende de que: 1) la información sea clara, detallada y organizada, 2) la información sea importante y necesaria para los que viajan, 3) la letra sea visible, 4) las expresiones de subjuntivo sean apropiadas, 5) la ortografía sea correcta.

_____

_____

_____

_____

3 Evalúa tu folleto con la siguiente información:

	Crédito máximo	Crédito parcial	Crédito mínimo
Contenido	Tu folleto es claro, detallado y organizado. La información es importante y necesaria. La letra es visible.	A tu folleto le faltan algunos detalles y organización. Alguna información no es importante y necesaria para los viajeros. La letra no es todo visible.	A tu folleto le faltan muchos detalles y organización. Mucha información no es importante ni necesaria. La letra no es visible.
Uso correcto del lenguaje	Haces buen uso de las expresiones de subjuntivo. La ortografía es correcta.	Algunas veces no haces buen uso de las expresiones de subjuntivo. Tienes algunos errores de ortografía.	No haces buen uso de las expresiones de subjuntivo. Tienes muchos errores de ortografía.

Escritura C

> **¡AVANZA!** **Goal:** Write about travel preparations, personal items, and requirements.

1 A tu llegada de Ecuador haces un informe con sugerencias para tus compañeros para que visiten ese país. Organiza tu información sobre el viaje en la tabla.

Lista de cosas necesarias que llevaste	Lugares que visitaste	Actividades que hiciste	Qué comiste	Sugerencias

2 Escribe tu informe teniendo en cuenta la Actividad 1. Empieza con un título. Asegúrate de que tu informe: 1) sea detallado y ameno; 2) las oraciones sean completas y claras; 3) las sugerencias para tus compañeros contengan conjunciones con subjuntivo, por ejemplo: En caso de que llueva, necesitas un paraguas; 5) no tenga errores de ortografía.

_____

_____

_____

_____

_____

_____

_____

3 Evalúa tu informe con la información de la tabla:

	Crédito máximo	**Crédito parcial**	**Crédito mínimo**
Contenido	Tu informe en general es detallado y ameno. Las oraciones son completas y claras.	A tu informe le faltan algunos detalles, pero es ameno. Algunas oraciones son incompletas o no son claras.	A tu informe le faltan muchos detalles y no es ameno. En general las oraciones no son completas ni claras.
Uso correcto del lenguaje	Haces sugerencias con el subjuntivo. No tienes errores de ortografía.	Haces sugerencias pero no en todas usas el subjuntivo. Tienes algunos errores de ortografía.	No haces sugerencias con el subjuntivo. Tienes muchos errores de ortografía.

Escritura C   UNIDAD 5 Lección 1

Cultura A

> **¡AVANZA!**   **Goal:**   Discover and know people, places, and culture from Andean countries.

1 Relaciona los nombres de la primera columna con las definiciones de la segunda. Fíjate bien: Hay una definición que corresponde a dos nombres.

1. _____ Ingapirca   **a.** capital de Perú

2. _____ La Paz   **b.** capital de Ecuador

3. _____ Lima   **c.** ruinas indígenas en Bolivia

4. _____ Quito   **d.** capital de Bolivia

5. _____ Tiwanaku   **e.** ruinas indígenas en Ecuador

6. _____ Sucre

2 Responde de forma breve a las siguientes preguntas.

1. ¿Cuál es el nombre de un gran lago que se encuentra entre Bolivia y Perú?

_____

2. ¿Cuáles son tres comidas típicas de los países andinos?

_____

3. Nombra a tres personas famosas de los países andinos.

_____

4. ¿Qué lenguas indígenas se hablan en los países andinos?

_____

3 Los jóvenes latinoamericanos valoran la amistad. Reunirse y compartir momentos con los amigos es muy importante. ¿Qué importancia tienen para ti y tus amigos? Escribe cuatro oraciones completas diciendo algunas cosas que compartes con tus amigos(as) y otra oración más diciendo qué es lo más importante de la amistad.

Mis amigos y yo compartimos momentos, gustos, cosas.

1. _____

2. _____

3. _____

4. _____

La amistad es importante.

5. _____

Cultura B

¡AVANZA!	**Goal:** Discover and know people, places, and culture from Andean countries.

1 Responde de manera breve a las siguientes preguntas sobre los países andinos.

1. ¿Quiénes son los indígenas que viven junto al lago Titicaca?

_____

2. Hace muchos años, los incas vivieron en las montañas donde se encuentra el Titicaca. ¿Qué riquezas obtenían de estas montañas? ¿Qué cultivaban?

_____

3. ¿En qué famoso museo boliviano se pueden observar artefactos de las antiguas civilizaciones de la región?

_____

4. ¿Cómo es el edificio en el que está ese museo?

_____

2 Las comunidades se organizan para proteger y promocionar sus valores y su cultura. Algunas organizaciones trabajan a nivel local, otras, a nivel internacional, pero todas son importantes. Responde con oraciones completas a las siguientes preguntas.

1. ¿Qué es la OEA y cuál es su misión?

_____

_____

2. ¿Qué hizo la comunidad de Tigua-Chimbaucucho en Ecuador para dar a conocer su arte?

_____

3 Menciona alguna pintura representante del arte indígena de Tigua, Ecuador. Describe la escena que representa. ¿Cómo es el pueblo? ¿Qué está haciendo la gente? Luego explica cuál crees que es la importancia cultural de esta obra.

Una pintura representante del arte indígena de Tigua es *Día de fiesta en un pueblo quéchua.*

Descripción del cuadro: _____

_____

_____

Importancia de la obra: _____

_____

Cultura B   **UNIDAD 5 Lección 1**

Cultura C

> **¡AVANZA!** **Goal:** Discover and know people, places, and culture from Andean countries.

1 Responde con oraciones completas a las preguntas sobre los países andinos y su cultura.

1. ¿Cómo es el clima en los países andinos?

_____

_____

2. ¿Qué temas refleja la pintura indígena de Tigua?

_____

3. Completa la tabla con la profesión y el país de cada una de las siguientes personas.

	profesión	país
Franklin Briones		
Claudia Cornejo		
Mario Vargas Llosa		

2 Responde a las siguientes preguntas sobre algunas culturas indígenas.

1. ¿En qué tres lugares se pueden observar importantes ruinas indígenas? ¿En qué país está cada uno de estos lugares?

_____

_____

2. ¿De qué metales están hechos la mayoría de los objetos que ven en el Museo de Metales Preciosos de La Paz? Además de estos objetos, ¿qué piezas de gran valor histórico hay allí?

_____

_____

3. ¿Qué es la OEA y cuál es su misión? ¿Qué otras organizaciones conoces y por qué crees que son importantes? ¿Crees que cada país puede garantizar por sí mismo el respeto a los derechos humanos? Responde en un párrafo breve.

_____

_____

_____

_____

_____

_____

_____

Vocabulario A *Nuevos amigos, nuevas oportunidades*

┌───┐
│ **¡AVANZA!**   **Goal:**   Talk about the day's activities.   │
└───┘

1 Indica si las siguientes descripciones de las actividades de tiempo de ocio son ciertas (**C**) o falsas (**F**).

1. Se usan fichas para jugar billar. _____

2. El estreno de una película es la primera vez que se presenta. _____

3. Las damas es un juego de cuatro personas. _____

4. Las personas se relajan durante su tiempo de ocio. _____

2 Escribe una oración completa para describir a qué juegan las siguientes personas durante su tiempo de ocio.

1. Julio y Alejandro   **2. Maribel y Carlos**   **3. Susana y Lisa**   **4. David**   **5. Manuel, Miguel y Luis**

1. _____

2. _____

3. _____

4. _____

5. _____

3 Escribe oraciones completas para contestar las siguientes preguntas sobre tus actividades.

1. ¿Qué pasatiempos tienes?

_____

2. ¿Qué juegos de mesa te gustan?

_____

3. ¿A qué espectáculos te gusta asistir?

_____

4. ¿Cuándo fue la última vez que intercambiaste opiniones con alguien? ¿De qué hablaron?

_____

Vocabulario A   **UNIDAD 5 Lección 2**

Vocabulario B *Nuevos amigos, nuevas oportunidades*

> **¡AVANZA!** **Goal:** Talk about the day's activities:

① Subraya la palabra que no está relacionada con las otras palabras de la lista.

1. dormir la siesta / discutir / debatir / intercambiar opiniones

2. juego de mesa / damas / estreno / ajedrez

3. actuación / resolución / estreno / orquesta

4. ocio / tiempo libre / pasatiempo / trabajo

5. cantar / charlar / relatar / comentar

② Elige la palabra que corresponda a cada descripción y escríbela en el espacio.

el estreno	la música bailable	el ocio	una reunión	un(a) músico(a) ambulante

1. Una junta de personas para comentar, discutir y resolver cuestiones es _____

2. La primera presentación de un espectáculo es _____

3. Una persona que toca la música en la calle es _____

4. El tipo de música que tocan en las discotecas es _____

5. El tiempo libre de una persona es _____

③ Escribe cinco actividades que haces durante tu tiempo de ocio y cinco actividades que haces en tu trabajo o escuela.

OCIO	TRABAJO y ESCUELA
1. _____	1. _____
2. _____	2. _____
3. _____	3. _____
4. _____	4. _____
5. _____	5. _____

UNIDAD 5 Lección 2

Vocabulario B

Vocabulario C *Nuevos amigos, nuevas oportunidades*

> **¡AVANZA!** **Goal:** Talk about the day's activities.

1 Completa las siguientes frases para definir cada concepto.

1. La actuación es _____

2. La orquesta es _____

3. Una recepción es _____

4. Un vendedor ambulante es _____

5. El ajedrez es _____

6. El estreno es _____

2 Escribe oraciones completas para describir qué se ofrece en tu comunidad en cuanto al tiempo de ocio, los pasatiempos y los espectáculos.

En mi comunidad....		
El tiempo de ocio	**Los pasatiempos**	**Los espectáculos**
1. _____ _____	1. _____ _____	1. _____ _____
2. _____ _____	2. _____ _____	2. _____ _____

3 Escribe un párrafo de cinco oraciones completas para describir a tu familia y las actividades de tu comunidad.

_____

_____

_____

_____

_____

UNIDAD 5 Lección 2
Vocabulario C

Unidad 5, Lección 2
Vocabulario C

222

¡Avancemos! 3
Cuaderno para hispanohablantes

Vocabulario adicional *La ortografía: g, gu, j*

> **¡AVANZA!** **Goal:** Use rules about spelling of words with **g**, **gu** and **j**.

- La letra **g** se pronuncia como la g en la palabra "*game*" si es seguida por la letra **o, u o a**:

  gol

  gato

  gusto

- Para mantener el sonido de la **g** de la palabra "*game*" cuando le siguen las letras **e** e **i**, hay que agregar una **u** en algunos casos. Mira también las formas verbales de la derecha:

  jug**u**ete   pagar ——→ Yo pag**u**é.

  amig**u**ito   jugar ——→ jueg**u**en

- La **g** se pronuncia como la *h* en la palabra "*he*" si es seguida por la letra **i** o **e**:

  gente   elegimos

- Para mantener el sonido de la **g** de la palabra "*he*," hay que cambiarla a la **j** en algunas formas verbales:

  elegir ——→ elijo   dirigir ——→ dirijo

- La **j** también se pronuncia como la *h* en la palabra "*he*:"

  jota   jueves

1 Indica con una **X** si la ortografía de las palabras en negrita es correcta o incorrecta. Si es incorrecta, corrígela y escríbela.

	Correcta	Incorrecta	Palabra corregida
1. Ayer **jugé** al fútbol.			
2. Toda la **gente** es muy amable.			
3. **Protego** mis ojos del sol.			
4. Espero que ellos **paguen** la factura.			
5. **Recogí** la basura de la calle.			
6. Él **diriguió** mi película favorita.			
7. Este jueves **tengo** un partido de fútbol.			
8. **Eligo** una falda negra.			

Gramática A *Conditional Tense*

¡AVANZA!	**Goal:** Talk about things that you would or would not do.

1 ¿Qué harían estas personas si ganaran la lotería? Escoge la letra de la forma verbal de la derecha que corresponda con las palabras de la izquierda.

1. Mis padres y yo / una casa nueva _____
2. Mi mejor amigo(a) / platillos deliciosos _____
3. Mis hermanos / por todo el mundo _____
4. Yo / a fiestas todos los días. _____
5. Mi abuela / obras de caridad _____

   a. viajarían
   b. iría
   c. comería
   d. haría
   e. compraríamos

2 La vida en la universidad es distinta a la vida en la preparatoria. Completa las oraciones y di qué harían estas personas si fueran a la universidad.

   Modelo: Tú *tomarías* (tomar) clases de japonés y alemán.

1. Javier _____ (ir) a la universidad en coche.
2. Nosotras _____ (estudiar) mucho más que ahora.
3. Yo _____ (tener) menos tiempo libre que ahora.
4. Ustedes _____ (vivir) en un apartamento de la universidad.

3 Escribe oraciones completas para describir cómo sería la vida de las siguientes personas si no tuvieran que estudiar.

   Modelo: Ustedes / tomar / una siesta todas las tardes.

   Ustedes tomarían una siesta todas las tardes.

1. Sofía y Mateo / conocer / a muchas personas interesantes en sus viajes

   _____

2. Tomás y yo / ver / películas todas las noches

   _____

3. Yo / hacer / ejercicio diariamente

   _____

4. Nosotros / practicar / nuestras aficiones

   _____

5. Elena / jugar / al ajedrez con sus amigos

   _____

Gramática B *Conditional Tense*

> **¡AVANZA!**　**Goal:** Talk about things that you would or would not do.

1 Juliana escribe sobre el futuro. Lee el siguiente párrafo y escribe en los espacios en blanco el condicional del verbo entre paréntesis.

No es fácil decidir lo que quiero ser en el futuro. A mí me encantan los aviones, creo que me **1.** _____ (gustar) ser ingeniera aeronáutica. Trabajaría en una gran empresa y **2.** _____ (hacer) aviones. Al mismo tiempo a Lupe y a mí nos gusta mucho la moda. Creo que **3.** _____ (ser) buenas diseñadoras. **4.** _____ a París y a Nueva York y **5.** _____ (ser) famosas.

2 Usa las pistas para escribir qué harían tus amigos en diferentes situaciones.

> **Pistas:** visitar restaurantes típicos, jugar a los naipes, hacer nuevos amigos, leer libros, hacer surf

Modelo:　Juan es muy extrovertido
　　　　　　Juan haría nuevos amigos.

1. Pilar y Rita van a la biblioteca.

_____

2. A Pedro le gustan los deportes acuáticos.

_____

3. A Ramiro y a mí nos gusta comer bien.

_____

4. A ustedes les gustan los juegos de mesa.

_____

3 Completa las oraciones para explicar qué harían estas personas en las siguientes situaciones.

Modelo:　Si me invitaran a cenar a la Casa Blanca　*me pondría mi mejor vestido.*

1. Si Sonia no tuviera videojuegos, ella _____

2. Si viajáramos a España, nosotros _____

3. Si mis vecinos ganaran la lotería, ellos _____

4. Si yo consiguiera un buen trabajo, yo _____

5. Si ustedes fueran muy famosos, ustedes _____

Gramática C Conditional Tense

> ┃**¡AVANZA!**┃   **Goal:**   Talk about things that you would or would not do.

1 En el siguiente monólogo, Belén Suárez habla de dónde viviría. Completa el párrafo con la forma condicional de los siguientes verbos: **vivir**, **estar**, **estudiar**, **ser**, **gustar**.

Si viviera en Perú me **1.** _____ visitar el Cuzco. **2.** _____ la cultura incaica porque me encanta la historia y la antropología. Si viviera en Bolivia, no creo que **3.** _____ con unos tíos que tengo en Santa Cruz; yo **4.** _____ vivir en La Paz. La Paz es una ciudad mágica. También **5.** _____ interesante vivir en Quito, Ecuador, porque así yo siempre **6.** _____ en la mitad del mundo.

2 Escribe oraciones completas para decir qué harían estas personas en cada situación.

Modelo: un chico se lastima el tobillo jugando al básquetbol / el doctor Peña
El doctor Peña le curaría el tobillo al chico.

1. olvidas la tarea de matemáticas / tú

_____

2. Darío y Vanesa pierden la cartera en la cafetería / ustedes

_____

3. Zita se levanta tarde todos los días / su mamá

_____

4. Nosotros ganamos el partido de béisbol / nuestros compañeros

_____

3 Escribe un párrafo de cinco oraciones para explicar lo que harías para mejorar el mundo.

_____

_____

_____

_____

_____

Gramática A *Reported Speech*

> **¡AVANZA!** **Goal:** Give information that someone else has told you.

❶ Genaro organizó las notas de la reunión del consejo estudiantil sobre el viaje de estudios al Perú. Marca con una ⏱ si las oraciones son un reporte y con una **X** si son una cita.

1. Gregorio dijo que buscaría la manera de reunir más dinero para el viaje. _____

2. Marta Elena prometió: «Estudiaré mucho». _____

3. Patricia señaló que Juan no ha pagado las cuotas del torneo de ajedrez. _____

4. El profesor Solís dijo que la agente de viajes nos hizo descuento. _____

5. La mamá de Beatriz repitió dos veces: «No hay fondos suficientes». _____

❷ La señora Hernández habló por teléfono con su hija que estudia en Lima. Cambia los diálogos para saber qué cuenta la señora Hernández a su familia sobre su hija.

Modelo: —Mamá, fui a Trujillo la semana pasada.

Elsa dijo que *fue a Trujillo la semana pasada.*

1. —Mamá, visité el Cuzco.

Elsa dijo que _____

2. —Compré un suéter de alpaca en el mercado.

Elsa dijo que _____

3. —Enseñé un poco de inglés a mi familia del Perú.

Elsa dijo que _____

4. —Aprendí mucho de Perú en la clase de historia.

Elsa dijo que _____

❸ Usa el condicional para reportar lo que las personas dijeron que harían en el estreno de la obra.

Modelo: Cecilia / conseguir los disfraces

Cecilia dijo que conseguiría los disfraces.

1. Gloria / instalar la escenografía

_____

2. Enrique / preparar la recepción para los invitados al estreno

_____

3. Pedro y Arturo / memorizar sus papeles

_____

4. La profesora de música / entrenar a la orquesta

_____

UNIDAD 5 Lección 2 Gramática A

Gramática B *Reported Speech*

> **¡AVANZA!**   **Goal:**   Give information that someone else has told you.

① Reina Meléndez le explica a su padre qué dijeron sus amigos. Escribe en el espacio en blanco la letra que corresponda a la forma verbal en imperfecto de la columna de la derecha.

1. Gonzalo dijo que _____ una mascota exótica.

2. Víctor dijo que _____ una tarta de chocolate riquísima.

3. Nicolás dijo que sus padres _____ tres lenguas.

4. José Carlos dijo que su hermana _____ la reina del baile de corazones.

5. Daniel se quejó de que el entrenador _____ mucho.

a. hablaban

b. exigía

c. tenía

d. era

e. preparaba

② Completa las oraciones con el subjuntivo del verbo entre paréntesis para expresar lo que unas personas les dicen a otras.

1. Los profesores siempre nos dicen que _____ (estudiar).

2. Mi madre me dice que _____ (recoger) mi habitación.

3. Tus abuelos te dan consejos y te dicen que _____ (cuidar) a tu hermana menor.

4. Ana y Pedro les dicen a ustedes que _____ (ir) al cine esta noche.

5. Luisa le dice a su hijo que _____ (cocinar) con cuidado.

③ Completa las respuestas de Patricia a las preguntas de su madre con el condicional de las frases entre paréntesis.

Modelo: ¿Qué me dijo Margarita esta mañana? (llegar tarde)
   *Margarita te dijo que **llegaría** tarde.*

1. ¿Qué le dijo Paco a Ramón? (bajar el volumen al radio)

_____

2. ¿Qué me avisó Teresa hace dos días? (pasar el fin de semana en Bogotá)

_____

3. ¿Qué me prometió Alan? (levantar su ropa del piso)

_____

4. ¿Qué me informó Dora ayer? (sufrir de alergias por la lana de la manta)

_____

5. ¿Qué dijo Mario en esta nota? (preferir cambiar de habitación)

_____

UNIDAD 5 Lección 2
Gramática B

228   Unidad 5, Lección 2
Gramática B

¡Avancemos! 3
Cuaderno para hispanohablantes

Gramática C *Reported Speech*

Level 3 Textbook pp. 356–358

> **¡AVANZA!** **Goal:** Give information that someone else has told you.

1 Berenice resumió algunas notas para su jefa. Escribe en el espacio de la segunda columna una **P** si la oración se refiere a algo que una persona dijo que había hecho, una **F** si es algo que planean hacer, y una **C** si se refiere a algo que harían.

1. María dijo que estuvo enferma la semana pasada. _____
2. Eduardo señaló que tendría problemas con el retraso de los libros. _____
3. Ana Belén anunció que iba a faltar hoy porque tiene una cita. _____
4. Carla dijo que iría a la conferencia si pagamos por ella. _____
5. René dijo que sacó las copias y las mandó por correo ayer. _____

2 Usa las pistas para saber las últimas noticias que le cuenta Teresa a Adela. Usa el imperfecto, el pretérito o el condicional para responder.

1. el entrenador / decir que / ganar una medalla en los juegos del verano pasado

   _____

2. Sara / presumir que / ir a España / si tiene tiempo

   _____

3. Victoria / prometer que / hablar contigo / si tú querer

   _____

4. Jorge / decir que / recibir una beca / jugar fútbol

   _____

5. Sandra / decidir que / dormir una siesta

   _____

3 Le cuentas a un(a) amigo(a) la conversación que oíste entre dos personas. Escribe un párrafo donde expliques quién dijo o quién hizo algo.

   _____

   _____

   _____

   _____

   _____

UNIDAD 5 Lección 2 Gramática C

Gramática adicional
Verbos impersonales: sentido propio y sentido figurado

> **¡AVANZA!** **Goal:** Use impersonal verbs to describe acts of nature.

Los verbos impersonales como **llover**, **nevar**, **anochecer**, **amanecer** y **tronar** describen acciones de la naturaleza. Son impersonales porque se refieren a acciones que no hacen las personas y casi siempre aparecen conjugados en tercera persona singular.

Ejemplos: Llueve mucho en los países tropicales.

Ayer nevó todo el día.

El día amaneció soleado pero con mucho viento.

También se usan los verbos impersonales en sentido figurado, para evocar o ilustrar ciertas imágenes o significados que queremos comunicar. Por ejemplo: Le llovieron ofertas de trabajo. En esta oración "llovieron" lleva el significado de abundancia. Las ofertas de trabajo fueron tan abundantes que nos hacen pensar en las gotas de agua que caen durante la lluvia.

1 En las siguientes oraciones, escribe en los espacios una "P" si el significado del verbo es propio y una "F" si el significado es figurado.

1. Llovió toda la noche. _____

2. Amanecieron muy contentos y listos para ir de vacaciones. _____

3. Le llovieron críticas al gobierno local. _____

4. Anochece entre las seis y las siete. _____

5. Truena y relampaguea cuando hay tormentas fuertes. _____

6. Anocheció en mi vida el día que tú te fuiste. _____

2 En las siguientes oraciones, cambia el verbo subrayado por otro verbo o expresión que tenga el mismo significado, si el verbo NO comunica su significado propio. Si comunica su significado propio, escribe "significado propio".

Modelo: Sus ojos relampaguean *brillan* cuando se le ocurre una buena idea.

1. Tronaron _____ los augurios de guerra en todo el país.

2. Va a nevar _____ esta semana y nosotros queremos ir a esquiar.

3. Don Quijote amanecía y anochecía _____ leyendo novelas de caballerías.

4. Amanecía _____ y los pájaros anunciaban la llegada del rey sol.

5. San Francisco es una ciudad muy bonita y le llueve _____ turismo.

UNIDAD 5 Lección 2

Gramática adicional

Conversación simulada

> ¡AVANZA!   **Goal:**   Respond to written and oral passages about the day's activities.

Vas a participar en una conversación telefónica simulada con tu amiga Yolanda. Primero, lee el bosquejo de la conversación que aparece en la página. Luego, escucha el audio. Tú sólo oirás lo que te dice Yolanda. Entonces escucha el audio de nuevo. Esta vez participarás en la conversación. Responde de forma oral a lo que te dice Yolanda. Una señal te indicará cuando te toque a ti hablar.

[phone rings]

Tú: Contesta el teléfono y pregunta quién llama.

Yolanda: (Ella responde y te hace una pregunta.)

Tú: Dile que fuiste a la biblioteca, pero tuviste que irte pronto.

Yolanda: (Ella te pregunta porqué y te habla de los planes.)

Tú: Dile que todavía no te sientes muy bien.

Yolanda: (Ella te responde y te pregunta qué harás.)

Tú: Pregúntale sobre el regreso.

Yolanda: (Ella te responde y te pregunta por un miembro de tu familia.)

Tú: Contéstale afirmativamente y pregúntale qué ropa se debe de llevar.

Yolanda: (Ella responde y se despide.)

Tú: Despídete y cuelga.

Integración: Escribir

| ¡AVANZA! | **Goal:** | Respond to written and oral passages discussing activities, skills and abilities. |

Lee el siguiente artículo sobre Proyecto Red Chipaya, una organización de jóvenes bolivianos que trabaja para declarar a Chipaya, en Bolivia, patrimonio cultural internacional.

Fuente 1 Leer

Noticias del día

VOLUMEN XL NÚMERO XV   EDICIÓN FINAL

CARTA POR CARTA:
Proyecto Red Chipaya

Karen Beltrán

Después de ver un documental sobre la comunidad Chipaya y la lucha a la que se enfrentan por salvar sus tradiciones, Eloy Rodríguez, Adán Sepia y Maritza Agüero decidieron poner manos a la obra. Desde hace tres meses, la carta electrónica que estos jóvenes enviaron pidiendo a veinte amigos unirse en su labor recorre el mundo recolectando firmas. Hasta ahora, más de veinte mil personas se han unido a su petición. «De ser declarado el territorio de los Chipaya patrimonio cultural internacional, la supervivencia de esta legendaria gente estaría asegurada», dijo Agüero en una entrevista telefónica. Los Chipaya, una comunidad ya varias veces extorsionada por oportunistas, son un grupo reservado. Cada visitante debe informar del propósito de su visita. Su mayor preocupación es mantener la cultura inmune a los daños que acarrea el progreso.

Escucha el mensaje que Sabina Rodríguez, una estudiante de este país, dejó para Guadalupe Vélez, su mejor amiga. Toma notas. Luego completa la actividad.

Fuente 2 Escuchar

HL CD 2, tracks 7–8

Imagina que Sabina y tú se han puesto de acuerdo y quieren ayudar a la comunidad boliviana del artículo arriba. Escribe un párrafo para convencer al director de tu escuela de participar en un proyecto original. ¿Cómo puedes ayudar? ¿Por qué?

_____

_____

_____

_____

Lectura A

| ¡AVANZA! | **Goal:** Read about a special event. |

1 Lee la nota informativa que escribió Olivia acerca de la última reunión vecinal. Luego responde a las preguntas de comprensión.

Gran kermés en Inti Raymi

La Junta Vecinal del complejo de apartamentos Inti Raymi se celebró el lunes 3 de mayo en el comedor de la Casa Vecinal, a las ocho de la noche. La reunión fue dirigida por la Sra. Olga Arévalo, presidenta de la Junta, con la asistencia del 73% de los vecinos. Fue un encuentro amigable en el que se discutió cómo celebrar el décimo aniversario de la fundación del complejo donde vivimos.

El primer punto a discutir fue decidir si en la kermés habría juegos de mesa, como el bingo, las damas, el ajedrez y algunas partidas de naipes. La votación a favor fue casi unánime. También se decidió que se contará con la actuación del grupo musical «Primavera». Si lo desean, los asistentes podrían bailar en la cancha de baloncesto de la Casa Vecinal. Algunos clubes de pasatiempos van a exhibir sus colecciones. La Sra. Gómez invitará a algunas compañeras de su club de artesanías para que exhiban sus tejidos de alpaca. También se presentarán colecciones de estampillas postales, monedas antiguas, fotografías del Cuzco y pinturas modernas. El Sr. Reboredo será el encargado de preparar el lugar adecuado y dará una conferencia sobre la historia de la ciudad.

Todos los vecinos que asistieron a la reunión se inscribieron en los grupos para preparar la comida típica peruana que se venderá en la kermés: anticuchos, cebiche, yuca, pollo a la brasa, papa a la huancaína, quinua y varios entremeses. ¡Todos están invitados!

2 ¿**Comprendiste?** Responde a las siguientes preguntas con oraciones completas.

1. ¿Para qué se reunieron los vecinos del complejo Inti Raymi?

_____

_____

2. ¿Qué diversiones se ofrecerán en la kermés?

_____

_____

3. ¿Qué clubes de pasatiempos exhibirán sus colecciones?

_____

_____

3 ¿**Qué piensas?** ¿Asistirías a la kermés que describe Olivia? ¿Por qué si o por qué no?

_____

_____

Lectura B

| ¡AVANZA! | **Goal:** Read about a special event. |

1 Lee la crónica que escribió Raúl sobre la celebración del día de la Independencia de su país y compara su experiencia con la tuya.

Crónica del día de la Independencia

Muy temprano salimos mamá, mi hermana Teresa y yo rumbo a la escuela. Íbamos muy elegantes, caminando con paso firme pero ligero. Otros niños con sus padres se acercaban a toda prisa a la escuela. En pocos minutos iba a comenzar el acto cívico para celebrar la independencia de mi país, Bolivia. Mi hermana y yo corrimos a nuestros puestos respectivos en las filas que se formaron en el patio central de la escuela. Los padres de los alumnos se sentaron en sillas que se acomodaron al frente.

A las nueve en punto, el director se paró frente al micrófono y todos guardamos silencio. Entonces les dio a todos la bienvenida e invitó a todos los asistentes a ponerse de pie para cantar el himno nacional. La música de fondo comenzó y todos cantamos con mucho respeto. La parte más esperada del acto cívico fue la actuación de los grupos de danza folclórica de la escuela. La música bailable acompañó a dos grupos, uno que bailó saya y otro que bailó un número de sikuriada. Los compañeros usaron trajes para la ocasión y todo el mundo comenzó a aplaudir y a moverse al compás de la música. Después del baile, el director agradeció a todos por su asistencia. A las diez y media, nuestra escuela había vuelto a la normalidad

2 **¿Comprendiste?** Responde a las siguientes preguntas con oraciones completas:

1. ¿Cómo se siente Raúl durante el día de la independencia de su país? ¿Cómo lo sabes?

_____

_____

2. ¿Por qué se separaron Raúl y su hermana de su mamá en la escuela? ¿Qué hizo su mamá?

_____

_____

3. ¿Qué pasó a las nueve en punto? ¿Qué fue lo más esperado?

_____

_____

3 **¿Qué piensas?** ¿Qué haces cuando celebras la independencia de tu país? ¿En qué se parece a la celebración de Raúl en Bolivia? Explica tu respuesta.

_____

_____

_____

UNIDAD 5 Lección 2

Lectura B

234 Unidad 5, Lección 2
Lectura B

¡Avancemos! 3
Cuaderno para hispanohablantes

Lectura C

> **¡AVANZA!** **Goal:** Read about a special event.

1 Lee el reportaje turístico que Rosario y Mercedes prepararon sobre Guayaquil. Luego responde a las preguntas de comprensión y compara su experiencia con la tuya.

¡Viva Guayaquil!

Si está de visita en Ecuador y quiere divertirse a lo grande... ¡Guayaquil es el lugar indicado! Por algo esta ciudad es la más grande del país. Es además el puerto comercial más importante del Ecuador, lo que lo hace una población grande, diversa y llena de sorpresas. Por su ubicación estratégica, Guayaquil siempre ha sido un punto importante para la navegación y el comercio. En los últimos años se ha desarrollado una gran infraestructura para ofrecer grandes atractivos al turismo internacional.

En el Malecón del Estero Salado, uno de los lugares favoritos de los visitantes, puede disfrutar de muchas opciones: interesantes museos en los que continuamente se ofrecen charlas y conferencias sobre el arte ecuatoriano, jardines, fuentes, centros comerciales, restaurantes, bares, patios de comida, cines que ofrecen los últimos estrenos internacionales, hermosos miradores e importantes muelles desde donde pueden realizarse paseos diurnos y nocturnos por el río Guayas. Esta moderna zona ofrece estacionamiento y es muy segura para los visitantes que buscan opciones divertidas para su tiempo de ocio.

Durante su visita, puede visitar locales que ofrecen espectáculos para todos los bolsillos. Entre ellos, se presentan amenos grupos musicales y talentosos artistas locales cuyas actuaciones son de primer nivel. Para los que prefieren opciones más formales, hay restaurantes que ofrecen un ambiente cómodo y acogedor libre de ruido y gentío. Cada visitante encontrará opciones de su agrado.

Algunos sitios de interés son la Avenida 9 de Octubre, El Parque de la Ciudadela Ferroviaria, el Parque Guayaquil y la Compañía del Estero. Éste último es un centro muy popular de recreación familiar. Por su parte, la plaza Rodolfo Baquerizo Moreno, también conocida como Parque Guayaquil, ha sido renovada para presentar al público exposiciones de todo tipo. Recientemente se inauguró el Parque Lineal Fase II, que abarca desde el paseo de La Fuente hasta los ingresos de la Universidad Católica.

Si le gustan los barrios con estilo y sabor propio, no deje de visitar el Barrio Centenario, lugar en el que tradicionalmente ha vivido la aristocracia de la ciudad. El barrio Guasmo debe su nombre a la especie de árboles que ahí habitan. Este barrio fue en otro tiempo una hacienda, por lo que su arquitectura es muy bella. Las Peñas es el barrio más antiguo de la ciudad. En él se encuentran casas que pertenecieron a personajes históricos relevantes. La Bahía es el nombre de un extenso mercado donde puede adquirirse todo tipo de artículos a precios muy accesibles.

Guayaquil es una ciudad que satisface los gustos de los viajeros más exigentes. Todos sus visitantes quedan encantados con la gran variedad de atractivos que ofrece. Estamos seguras de que usted no será la excepción. Venga a esta bella ciudad conocida como "la Perla del Pacífico" y ¡no se arrepentirá!

UNIDAD 5 Lección 2   **Lectura C**

2 **¿Comprendiste?** Responde a las siguientes preguntas.

1. ¿Por qué es Guayaquil una ciudad importante del Ecuador?

_____

_____

2. ¿Por qué dice el reportaje que el Malecón del Estero Salado es una de las atracciones favoritas de los visitantes?

_____

_____

3. ¿Adónde pueden acudir quienes buscan un lugar libre de ruido y gentío?

_____

_____

4. ¿Qué barrio de Guayaquil tiene mayor relevancia histórica? ¿Por qué?

_____

_____

_____

3 **¿Qué piensas?** Después de leer el reportaje turístico, ¿te gustaría visitar Guayaquil? ¿Qué les recomendarías a Rosario y a Mercedes para hacer más atractivo su reportaje? Explica tus respuestas.

_____

_____

_____

_____

_____

Lectura C   **UNIDAD 5 Lección 2**

Escritura A

¡AVANZA!	**Goal:** Write about what would happen.

1 Le quieres enviar una tarjeta a tu prima Lorena, que vive en Bolivia, para invitarla a hacer un viaje con tu familia. Lee la introducción de tu tarjeta.

> Querida Lorena:
>
> ¿Cómo estás? Mis padres quieren hacer un viaje por Ecuador, Perú y Bolivia. El problema es que todavía no saben si puedan tomar sus vacaciones. Te invitamos a que vengas con nosotros. ¿Te imaginas lo que haríamos?

Escribe ideas en el cuadro sobre lo que podrían hacer tus padres, Lorena y tú durante el viaje.

Excursiones	Comida	Ropa	Actividades

2 Con la información anterior, completa la tarjeta para Lorena con: 1) un párrafo de cinco oraciones y una despedida; 2) oraciones claras y lógicas; 3) el vocabulario de la lección; 4) el condicional y 5) la ortografía correcta.

_____
_____
_____
_____
_____

3 Evalúa tu tarjeta con la siguiente información:

	Crédito máximo	**Crédito parcial**	**Crédito mínimo**
Contenido	Completaste tu tarjeta con cinco oraciones y una despedida; las oraciones son claras y lógicas.	Escribiste menos de cinco oraciones y una despedida pero algunas oraciones no son claras ni lógicas.	Escribiste menos de tres oraciones. Las oraciones no son claras ni lógicas.
Uso correcto del lenguaje	Escribiste oraciones con el condicional y manejaste correctamente la ortografía.	Tuviste algunos errores con el condicional. Tuviste algunos errores de ortografía.	No escribiste el condicional. Tienes muchos errores de ortografía.

Escritura B

| ¡AVANZA! | **Goal:** Write about what would happen. |

Fuiste a una excursión a Machu Picchu y quedaste muy impresionado con las leyendas que contó el guía.

1 Organiza tus ideas en el cuadro para escribir una leyenda.

título	personajes	lugar(es)	tiempo

2 Con la información anterior escribe tu leyenda. Debes asegurarte de incluir: 1) los datos de la Actividad 1; 2) oraciones claras y lógicas; 3) inicio, desarrollo y conclusión; 4) el pretérito, el imperfecto o el condicional en algunas oraciones y 5) el uso correcto del lenguaje y la ortografía.

_____

_____

_____

_____

_____

3 Evalúa tu leyenda con la siguiente información.

	Crédito máximo	**Crédito parcial**	**Crédito mínimo**
Contenido	Tu leyenda desarrolla oraciones claras y lógicas. Tiene inicio, desarrollo y conclusión.	Tu leyenda desarrolla algunas oraciones claras y lógicas. Tiene inicio, desarrollo y conclusión.	Tu leyenda no desarrolla oraciones claras y con sentido. No tiene inicio, desarrollo y conclusión.
Uso correcto del lenguaje	Usas el pretérito, el imperfecto o el condicional en las oraciones. Hay pocos errores en la gramática y la ortografía.	Usas el pretérito, el imperfecto o el condicional en algunas oraciones. Hay algunos errores en la gramática y la ortografía.	No usas el pretérito, el imperfecto o el condicional en las oraciones. Hay muchos errores en la gramática y la ortografía.

UNIDAD 5 Lección 2

Escritura B

Escritura C

> **¡AVANZA!** **Goal:** Write about what would happen.

1 Vas a escribir una fábula sobre la llama, un animal que vive en los países andinos. Organiza la información que necesitas para escribir tu fábula de la siguiente manera:

Características de la llama:

1. La llama vive en _____.

2. La llama come _____.

3. La llama se usa para _____.

Mi fábula:

1. **Título:** _____.

2. **Personajes:** _____.

3. **Lugar(es):** _____.

4. **Trama:** _____.

5. **Moraleja:** _____.

2 Escribe tu fábula con los datos anteriores. Incluye: 1) el título; 2) los personajes y el diálogo; 3) las partes de la fábula: inicio, desarrollo, conclusión y moraleja; 4) el pretérito, el imperfecto o el condicional en algunas oraciones y 5) la ortografía correcta.

_____

_____

_____

_____

_____

_____

3 Evalúa tu fábula con la siguiente información:

	Crédito máximo	**Crédito parcial**	**Crédito mínimo**
Contenido	Tu fábula incluye inicio, desarrollo, conclusión y moraleja.	Tu fábula incluye alguna información. Tiene inicio, desarrollo, conclusión y moraleja.	Tu fábula no incluye toda la información. No tiene inicio, desarrollo, conclusión o moraleja.
Uso correcto del lenguaje	Tuviste pocos errores o ninguno en la gramática y la ortografía.	Tuviste algunos errores en la gramática y la ortografía.	Tuviste muchos errores en la gramática y la ortografía.

Cultura A

| ¡AVANZA! | **Goal:** Discover and know people, places, and culture from Andean countries. |

1 Indica si las siguientes afirmaciones son ciertas (C) o falsas (F). Si la oración es falsa, escribe la forma correcta.

1. _____ Los incas construyeron la ciudad de Machu Picchu.

_____

2. _____ La zampoña es un instrumento musical hecho del caparazón del armadillo.

_____

3. _____ En Trujillo se pueden ver unas antiguas pirámides de la cultura inca.

_____

4. _____ La independencia de Perú se declaró en 1820.

_____

5. _____ La independencia de Perú se declaró en la Plaza Central de Lima.

_____

2 Responde con oraciones completas a las siguientes preguntas sobre los países andinos.

1. ¿Qué construcciones o monumentos hay en la Plaza de Armas de Trujillo?

_____

2. ¿Qué son la zampoña y la quena?

_____

3 Explica por qué Machu Pichu es importante. ¿A qué lugar o construcción de importancia histórica en Estados Unidos le dedicarías tú un poema? ¿Por qué? Completa la siguiente ficha con el nombre del lugar y cuatro oraciones con las cosas o hechos que hacen que ese lugar o construcción sea especial.

_____

_____

_____

_____

_____

_____

Cultura B

> **¡AVANZA!**　**Goal:**　Discover and know people, places, and culture from Andean countries.

① Completa el siguiente crucigrama sobre los países andinos.

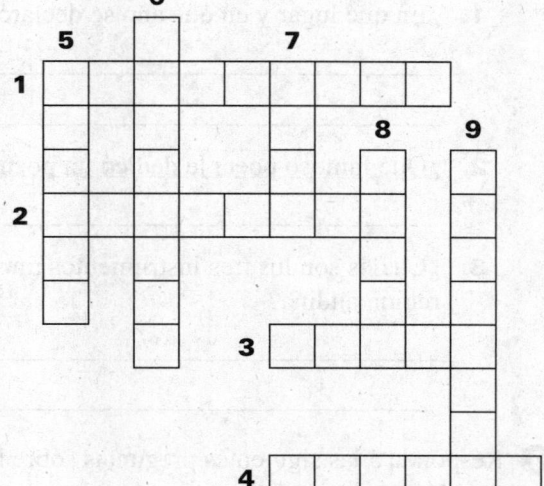

1. Construcciones indígenas cercanas a Trujillo.

2. Allí está a tumba del Señor de Sipán.

3. Instrumento indígena de viento.

4. Ave de los Andes de gran tamaño.

5. Machu _____ , famosa ciudad antigua en las montañas de Perú.

6. Allí se declaró la independencia de Perú.

7. Antigua civilización andina.

8. Antigua civilización andina.

9. Instrumento indígena de cuerda.

② Responde a las siguientes preguntas usando oraciones completas.

1. ¿Cómo se escucha la música andina en ciudades de Estados Unidos y Europa?

_____

_____

2. ¿Qué famoso poeta dedicó un poema a una antigua ciudad de las montañas de Perú? ¿Cuáles son dos elementos que destaca en el poema?

_____

_____

③ Describe qué es la zampoña y menciona su importancia. Menciona cómo se toca. Menciona un instrumento típico que también se toca soplando y compáralo con la zampoña.

_____

_____

_____

_____

UNIDAD 5 Lección 2　Cultura B

Cultura C

| ¡AVANZA! | **Goal:** Discover and know people, places, and culture from Andean countries. |

1 Responde con oraciones completas a las siguientes preguntas sobre los países andinos, su historia y su cultura.

   1. ¿En qué lugar y en qué año se declaró la independencia de Perú por primera vez?

_____

_____

   2. ¿Qué famoso poeta le dedicó un poema a Machu Picchu?

_____

   3. ¿Cuáles son los tres instrumentos musicales indígenas más conocidos en la región andina?

_____

_____

2 Responde a las siguientes preguntas sobre las antiguas civilizaciones andinas y escribe tantos detalles como puedas.

   1. ¿Cuáles fueron dos civilizaciones antiguas que dominaron Perú? ¿Cuáles son algunos restos de estas civilizaciones?

_____

_____

   2. ¿Dónde se encontró la tumba del Señor de Sipán? ¿Por qué fue un descubrimiento de gran importancia científica?

_____

_____

3 Haz un comentario sobre los músicos callejeros andinos. ¿Crees que las calles son un buen lugar para tocar música o para cualquier otra manifestación cultural? ¿Crees que los artistas callejeros son importantes en el intercambio cultural de las comunidades del mundo? Expresa tu opinión en un párrafo breve.

_____

_____

_____

_____

_____

Comparación cultural: Variedad geográfica
Lectura y escritura

Después de leer los párrafos sobre las descripciones de la geografía de los países de Dolores y Antonio, escribe un párrafo sobre la geografía de la región donde vives. Usa la información del organigrama para escribir un párrafo sobre la geografía de la región donde vives.

Paso 1

Completa el organigrama con los detalles sobre la geografía de la región donde vives.

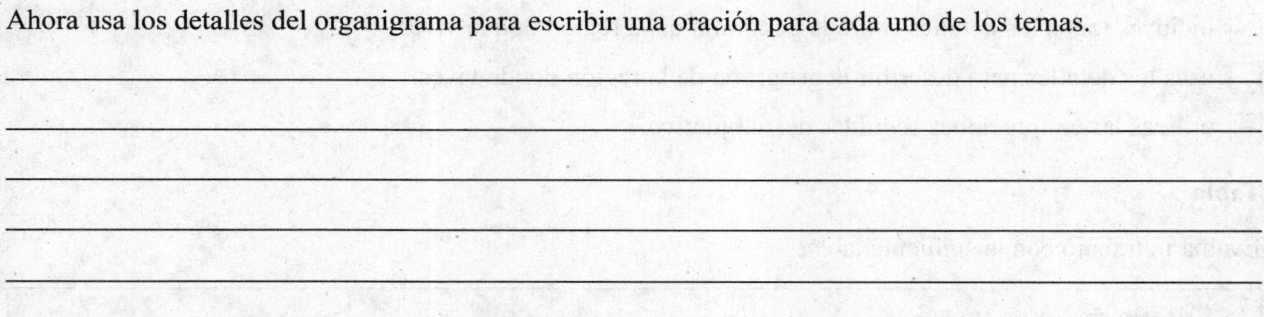

Nombre de la región	Lugar
Características geográficas	

Paso 2

Ahora usa los detalles del organigrama para escribir una oración para cada uno de los temas.

_____

_____

_____

_____

_____

UNIDAD 5 Comparación cultural

Comparación cultural: Variedad geográfica

Lectura y escritura (seguir)

(continuación)

Paso 3

Ahora escribe tu párrafo usando las oraciones que escribiste como guiá. Incluye una oración de introducción y utiliza las conjunciones **para que**, **antes de que**, **hasta que** para describir la geografía de la región donde vives.

_____

_____

_____

_____

_____

_____

Lista de verificación

Asegúrate de que...

☐ incluyes todos los detalles sobre la geografía de la región donde vives.

☐ usas los detalles para describir la geografía de la región donde vives.

☐ utilizas las conjunciones seguidas del subjuntivo.

Tabla

Evalúa tu trabajo con la siguiente tabla.

Criterio de escritura	Excelente	Bueno	Necesita mejorar
Contenido	Tu párrafo incluye todos los detalles sobre la geografía de la región donde vives.	Tu párrafo incluye algunos detalles sobre la geografía de la región donde vives.	Tu párrafo incluye muy poca información sobre la geografía de la región donde vives.
Comunicación	La mayor parte de tu párrafo está organizada y es fácil de entender.	Partes de tu párrafo están organizadas y son fáciles de entender.	Tu párrafo está desorganizado y es difícil de entender.
Precisión	Tu párrafo tiene pocos errores de gramática y de vocabulario.	Tu párrafo tiene algunos errores de gramática y de vocabulario.	Tu párrafo tiene muchos errores de gramática y de vocabulario.

UNIDAD 5

Comparación cultural

Comparación cultural: Variedad geográfica
Compara con tu mundo

Ahora escribe un párrafo comparando la geografía de la región donde vives con la de uno de los estudiantes en la página 323. Organiza la comparación por temas. Primero compara los nombres de las regiones, después escribe algunos detalles sobre esta región y por último escribe algo único que tenga aquella región.

Paso 1

Usa la tabla para organizar la comparación por temas. Escribe los detalles de cada uno de los temas sobre la geografía de la región donde vives y la del (de la) estudiante que elegiste.

	Mi región geográfica	La región geográfica de _____
Nombre de la región		
Detalles		
Algo único		

Paso 2

Ahora usa los detalles de la tabla para escribir la comparación. Incluye una oración de introducción y escribe sobre cada tema. Utiliza las conjunciones **para que**, **antes de que**, **hasta que** seguidas del subjuntivo para describir la geografía de la región donde vives y la del (de la) estudiante que has elegido.

_____
_____
_____
_____
_____
_____
_____

UNIDAD 5   Comparación cultural

Vocabulario A *¿Dónde vivimos?*

> **¡AVANZA!** **Goal:** Talk about your home and neighborhood.

① Subraya la palabra correcta del vocabulario para decir adónde ir a hacer las compras.

1. Tenemos que comprar queso y yogur. Vamos a (la bombonería / la oferta / la lechería).

2. Mamá quiere preparar hamburguesas. Pasa por (la carnicería / la ferretería / el buzón).

3. Papá quiere regalarle a mamá algo muy bonito para celebrar su aniversario. Va a (el sello / la verdulería / la florería) para escoger algo especial.

4. ¿En qué (escaparate / pastelería / carnicería) vas a comprar la torta para el cumpleaños de tu hermanito?

5. Voy a (la ferretería / el cajero automático / la bombonería) para comprar las herramientas necesarias para reparar el grifo.

② Observa los dibujos del barrio de Ramón. Escribe una oración para identificar cada dibujo.

Modelo: *Es la bañera.*

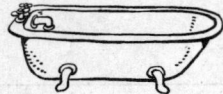

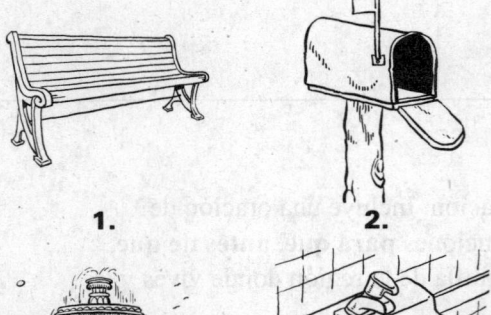

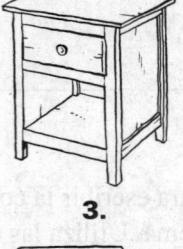

1. _____   2. _____

3. _____   4. _____

5. _____   6. _____

7. _____   8. _____

UNIDAD 6 Lección 1 Vocabulario A

Vocabulario B ¿Dónde vivimos?

> **¡AVANZA!** **Goal:** Talk about your home and neighborhood.

1 Completa los espacios con la palabra correcta sobre cosas del barrio y de la casa.

kiosco	ofertas	el refrigerador	el balcón	cajero automático	la bañera

Modelo: Necesito sacar dinero en efectivo del _cajero automático._

1. Desde el _____ de mi piso hay una vista bonita del parque.

2. En el almacén «Clarita» siempre tienen grandes _____ .

3. Es mejor que pongas los vegetales en _____ para que se conserven frescos.

4. _____ del piso de mis abuelos es muy antigua.

5. Los fines de semana mi papá va al _____ a comprar el periódico.

2 Tu hermanita Rocío es muy curiosa y te hace muchas preguntas sobre el barrio. Contéstale con oraciones completas.

1. ¿Qué es un kiosco?

   _____

2. ¿Qué es un buzón?

   _____

3. ¿Qué es un cajero automático?

   _____

4. ¿Qué significa ir de tapas?

   _____

5. ¿Qué es la manzana del vecindario?

   _____

   _____

3 El Señor Fernández es un experto en reparar cosas de la casa. Escribe un párrafo con las siguientes frases para hablar de las cosas que repara el señor Fernández: la bañera, la ducha, el grifo, está roto, arreglar, quitar, un lío, desordenar, el lavabo.

_____

_____

_____

_____

_____

Vocabulario C *¿Dónde vivimos?*

> **¡AVANZA!** **Goal:** Talk about your home and neighborhood.

1 Esta noche hay una fiesta. Todavía tú y tu familia tienen muchas compras por hacer antes de que lleguen los invitados. Usa las palabras de la caja para escribir oraciones sobre las compras que tienes que hacer y el lugar adónde las vas hacer.

| la pastelería | la florería | la carnicería | la frutería | la lechería |

1. _____

2. _____

3. _____

4. _____

5. _____

2 Escribe un párrafo para narrar lo que hace Ana cuando sale a hacer los mandados. Narra los hechos a manera de secuencia.

_____

_____

_____

_____

_____

_____

_____

_____

Vocabulario C UNIDAD 6 Lección 1

Vocabulario adicional

> **¡AVANZA!** **Goal:** Practice words with letters *c*, *s*, and *z*.

Palabras con *c*, *s* y *z*: Usos generales

A continuación encontrarás algunos usos de las letras *c*, *s* y *z*.

Uso de la *c*	• Las letras *c*, *q*, *k* representan el sonido /k/: casa, queso, kilo.
	• Cuando usas la letra c con las vocales *a*, *o*, *u*, el sonido es /k/: boca, caballo; cuando la usas con las vocales *e*, *i*, el sonido es /s/: Cecilia.
Uso de la *s*	• Las letras *c*, *s* y *z* representan el sonido /s/: soda, ejercicio, buzón.
	• La letra *s* se usa en los adjetivos terminados en *–oso*, como sabroso y maravilloso. En las palabras terminadas en *–ulsión*, *–ísimo* y *–sivo* como emulsión, riquísimo, masivo. En los gentilicios en *–ense* como costarricense, estadounidense.
Uso de la *z*	• En algunos lugares de España, las letras *c* y *z* representan el sonido /Ɵ/, que se parece al sonido /th/ del inglés: ejercicio, tapiz.
	• Para formar el plural de las palabras terminadas en z, ésta se suprime y se agrega *–ces*: nuez ⟶ nueces, juez ⟶ jueces.

1 Completa las palabras de los versos con la letra *c*, *s*, *q* o *z* según corresponda.

a. Soy chiquita, soy redonda, arrugada y misterio__a. Todos me llaman nue__ . ¿Qué cree usted señor jue__?

b. Todos están de a__uerdo en que soy muy sabro__o. En el día o en la noche no hay como un buen bi__cocho.

c. Abre la bo__a, cierra la bo__a, todos los días y a ciertas horas. Entre jalón y jalón todos visitan el bu__ón.

d. A __e__ilia no le gusta, a __alvador, más o menos. Yo prefiero no tomarla y mi gato ¡sí qué menos! De la __opa mejor no hablemos.

2 Encierra en un círculo las palabras incorrectas. Después escríbelas correctamente en las líneas.

En la claze de Cecilia hay un estudiante surdo a quien le guztan los pasteles de nuez. Por eso un día, él y Cesilia fueron a un panadería. Ellos uzaron la meza y midieron un quilo de asúcar y otro de harina. Luego amazaron y agregaron nueces y chocolates. Al final obtuvieron algo paresido a un bizcocho, un poco tostado, un poco cremozo ¡pero delicioso!

_____ _____ _____

_____ _____ _____

_____ _____ _____

UNIDAD 6 Lección 1 Vocabulario adicional

Gramática A *The Past Participle*

> **¡AVANZA!**　**Goal:** Use the past participles as adjectives for description.

1 Tu hermano ha decidido presentar su examen para obtener una licencia de conducir. Completa las siguientes descripciones y recomendaciones con los participios pasados correctos.

1. Los altos están _____ (marcar) con una señal roja.

2. El cruce para peatones está _____ (señalar) con una señal amarilla y la figura de un hombre caminando.

3. No te puedes estacionar cuando las banquetas están _____ (colorear) de amarillo.

4. Debes quedarte _____ (parar) en rojo hasta que la luz cambie a verde. Los límites de velocidad están _____ (diseñar) para tu seguridad, respétalos.

2 Usa los participios pasados de los siguientes verbos para describir la situación en que se encuentra tu cuarto en este momento.

Modelo: 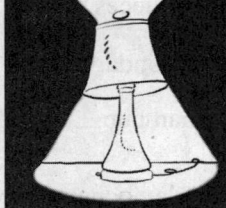 encender *La luz está encendida.*

    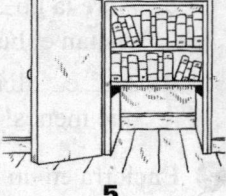

1.   **2.**   **3.**   **4.**   **5.**

1. hacer _____

2. apagar _____

3. desordenar _____

4. dormir _____

5. guardar _____

Gramática B   *The Past Participle*

> **¡AVANZA!**   **Goal:**   Use the past participles as adjectives for description.

1 Tu vecindario ha decidido hacer una propuesta para un nuevo parque. Explica la situación actual de ese lugar con el participio pasado que mejor completa la oración.

limitar	construir	contaminar	caer	quebrar	descuidar

Modelo: El viejo parque tiene un cupo *limitado* .

1. Las banquetas están _____ .

2. Las plantas están _____ .

3. El monumento está a punto de caerse. Está mal _____ .

4. Hay un gran número de árboles _____ .

5. El lago está sucio; está muy _____ .

2 Escribe oraciones completas para hablar de objetos o lugares con las siguientes palabras como pistas. Usa el participio pasado.

Modelo: rodear / edificios
   *Los edificios **están rodeados** de bellos jardines.*

1. construir / casa

_____

2. arreglar / balcón

_____

3. romper / fregadero

_____

4. limpiar / refrigerador

_____

5. desordenar / terraza

_____

3 Tu abuelo está empeñado en seguir viviendo en su casa del centro de la ciudad. Escribe un párrafo para contar lo que sucede con él. Usa oraciones completas y verbos en participio pasado.

_____

_____

_____

_____

Gramática C *The Past Participle*

¡AVANZA! **Goal:** Use the past participles as adjectives for description.

① Completa el diálogo con el participio pasado de los verbos en la caja.

encender	abrir	terminar	cerrar	estacionar

Operadora: ¿Ve usted si las ventanas están abiertas?

Vecina: No, las ventanas están _____ .

Operadora: ¿Las luces están _____ ?

Vecina: No, las luces están apagadas.

Operadora: ¿Y la puerta principal?

Vecina: ¡La puerta principal está _____ !

Operadora: ¿Hay algún coche _____ frente a la casa?

Vecina: No, la acera está desocupada. Espere, creo que veo a la señora López por la ventana.

Operadora: Seguramente sus vacaciones están _____ y la familia está de regreso.

② Escribe cinco oraciones con los siguientes verbos en su forma adjetival.

Modelo: aburrir: *Los estudiantes de la clase de historia están aburridos.*

1. romper: _____

2. abrir: _____

3. desordenar: _____

4. arreglar: _____

③ Escribe un relato sobre un hecho curioso que te haya pasado en tu vida: qué pasó, cuándo pasó, quién(es) estaba(n). Escribe oraciones completas y usa los participios pasados como adjetivos.

_____

_____

_____

_____

_____

Gramática C UNIDAD 6 Lección 1

Gramática A *The Present Perfect Tense*

> **¡AVANZA!** **Goal:** Use the present perfect to talk about things that have happened in the recent past.

1 Sonia ha viajado por todo el mundo y cuenta sus experiencias. Subraya en el párrafo los usos del presente perfecto.

Cuando uno llega a mi edad, mis queridos nietos, ya lo ha hecho todo, sobre todo si eres una persona aventurera como yo he sido. He viajado por el mundo, he conocido a personas importantísimas, he escrito un libro de poesía y uno de memorias. Pero a pesar de que ahora soy mayor, todavía tengo muchas cosas por hacer porque todavía no he roto el libro de mis planes.

2 Marisela, tu prima española, te pregunta sobre un nuevo parque acuático en tu ciudad. Usa el presente perfecto y los pronombres de complemento en tus respuestas.

Modelo: **Marisela:** ¿Y las focas? (traer)
　　　　　 Tú: *Ya las han traído.*

Marisela: ¿Y los delfines? (poner)

Tú: _____

Marisela: ¿Y los tiburones blancos? (conseguir)

Tú: _____

Marisela: ¿Y el restaurante del parque acuático? (abrir)

Tú: _____

Marisela: Y, ¿os gustó el parque? (visitar)

Tú: _____

3 Después de leer el periódico, te das cuenta de que muchas personas han cumplido con sus deberes. Usa el presente perfecto de los siguientes verbos y las pistas para hacer oraciones completas.

1. enseñar / una profesora

_____

2. capturar / los policías

_____

3. curar / la doctora

_____

4. cerrar / el dueño

_____

5. hacer / los candidatos

_____

Gramática B *The Present Perfect Tense*

Level 3 Textbook pp. 340–342

> **¡AVANZA!** **Goal:** Use the present perfect to talk about things that have happened in the recent past.

1 Los miembros de la familia Carvajal son unas personas muy aventureras. Usa las frases para hacer oraciones completas con el presente perfecto.

Modelo: brincar en paracaídas / Fátima y Lucas
Fátima y Lucas han brincado en paracaídas dos veces.

1. Viajar por España / señora Carvajal

_____

2. escalar el Everest / Arturo

_____

3. ir de pesca. / señor Carvajal

_____

4. bucear en el océano / hermanos Carvajal

_____

2 La mamá de Juan ha llegado del supermercado y le hace preguntas sobre lo que ha pasado en su ausencia. Escribe una conversación entre ellos y haz uso del presente perfecto.

Modelo: **Mamá:** *Hola hijo, ¿ha llamado alguien?*
            Juan: *Sí mamá, han llamado varias veces de...*

Mamá: _____

Juan: _____

Mamá: _____

Juan: _____

Mamá: _____

Juan: _____

3 Conoces a muchas personas y quieres contar algo que han hecho en sus vidas. Usa el presente perfecto para contar en un párrafo lo que han hecho.

Modelo: *Mi tío Luis y su esposa han viajado al Amazonas dos veces. Una vez en el año...*

_____

_____

_____

_____

UNIDAD 6 Lección 1
Gramática B

Gramática C *The Present Perfect Tense*

> **¡AVANZA!** **Goal:** Use the present perfect to talk about things that have happened in the recent past.

1 Las siguientes personas acaban de hacer algo o les ha sucedido algo. Usa el presente perfecto de los verbos del recuadro para formular una suposición lógica.

ver	correr	escapar	ganar	sufrir

Modelo: Una mujer sale de una tienda de libros con un paquete.
Ha comprado un libro.

1. Un atleta camina por la calle sudando.

_____

2. Muchas personas salen de un cine.

_____

3. Dos conductores bajan de sus carros y discuten en la esquina.

_____

4. Una mujer corre detrás de un perro.

_____

5. Un joven grita entusiasmado al ver su billete de lotería.

_____

2 Los vecinos han organizado una venta de garaje para recoger dinero destinado a embellecer el vecindario. Escribe oraciones completas que usen el presente perfecto.

Modelo: *La familia Fernández ha llevado un microondas y dos mesitas.*

1. _____

2. _____

3. _____

4. _____

3 Lees una revista y te informas de lo que pasa en el mundo del espectáculo. Escribe un informe para contar algo que leíste. Usa el presente perfecto en tus oraciones.

Modelo: *El famoso cantante Luis Ponsi ha lanzado su tercer éxito discográfico con muchas canciones relacionadas a la vida y al amor.*

_____

_____

_____

_____

Gramática adicional *Reflexive and Non-reflexive Verbs: Differences in Meaning*

¡AVANZA!   **Goal:**   Use reflexive and non-reflexive verbs to describe what you do for yourself.

Algunos verbos pueden usarse de manera reflexiva o no reflexiva, pero este cambio puede alterar el significado de lo que quieres decir.

Duermo ocho horas. (*to sleep*)   Me duermo a las ocho. (*to fall asleep*)

Pongo las sartenes en la estufa. (*I put*)   Me pongo el abrigo. (*to put on*)

Voy a España. (*to go*)   Me voy a España. (*to go away*)

Caía granizo. (*to fall*)   Me caí en casa. (*to fall down*)

Salí a bailar. (*to go out*)   Me salí de ahí. (*to leave*)

1 Durante el desayuno en la cafetería, Delia relata lo que pasó esta mañana. Selecciona el verbo correcto para completar lo que cuenta Delia.

1. Cuando salí de casa _____ (se caía / caía) una lluvia torrencial.

2. Mamá me dijo que _____ (pusiera / me pusiera) el impermeable.

3. Mamá _____ (se puso / puso) preocupada y me iba a pedir que no viniera a la escuela.

4. Como _____ (nos salimos / salimos) de prisa casi nos resbalamos con el pavimento mojado.

5. Yo _____ (puse / me puse) las manos en el pasamanos y me agarré fuerte.

2 Escribe un párrafo corto para contar las cosas que haces para ti mismo(a). Usa ejemplos de verbos reflexivos de la lista de arriba.

Modelo: *Por las noches me duermo temprano porque tengo que ir a la escuela.*

_____

_____

_____

_____

_____

UNIDAD 6 Lección 1

Gramática adicional

Integración: Hablar

| ¡AVANZA! | **Goal:** Respond to written and oral passages describing a neighborhood. |

Lee el siguiente fragmento que viene de un artículo que apareció en un diario de Madrid.

Fuente 1 Leer

El Heraldo

CLIMA: TEMPLADO, SOLEADO   PRIMERA EDICIÓN

Orgullo nacional: la remodelación de barrios en Madrid

por Hermenegildo Castilla

Todo proyecto de esta envergadura requiere no sólo la participación ciudadana sino la de un gobierno abierto y determinado a apoyar. ¿El problema? Durante los años cincuenta del siglo pasado, Madrid inició un crecimiento demográfico substancial que se prolongaría por más de veinte años. Este crecimiento provocó la construcción de viviendas al vapor, pequeñas y de mínimas comodidades. Interesantemente, con el paso del tiempo, estas viviendas que se pensaban provisionales acabaron convirtiéndose en barrios de apariencia triste y desorganizada, entre ellos, los barrios-pueblo (chabolas), algunos asentamientos de minorías étnicas y los barrios creados por los organismos de vivienda pública. ¿Las razones del cambio? Una gran participación ciudadana y un gran deseo de mejorar las condiciones de vida, un gran presupuesto de ayuda económica, no sólo del gobierno sino de los mismos ciudadanos que pagan por la remodelación de sus casas de acuerdo a los ingresos familiares.

Escucha el mensaje que Pablo Ortiz dejó en el contestador de su hermano Gregorio, un arquitecto. Toma notas. Luego completa la actividad.

Fuente 2 Escuchar

HL CD 2, tracks 9–10

¿Qué opinas de lo que quieren hacer Gregorio y Pablo? ¿Cómo los ayudarías? Explica tu respuesta con información de las dos fuentes. Usa el artículo como una guía de lo que se necesita para tener éxito en una empresa así.

UNIDAD 6 Lección 1   Integración: Hablar

Integración: Escribir

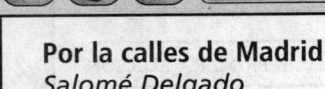 **Goal:** Respond to written and oral passages about the neighborhood.

Lee la columna siguiente de una bitácora de Internet.

Fuente 1 Escribir

http://www.miblog.hmh.com   GO

Por la calles de Madrid
Salomé Delgado

Esta mañana tomé un paseo por las calles del centro de Madrid. A pesar de la mañana fresca el barrio era un tumulto de personas que iban y venían. Mientras bajaba del piso que alquilé para pasar unos días conociendo esta gran ciudad, me di cuenta que la gran capital española todavía guarda mucho de su pasado pintoresco. A la salida del edificio había una placa que decía que había sido construido hacía más de doscientos años. Mientras caminaba, en las paredes de una bombonería vi un póster que anunciaba una corrida de toros para el 12 de julio de hacía más de sesenta años. Claro, estaba descolorido pero me dieron unas ganas enormes de despegarlo y llevarlo conmigo. La gente apresurada me hizo seguir caminando y abandonar el póster que colgaría en mi sala mil veces mejor que donde estaba. En fin, en la primera esquina entré a una taberna para desayunar. La dueña acababa de barrer las banquetas y rociaba la entrada a su negocio con una cubeta de agua. Olía a fresco y el tabaco que los españoles fuman a tan temprana hora. Pero eso que me hubiera molestado terriblemente en Chicago, aquí fue otra cosa...

Escucha los comentarios que un turista madrileño hizo en un programa de radio. Toma notas. Luego completa la actividad.

Fuente 2 Escuchar

HL CD 2, tracks 11–12

¿Cómo crees que es la vida en Madrid? Escribe un párrafo en el que lo compares con la vida en tu ciudad.

_____

_____

_____

_____

_____

_____

Lectura A

| ¡AVANZA! | **Goal:** Describe places and things. |

1 Rosa y su mamá se mudan y quieren vivir en un piso que quede cerca del colegio de Rosa. Lee su conversación. Responde a las preguntas de comprensión y compara su experiencia con la tuya.

El piso en alquiler

ROSA: Mamá, aquí en el periódico dice que alquilan un piso cerca de aquí. Es un piso amoblado. La sala y el comedor tienen mucho espacio. La cocina tiene un fregadero grande.

MAMÁ: Sí, pero el refrigerador está dañado, el microondas está roto y a la estufa le faltan partes.

ROSA: Puedes hablar con el dueño para dejar eso arreglado.

MAMÁ: Creo que tenemos que ver otros pisos antes de tomar una decisión.

ROSA: ¡Mamá! Pero este piso queda cerca del colegio y de la estación del metro. Además yo puedo hacer los mandados. La lechería y la panadería están a dos cuadras. Además hay un banco con cajero automático y muchos lugares para ir de tapas.

MAMÁ: Está bien, Rosita. Me convenciste. Nos espera mucho trabajo.

2 **¿Comprendiste?** Responde a las siguientes preguntas con oraciones completas.

1. ¿Qué problemas tiene el piso que piensan alquilar Rosa y su mamá?

_____

_____

2. ¿Qué pensaba hacer la mamá de Rosa? ¿Cómo la convenció Rosa?

_____

_____

_____

3 **¿Qué piensas?** ¿Dónde hacen los mandados en tu casa? ¿Te gustaría vivir en el nuevo barrio de Rosa y su mamá? ¿Por qué?

_____

_____

_____

_____

UNIDAD 6 Lección 1   Lectura A

Lectura B

| ¡AVANZA! | **Goal:** Describe places and things. |

1 Lee la carta que Pedro le escribió a su profesora. Después responde a las preguntas de comprensión y compara su experiencia con la tuya.

Una carta desde Madrid

Estimada profesora López:

Estoy en Madrid. Llegué hace cinco días. Madrid es una ciudad muy grande y antigua. He visitado varios lugares y barrios interesantes en Madrid. Mis lugares favoritos son el Parque del Retiro y la Plaza Mayor. El Parque del Retiro es uno de los parques más grandes de Madrid. Los árboles y el lago son muy hermosos. Hoy había bailarines y cantantes de música española en la plaza. Aprendí a bailar un poco de flamenco.

Ayer fui al Museo del Prado. Es un lugar impresionante que tiene como tres mil pinturas en total. He visto pinturas de El Greco, Diego Velásquez y Francisco de Goya. Mañana iré al museo Reina Sofía. Sé que tienen pinturas de Picasso.

El Barrio de las Letras está muy cerca del Museo del Prado. En este barrio vivieron muchos escritores importantes del Siglo de Oro. He visto la casa de Cervantes, el autor de Don Quijote de la Mancha, también la casa de Lope de Vega y de Góngora. Las casas estaban cerradas, pero las visitaremos en otro momento.

Bueno, hasta pronto, profesora.

Un abrazo,
Pedro

2 **¿Comprendiste?** Responde a las siguientes preguntas con oraciones completas.

1. ¿Qué lugares interesantes ha visitado Pedro en Madrid?

_____

2. ¿Cómo es el Museo del Prado y qué vio Pedro en este lugar?

_____

3. ¿Por qué es famoso el Barrio de las Letras?

_____

3 **¿Qué piensas?** Cuando viajas, ¿mandas tarjetas postales o cartas a tu familia y amigos? ¿Te gusta recibir tarjetas postales de tus amigos y familiares cuando ellos viajan? ¿Por qué?

_____

_____

_____

Lectura C

¡AVANZA!   **Goal:**   Describe places and things.

1 Lee el siguiente poema sobre el barrio de Sara. Luego responde a las preguntas de comprensión y da tu opinión sobre el tema.

El barrio del movimiento

Vivo en el barrio del movimiento
hay diversión en todo momento.

Por la mañana hago el mandado
y hago las compras en el mercado.

Chicos y chicas corren apurados,
los abuelitos caminan cansados.

A pocas manzanas está la frutería
abierta en la mañana y todos los días.

Fresas, naranjas y algunas bananas
compro mucha fruta para la semana.

Luego recuerdo que debo comprar
carne y verduras para cocinar.

Compro la carne en la carnicería
lechuga y tomates en la verdulería.

Tengo varias cartas que debo enviar,
a México, España y América Central.

El correo ha cerrado, ¡no hay solución!
pero a pocos metros está el buzón.

Casas y pisos que están en alquiler
Y muchas viviendas para escoger.

Pisos amoblados son los más caros
pisos con terraza son los más raros.

Chicos y grandes compran sus boletos
y muy apurados se suben al metro.

Vivo en el barrio del movimiento
Vivimos aquí de lo más contentos.

2 **¿Comprendiste?** Responde a las siguientes preguntas:

1. ¿Qué quiere decir Sara cuando expresa que vive en el barrio del movimiento?

   _____

   _____

2. ¿A qué lugares fue Sara para hacer el mandado?

   _____

   _____

3. ¿Cómo solucionó Sara el problema del correo cerrado?

   _____

   _____

4. ¿Cómo son los pisos en el barrio de Sara?

   _____

   _____

   _____

3 **¿Qué piensas?** ¿Qué otras cosas harías tú en el barrio de Sara? Escribe seis versos con rima sobre las cosas que a ti te gustaría hacer en este barrio.

   _____

   _____

   _____

   _____

   _____

Escritura A

| ¡AVANZA! | **Goal:** Write about what has happened. |

Tu familia ha comprado un apartamento pequeño en Madrid. Ayúdales a tus padres a identificar dónde hay problemas en el apartamento y dónde no los hay.

1 Escribe en cada columna tres cosas o lugares del apartamento que estén en las siguientes condiciones:

está dañado	está arreglado	está sucio	está ordenado

2 Usa las notas anteriores para escribir una carta de reclamo a la señora Leal, la persona que les vendió el apartamento. Toma en cuenta que tu papá está un poco enojado por las cosas que no están en buen estado en el apartamento. Asegúrate de: 1) escribir oraciones completas y lógicas; 2) usar el vocabulario de la lección; 3) usar el participio pasado como adjetivo y 4) usar la ortografía correcta.

_____

_____

_____

_____

_____

_____

_____

_____

3 Evalúa tu carta con la siguiente información

	Crédito máximo	**Crédito parcial**	**Crédito mínimo**
Contenido	Tu carta contiene oraciones completas y lógicas; usas el vocabulario de la lección.	Algunas oraciones no son completas o lógicas. Algunas veces usas el vocabulario de la lección.	La mayoría de las oraciones no son completas ni lógicas. Rara vez usas el vocabulario de la lección.
Uso correcto del lenguaje	Haces buen uso del participio pasado como adjetivo. La ortografía es correcta.	Tienes algunos errores con el uso del participio pasado como adjetivo. Tienes algunos errores de ortografía.	Tienes muchos errores al usar el participio pasado como adjetivo. Tienes muchos errores de ortografía.

UNIDAD 6 Lección 1 Escritura A

Escritura B

> **¡AVANZA!** **Goal:** Write about what has happened.

Escribes un artículo sobre las preparaciones de la boda de tu prima Julieta y su novio Joaquín para la página social del periódico de tu ciudad.

1 Para escribir tu artículo necesitas organizar en el recuadro lo que los novios y sus familias han preparado para el día de la boda. Escribe tres puntos en cada columna:

la novia	el novio	la familia de ella	la de él
ha adelgazado			

2 Con los datos anteriores escribe el artículo. Ten en cuenta: 1) la concordancia entre las oraciones; 2) la claridad en la descripción del acontecimiento; 3) el uso del vocabulario de la lección; 4) el uso del presente perfecto; 5) la ortografía correcta.

_____

_____

_____

_____

_____

_____

_____

_____

_____

3 Evalúa tu artículo con la siguiente información.

	Crédito máximo	Crédito parcial	Crédito mínimo
Contenido	Hay concordancia entre las oraciones; hay claridad; usas el vocabulario de la lección.	Hay concordancia en algunas oraciones; a veces falta claridad; a veces usas el vocabulario de la lección.	No hay concordancia en las oraciones; falta claridad; rara vez usas el vocabulario de la lección.
Uso correcto del lenguaje	Haces buen uso del presente perfecto y la ortografía.	Tienes errores al usar el presente perfecto y la ortografía.	Tienes muchos errores al usar el presente perfecto y la ortografía.

UNIDAD 6 Lección 1

Escritura B

Escritura C

> **¡AVANZA!** **Goal:** Write about what has happened.

Te han invitado para ser locutor(a) por un día en la oficina de noticias de tu escuela.

1 Completa el cuadro con información que refleje lo que sucede en tu comunidad.

Acción	¿Quién(es)?	¿Qué? o ¿cuándo?
Ha(n) descubierto		
Ha(n) escrito		
Ha(n) dicho		

2 Escribe tres noticias cortas. Asegúrate de que: 1) la información sea clara y esté bien organizada; 2) cada noticia dé la información concreta y suficiente; 3) uses el presente perfecto; 4) el vocabulario y la ortografía sean correctos.

Noticia una: _____

_____

_____

Noticia dos: _____

_____

_____

Noticia tres: _____

_____

_____

3 Evalúa tus noticias con la siguiente información.

	Crédito máximo	Crédito parcial	Crédito mínimo
Contenido	La información es clara y está bien organizada.	Alguna información no es clara o no está bien organizada.	En general, la información de tus noticias no es clara y no está bien organizada.
Uso correcto del lenguaje	Haces buen uso del presente perfecto; el vocabulario y la ortografía son correctos.	Tienes algunos errores al usar el presente perfecto, el vocabulario y la ortografía.	Tienes muchos errores al usar el presente perfecto, el vocabulario y la ortografía.

UNIDAD 6 Lección 1 **Escritura C**

Cultura A

> **¡AVANZA!** **Goal:** Discover and know people, places, and culture from Spain.

1 Relaciona cada elemento de la primera columna con la palabra correspondiente de la segunda.

1. _____ Poeta y dramaturgo español   **a.** islas
2. _____ Antonio Gaudí   **b.** balompié
3. _____ Parque diseñado por Gaudí   **c.** Federico García Lorca
4. _____ grupo musical flamenco   **d.** arquitecto
5. _____ Lugar donde nació Lorca   **e.** Ojos de brujo
6. _____ Otra forma de decir fútbol   **f.** Güell
7. _____ Baleares y Canarias   **g.** Granada

2 Responde de forma breve a las siguientes preguntas sobre la vida y la cultura en España.

1. ¿Qué es el flamenco? _____

2. ¿Cuáles son dos platos españoles que se hacen con pescado y mariscos?

   _____

3. ¿Qué son las tapas? _____

4. ¿En qué ciudad española pueden verse muchas obras de Gaudí?

   _____

3 ¿Qué contrastes muestra la arquitectura de algunas ciudades de España? ¿En qué ciudad de tu región se puede observar un contraste similar? ¿Cómo son las construcciones? ¿Dónde se encuentran? Escribe oraciones sobre las características de cada tipo de construcción y luego escribe otra oración dando tu opinión sobre este contraste.

_____

_____

Contrastes en _____	
Edificios antiguos	**Edificios modernos**
Ubicación: _____ _____	Ubicación: _____ _____
Aspecto: _____ _____	Aspecto: _____ _____
Lo que a mí me gusta más: _____	

Cultura B

> ¡AVANZA! **Goal:** Discover and know people, places, and culture from Spain.

1 Responde brevemente a las siguientes preguntas sobre España.

1. ¿Cómo se llaman los dos grupos de islas españolas?

_____

2. ¿Con qué dos países europeos tiene fronteras España?

_____

3. ¿Cuáles son dos equipos importantes del fútbol español?

_____

4. ¿Cómo se les llama a los cantantes de flamenco?

_____

2 El flamenco es un estilo de música tradicional de España que en los últimos tiempos ha evolucionado y recibido influencias de otros estilos. Responde a las siguientes preguntas sobre esta música usando oraciones completas.

1. Nombra a un artista o un grupo que haya mezclado el flamenco con otro estilo de música y di con qué estilo o estilos lo mezcló.

_____

2. ¿Cuál es la cultura en la que se encuentran las raíces del flamenco y qué otras culturas han influido en este estilo de música?

_____

_____

3 ¿Qué sabes sobre el parque Güell en Barcelona? ¿Por qué es especial este parque? ¿Qué construcción o edificio de Estados Unidos crees que es especial? ¿Por qué? Escribe el nombre del edificio o construcción y dos oraciones para expresar algunas características que lo hacen especial.

El parque Güell: _____

_____

_____

En Estados Unidos: _____

_____

_____

_____

UNIDAD 6 Lección 1 Cultura B

Cultura C

> **¡AVANZA!**　**Goal:**　Discover and know people, places, and culture from Spain.

❶ Responde con oraciones completas a las siguientes preguntas sobre España y su geografía.

1. ¿Cuáles son los mares que bañan las costas españolas?

_____

_____

2. Además de Madrid, que es la capital, ¿qué otras cinco ciudades españolas puedes nombrar?

_____

_____

3. ¿Qué lenguas se hablan en España?

_____

_____

❷ Todas las manifestaciones culturales de un país son importantes, desde el arte hasta la cocina. Responde a las siguientes preguntas sobre la cultura española. Da todos los detalles posibles.

1. ¿Quién fue Antoni Gaudí y en dónde se pueden ver algunas de sus obras?

_____

_____

2. La cocina española es muy sabrosa. ¿Cuáles son los ingredientes principales en muchos de sus platos? ¿Cuáles son algunos platos populares?

_____

_____

❸ ¿Qué significa la frase «El flamenco es música que se toca y se canta con el corazón»? ¿Qué otro tipo de música conoces que «se toque y se cante con el corazón»? ¿Cómo es esa música? ¿Qué es lo que más te gusta de ella? Expresa tus opiniones en un párrafo breve.

_____

_____

_____

_____

_____

Cultura C　UNIDAD 6 Lección 1

Unidad 6, Lección 1
Cultura C
268

¡Avancemos! 3
Cuaderno para hispanohablantes

Vocabulario A *Fuera de la ciudad*

¡AVANZA!	**Goal:** Talk about experiences and places outside the city.

1 Ayuda a Marcos a organizar palabras del vocabulario en categorías.

el andén	la vía	la muralla	el río	la vista
antiguo	el vagón	el mirador		el tapiz

Disfrutar el paisaje	Viajar en tren	Visitar el castillo
_____	_____	_____
_____	_____	_____
_____	_____	_____

2 En el pasado, la familia Ruiz no ha disfrutado mucho los viajes fuera de la ciudad. Usa el vocabulario para decirles qué deben hacer en su próximo viaje.

Modelo: Teresa Ruiz se ha perdido en el castillo. (visita guiada)

En el futuro, Teresa debe hacer una visita guiada.

1. La señora Ruiz se ha sentado del lado del pasillo y no ha visto el paisaje. (la ventanilla)

_____

2. Ana y Ramón Ruiz han tenido mucha hambre. (especialidades de la región)

_____

3. Ramón Ruiz se ha perdido explorando los callejones de la ciudad. (direcciones)

_____

4. El señor Ruiz no ha aprendido sobre la historia de la ciudad. (centro histórico)

_____

5. Los señores Ruiz, Ramón y yo hemos tenido mucha sed. (algo)

_____

3 Explícale a un turista qué hacer en el lugar donde vives. Dile qué sitios visitar, en qué medio de transporte viajar y qué comer o hacer para disfrutar la región. Usa el vocabulario de la lección y escribe un párrafo con oraciones completas.

_____

_____

_____

_____

_____

UNIDAD 6 Lección 2 Vocabulario A

Vocabulario B *Fuera de la ciudad*

> **¡AVANZA!** **Goal:** Talk about experiences and places outside the city.

1 Completa la siguiente narración con el vocabulario correspondiente.

La familia Salas ha salido de viaje fuera de la ciudad. Se han ido en el **1.** (andén / tren) para disfrutar del bello **2.** (paisaje / mirador) entre el centro histórico y la fortaleza medieval adonde se dirigen. Ana Salas camina rumbo al **3.** (asiento numerado / río). Cuando llega, se sienta del lado de la ventanilla y contempla feliz la **4.** (entrada / vista) del castillo a lo lejos. Desde el vagón se ve el **5.** (puente / río) que rodea la fortaleza. Ana, Teresa, los niños y toda la familia van a disfrutar la visita a este lugar tan antiguo.

2 El hermano menor de José Antonio quiere saber todo sobre la ciudad que visitan. Usa el vocabulario de la lección para contestar las siguientes preguntas.

Modelo: ¿Dónde encuentras un tapiz antiguo?

Yo encuentro un tapiz antiguo en un castillo.

1. ¿Dónde esperas la llegada del tren?

_____

2. ¿En qué consiste una fortaleza?

_____

3. ¿Cuando viajas prefieres hacer una visita guiada o explorar el lugar a solas?

_____

4. ¿Qué haces si te pierdes en una ciudad?

_____

3 Estás de visita en una ciudad bella e histórica. Escríbeles una postal a tus amigos hablándoles de tu viaje. Usa el vocabulario de la lección. Menciona qué has hecho, las especialidades de la región y tu opinión de la experiencia vivida.

_____

_____

_____

_____

_____

UNIDAD 6 Lección 2

Vocabulario B

Vocabulario C *Fuera de la ciudad*

Level 3 Textbook pp. 356–357

> **¡AVANZA!**   **Goal:**   Talk about experiences and places outside the city.

1 Las palabras subrayadas hacen falsas las siguientes oraciones. Reescríbelas y hazlas verdaderas con las palabras correctas del vocabulario.

Modelo: Saco mi billete de tren en la ventanilla.

Saco mi billete de tren en la taquilla.

1. Espero la llegada del tren en la vía.

_____

2. El tren cruza el río por el vagón.

_____

3. Las vías rodean las fortalezas antiguas.

_____

4. El visitante hace la ruta en la biblioteca nacional.

_____

5. Cuando me pierdo en un lugar extraño, pruebo las especialidades.

_____

2 Es la primera vez que tu amigo viaja en tren y no entiende bien el proceso. Escribe oraciones completas con las siguientes palabras del vocabulario para explicarle, en orden cronológico, lo que debe hacer.

la ruta	la taquilla	el andén	el asiento numerado	el paisaje

1. Primero, _____

2. Segundo, _____

3. Entonces, _____

4. Después, _____

5. Por último, _____

3 Eres un(a) guía que dirige visitas en un castillo famoso. Explica a los turistas todo lo que ven a su alrededor en cinco oraciones completas. Usa las palabras del vocabulario.

_____

_____

_____

_____

_____

_____

UNIDAD 6 Lección 2   Vocabulario C

Vocabulario adicional

¡AVANZA!	**Goal:** Practice words with letters *ll* and y.

Palabras con *ll* y *y*

La letra **ll** se usa en las palabras que terminan en: *-illa* (ventanilla), *-elle* (muelle), *-ello* (bello), *-illo* (castillo) y *-alle* (calle). También se usa para formar diminutivos, como por ejemplo: pepino-pepin*illo*, banano-banan*illo*. Debes tener en cuenta que hay excepciones; por esto es que puedes encontrar palabras como Pop*eye*, etop*eya*, pleb*eyo* o pleb*eya*.

La letra **y** (llamada también "i griega") se usa como: vocal (rey, estoy); como consonante (desayuno, ensayo); o como conjunción: Esteban **y** Marina. Es fácil distinguir la diferencia por la pronunciación de las palabras.

A continuación encontrarás algunas palabras que se escriben con **ll** y con **y**.

Se escriben con ll		Se escriben con y	
pasillo	bello	rey	lacayo
billete	anillo	muy	hoyo
taquilla	tornillo	joya	ayer
brillo	callado	hoy	proyecto
ladrillo	arrolló	arroyo	

1 Escribe la letra **ll** o la letra **y** para completar las palabras de la anécdota rimada siguiente según corresponda.

A **1.** ___ er en la mañana tomé el desa **2.** ___ uno y salí de prisa hacia la calle Pepini **3.** ___ o, pues allí es donde se encuentra el casti **4.** ___ o del re **5.** ___ Banani **6.** ___ o. Cuando llegué a la taqui **7.** ___ a, saqué de mi bolsi **8.** ___ o el bi **9.** ___ ete de entrada a tan be **10.** ___ o sitio. Todo estaba mu **11.** ___ ca **12.** ___ ado, especialmente el pasi **13.** ___ o y al final se veía un extraño bri **14.** ___ o. ¡Cuál sería mi sorpresa! Cuando vi un ho **15.** ___ o en el piso y ahí encontré mil jo **16.** ___ as y un gran ani **17.** ___ o de bri **18.** ___ antes. Corrí rápidamente a dar aviso a un laca **19.** ___ o que pasaba. Como no quiso escucharme, volví a casa pensativo: sin duda en ese casti **20.** ___ o a la gente le falta un torni **21.** ___ o.

UNIDAD 6 Lección 2
Vocabulario adicional

Unidad 6, Lección 2
Vocabulario adicional
272

¡Avancemos! 3
Cuaderno para hispanohablantes

Gramática A *The Past Perfect Tense*

> **¡AVANZA!** **Goal:** Use the past perfect to talk about events that had taken place before other events.

1 El abuelo de Ernesto Rosas habla con su nieto de los cambios en la ciudad. Subraya en el párrafo siguiente las ocasiones en las que usa el pasado perfecto.

Cuando yo tenía tu edad por aquí no había llegado el tren, mucho menos habían construido el aeropuerto. En este barrio nada había cambiado: el lugar era una lechería enorme, con vacas finísimas que mugían todo el día. Cuando tu papá nació, todavía nadie había imaginado que todo sería tan moderno. Y es que las casitas que nos habían costado tanto esfuerzo y dinero, pronto fueron compradas por compañías constructoras. Y lo que había sido un campo hermoso, lleno de flores y de olor a árboles de pino se convirtió en un mar de calles y aceras.

2 Las siguientes personas viven la vida a mil por hora. Completa las siguientes oraciones usando el imperfecto y el pasado perfecto de los verbos entre paréntesis apropiadamente.

Modelo: Todavía no _era_ (ser) la hora y la empleada ya _había cerrado_ (cerrar) la zapatería.

1. Todavía no _____ (cumplir) veinte años y mi abuela ya _____ (casarse).

2. Todavía no _____ (llamar) a los pasajeros y César ya _____ (subirse) al tren.

3. Todavía no _____ (trabajar) y Paco ya _____ (comprar) una casa.

4. El profesor todavía no _____ (asignar) la tarea y nosotros ya _____ (terminar) la clase.

5. Todavía no _____ (nacer) yo, y mis padres ya me _____ (dar) el nombre.

3 Combina las oraciones sobre la quinta de Lorena Barrios para formar una oración que use el pasado perfecto.

Modelo: Primero: Cantaron los gallos. Luego: Ladraron los perros.

Cuando los perros ladraron, ya habían cantado los gallos.

1. Primero: Rosa ordeñó las vacas. Luego: Javier trajo la pastura.

_____

2. Primero: Ana corrió una milla. Luego: Maricruz se levantó.

_____

3. Primero: Todos tomamos café. Luego: Lorena sirvió el desayuno.

_____

4. Primero: Exploramos los alrededores. Luego: Nos trajeron un guía.

_____

Gramática B *The Past Perfect Tense*

¡AVANZA!	**Goal:**	Use the past perfect to talk about events that had taken place before other events.

1 Completa el párrafo sobre los trabajos por computadora con el pasado perfecto.

Nunca **1.** _____ (ser) tan fácil trabajar en casa. Hace treinta años las

personas no **2.** _____ (pensar) que podrían vivir en San Francisco y

trabajar en Dallas. O que podrían asistir a una junta cinco minutos después del timbre del

despertador. Es que la tecnología no se **3.** _____ (desarrollar) al grado

de hoy. Pocas personas tenían computadoras y si **4.** _____ (oír) la

palabra telecomunicaciones era porque eran ingenieros o científicos. Hoy, mi abuelo, que

no **5.** _____ (tocar) una tecla en su vida, da clases de jardinería por

Internet. ¿No les parece fantástico?

2 Usa el pasado perfecto para expresar en un párrafo qué habían hecho las siguientes personas cuando llegaste a clase.

    Modelo: el profesor / pasar / exámenes

                  Cuando llegué a clase, *el profesor ya había pasado los exámenes.*

  1. tu vecino de pupitre / empezar el examen

  2. tu mejor amigo(a) / no llegar

  3. Mario / aburrirse

  4. el director / asomarse tres veces

  5. los alumnos / hacer preguntas

_____

_____

_____

3 Usa el pasado perfecto para expresar aspectos que desconocías de las siguientes personas. Escoge un verbo de la caja y úsalo en la oración apropiada.

advertir	subirse	conocer	ir	comer

  1. Aunque nos _____ por tres años, Marina nunca me dijo que hablaba
      tres idiomas.

  2. Aunque nunca se _____ a un avión, la abuela de Paco no tenía la
      menor intención de hacerlo.

  3. A pesar de que _____ en ese restaurante por más de diez años, mis
      abuelos dejaron de ir la primera vez que les cobraron de más.

  4. Aunque le _____ por mucho tiempo que mi perro era feroz, Ana le
      puso la mano en la boca.

  5. Dora no _____ (ir) de compras en tres años porque no le gustaba gastar.

UNIDAD 6 Lección 2

Gramática B

Gramática C *The Past Perfect Tense*

> **¡AVANZA!** **Goal:** Use the past perfect to talk about events that had taken place before other events.

1 Usa el pasado perfecto para expresar las cosas que habías hecho o no antes de entrar a la secundaria. Escribe oraciones completas.

Modelo: estudiar español   *Antes de entrar a la secundaria, no había estudiado español.*

1. tomar clases de gimnasia _____

2. tener novio(a) _____

3. desvelarse _____

4. viajar al extranjero _____

5. escribir mis primeros poemas _____

2 Usa las pistas para expresar lo que «el testigo de un asalto» nos relató sobre el evento. Escribe oraciones completas con el pasado perfecto del verbo subrayado.

Modelo: hombre / decir / <u>reconocer</u> / inmediatamente
El hombre dijo que lo *había reconocido* inmediatamente.

1. hombre / decir / no <u>tener</u> / tiempo / llamar / policía.

_____

2. también / explicar / <u>ponerse</u> / nervioso

_____

3. aunque / asaltante / <u>actuar</u> / cortésmente / clientes / café / entregar / carteras

_____

4. finalmente / dueño del café / confesar / <u>ser</u> / broma / día de los inocentes

_____

3 Usa el pasado perfecto para escribir un párrafo que exprese cinco cosas que hiciste el último verano que no habías hecho hasta entonces.

Modelo: *Antes del último verano yo nunca había conocido a mis primos de California. Tampoco...*

_____

_____

_____

_____

_____

UNIDAD 6 Lección 2 Gramática C

Gramática A *The Future Perfect Tense*

¡AVANZA!	**Goal:** Use the future perfect to describe what will have happened.

1 Georgina habla con su mejor amiga Maika de las cosas que habrá hecho antes de terminar la secundaria. Subraya en el párrafo siguiente las ocasiones en las que usa el futuro perfecto.

Maika: Hola Gina. ¿Cómo estás?

Georgina: Bien, gracias. ¿Y tú?

Maika: Muy bien. Contando los días para las vacaciones. Para ese día ya habré recibido mi pasaporte y habré ahorrado suficiente dinero para los billetes.

Georgina: ¡Qué bien! ¿Ya sabes qué país vas a visitar?

Maika: Todavía no. Pero te aseguro que para entonces habremos leído todas las guías turísticas y yo habré tomado una decisión entre visitar España o Portugal.

Georgina: ¿Habremos leído? ¿Con quién vas a viajar?

Maika: Mi mamá y yo, claro. ¿No habrás pensado que lo iba a hacer sola?

2 La madre de Víctor especula sobre las preparaciones de su hijo para una excursión a Barcelona. Rellena los espacios en blanco con el futuro perfecto para completar las oraciones.

1. ¿ _____ (usar) Víctor el efectivo para pagar los billetes de tren?

2. ¿Le _____ (dar) sus amigos mi última recomendación?

3. ¿No le _____ (decir) tú que no nos llamara al llegar? Sabes que es muy importante.

4. Y vosotras, ¿le _____ (recordar) de la visita a la tía Aranxa? Ella está tan decidida a ir con estos jovencitos a Las Ramblas que no pude decirle que no.

5. ¿Y yo? ¿Le _____ (entregar) el mapa? ¿Dónde tengo la cabeza que no me acuerdo de nada?

3 Escribe oraciones completas con el futuro perfecto para expresar lo que habrá sucedido en cada situación.

1. Si guardo mi dinero ahora, en diez años _____

2. Si estudio mucho ahora, en cinco años _____

3. Si promovemos la paz ahora, en diez años _____

4. Si hago mucho ejercicio ahora, en un año _____

5. Si hago toda mi tarea ahora, mañana _____

UNIDAD 6 Lección 2   Gramática A

Gramática B *The Future Perfect Tense*

> **¡AVANZA!**   **Goal:**   Use the future perfect to describe what will have happened.

1 Completa el párrafo sobre la sorpresa que la señora Rojas prepara para su esposo. Usa el futuro perfecto de los verbos entre paréntesis.

Para cuando el señor Rojas regrese de Madrid, **1.** _____ (suceder) muchas cosas en su casa. La señora Rojas le **2.** _____ (comprar), el asador de seis parrillas que el señor Rojas siempre ha querido para su patio. La señora Rojas **3.** _____ (echar) la casa por la ventana en la renovación del exterior de su casa. Los trabajadores **4.** _____ (construir) la nueva piscina y **5.** _____ (plantar) el nuevo jardín.

2 Las personas que tomaron la supercarretera esta mañana llegarán tarde a sus trabajos. Usa el futuro perfecto para completar sus especulaciones mientras esperan nerviosamente que mejore el tránsito.

Modelo: la enfermera / hospital ⟶ el doctor Martínez / hacer visitas

Cuando la enfermera llegue al hospital, el doctor Martínez ya habrá hecho las visitas a sus pacientes.

1. el universitario / universidad ⟶ las clases / empezar

_____

2. la estilista / salón ⟶ la clienta / irse

_____

3. Magali / casa ⟶ su mejor amiga / enojarse

_____

4. el cocinero / restaurante ⟶ su jefe / cocinar

_____

5. el bombero /estación ⟶ dos casas / quemarse

_____

3 Escribe un párrafo sobre tu futuro y las cosas que habrás hecho en cinco años. Usa temas como la escuela, los viajes, las compras y el lugar donde vivirás.

Modelo: *En cinco años, habré visitado Europa.*

_____

_____

_____

_____

_____

Gramática C The Future Perfect Tense

> **¡AVANZA!** **Goal:** Use the future perfect to describe what will have happened.

1 Completa el párrafo sobre la importancia de cuidar nuestro planeta. Usa los verbos en el recuadro en futuro perfecto.

contaminar	dejar	acabar	ensuciar	agotar

Si no nos preocupamos por el planeta, para dentro de pocos años **1.** _____

los recursos naturales que más nos hacen falta. **2.** _____ el agua

de los lagos y los ríos con los productos químicos que vaciamos en ella. La polución

3. _____ el aire y la selva del Amazonas **4.** _____

de ser refugio de animales que viven en ella. ¿Qué haremos entonces? ¿Habrá solución o

nos **5.** _____ el mundo en su totalidad?

2 Martín nunca asume responsabilidad por sus acciones. Escribe oraciones completas con el futuro perfecto para responder a las siguientes situaciones con las que lo confronta su mamá.

Modelo: Se acabaron los chocolates de la caja. (comer/ Teresa)

¿Habrá comido Teresa algún chocolate?

1. Se descompuso la lavadora. (lavar tapetes del carro/ papá)

_____

2. Me faltan diez dólares en la cartera. (sacar/ el perro)

_____

3. Hay una mancha de mermelada en la alfombra. (hacer/el gato)

_____

4. Hay goma de mascar pegada bajo la mesa. (poner/ mi tía Juana)

_____

5. Mis zapatos están en la basura. (tirar/ Paquito)

_____

3 Escribe un párrafo de cinco oraciones para describir el estado del planeta en diez años. Usa el futuro perfecto.

_____

_____

_____

_____

Gramática C UNIDAD 6 Lección 2

Gramática adicional *El uso de la voz pasiva*

¡AVANZA!	**Goal:** Practice the formation and use of the passive voice.

La voz pasiva puede dar un tono más formal a lo que escribes. Úsala en los dos casos siguientes:

1) Para destacar quién o qué realizó la acción del verbo:

> La Mona Lisa fue pintada por Leonardo Da Vinci.

2) Para destacar la acción sin identificar quién o qué la realizó:

> La Mona Lisa fue pintada durante el Renacimiento.

Para formarla usa la conjugación correspondiente del verbo ser + el participio pasado de la acción. En este caso, el participio pasado es un adjetivo con género y número.

> Las camisas fueron diseñadas por mi madre.

> El escenario fue construido por mi padre.

La voz pasiva puede usarse en todos los tiempos verbales.

1 Arturo Maldonado estudia cine. Cambia a la voz pasiva las notas que tomó para un reporte.

1. Muchas personas inventaron el cine.

_____

2. Edison diseñó los primeros cinematógrafos en 1890.

_____

3. Los hermanos Lumière presentaron los primeros cortometrajes a finales de 1895, en París.

_____

_____

4. Georges Méliès filmó las primeras ficciones.

_____

5. Edwin Porter inauguró las películas del viejo oeste en 1903.

_____

2 Escribe cinco oraciones en voz pasiva para destacar qué o quién hizo cosas importantes.

Modelo: *América fue descubierta por Cristóbal Colón.*

_____

_____

_____

_____

_____

Conversación simulada

> **¡AVANZA!** **Goal:** Respond to a conversation talking about the history of a place.

Vas a participar en una conversación telefónica simulada con tu amigo Roy. Primero, lee el bosquejo de la conversación que aparece en la página. Luego, escucha el audio. Tú sólo oirás lo que te dice Roy. Entonces escucha el audio de nuevo. Esta vez participarás en la conversación. Responde de forma oral a lo que te dice Roy. Una señal te indicará cuando te toque a ti hablar.

[phone rings]

Tú: Contesta el teléfono y pregunta quién llama.

Roy: (Él responde y te saluda.)

Tú: Tú le preguntas cómo ha sido su viaje hasta ahora.

Roy: (Él te responde y te dice qué piensa.)

Tú: Pregúntale cómo es el lugar donde vive.

Roy: (Él te responde y te pide tu opinión.)

Tú: Respóndele y pregúntale qué piensa hacer.

Roy: (Él te responde y te habla de lo que piensa hacer.)

Tú: Contéstale y pregúntale cómo es la casa donde vive.

Roy: (Él responde y se despide.)

Tú: Despídete y cuelga.

UNIDAD 6 Lección 2 Conversación simulada

Integración: Escribir

> **¡AVANZA!** **Goal:** Respond to written and oral passages about the history of a place.

Lee el siguiente cartel para promover el turismo rural en Andalucía.

Fuente 1 Leer

¿Te atrae el senderismo?
¿Practicas la bicicleta de montaña?

La casa rural Azulejos en el pueblo de Alfernate, Málaga, podría ser tu destino estas vacaciones. ¿Eres uno de esos turistas que buscan la historia y las tradiciones, el encuentro con la España que pocos conocen? La gente amable de Andalucía recibe a todos con los brazos abiertos. A sólo 14 kilómetros de la costa norteafricana, la historia de Andalucía está fuertemente ligada a ese continente. Visítanos hoy y hospédate con nosotros. *En una casa rural, Andalucía te queda más cerca.*

Ahora vas a escuchar el mensaje que Constancia Roldán dejó en el teléfono celular de su esposo Marcelo. Toma notas. Luego completa la actividad.

Fuente 2 Escuchar

HL CD 2, tracks 15–16

Imagina que vas a hacer un viaje a España. ¿Cuál de las dos posibilidades de viaje te atrae más? Escribe un párrafo en el que le digas a Marcelo o a Constancia la opción que tú prefieres y por qué. Explica tus razones claramente.

_____

_____

_____

_____

UNIDAD 6 Lección 2 Integración: Escribir

Lectura A

Goal: Read about an excursion.

---

1 Lee el diario de Fernanda. Luego responde a las preguntas de comprensión y escribe tu opinión sobre el tema.

El viaje inolvidable

Había llegado el día. Mis hermanas y yo habíamos planeado un viaje en tren hasta Málaga. Teresa, mi hermana mayor, había querido comprar boletos con asientos numerados, sin embargo, cuando llegó a la taquilla le dijeron que se habían agotado. Todas nos quedamos tristes. En ese momento, vimos a nuestro vecino José. Él nos dijo que había comprado boletos para Málaga en un vagón sin asientos numerados. Nos pusimos muy contentas y Teresa compró los boletos.

Nunca habíamos visto un paisaje tan hermoso. Desde la ventanilla, veíamos unas fortalezas antiguas y unos castillos espectaculares. De pronto, a la mitad de la ruta, el tren se detuvo. El conductor nos avisó que una vía se había roto. Pasaron muchos minutos, hasta que finalmente, el tren volvió a andar.

Por fin llegamos a la estación de Málaga. Teresa había traído el plano de la ciudad y lo sacó para saber a dónde ir. Primero, hicimos una visita guiada por el centro histórico. Luego pasamos por los Jardines de Pedro Luis Alonso. Después, el guía nos llevó a la Plaza de la Merced. ¡Parecía un lugar muy divertido! Había restaurantes de tapas y de comida típica malagueña.

---

2 **¿Comprendiste?** Responde a las siguientes preguntas con oraciones completas.

1. ¿Adónde fueron Fernanda y sus hermanas?

_____

2. ¿Cómo solucionó Teresa el problema de los boletos agotados?

_____

3. ¿Qué paso a la mitad del camino? ¿Qué les dijo el conductor?

_____

4. ¿Qué lugares conocieron Fernanda y sus hermanas cuando llegaron a su destino?

_____

_____

3 **¿Qué piensas?** ¿Alguna vez viajaste en tren? ¿Adónde fuiste? Si no lo has hecho, ¿te gustaría viajar en tren? ¿ Adónde te gustaría viajar?

_____

_____

_____

Lectura B

¡AVANZA! **Goal:** Read about an excursion.

---

1 José y Manuela hacen planes para pasear en Segovia. Lee su conversación. Luego responde a las preguntas de comprensión y compara su experiencia con la tuya.

Vamos a Segovia

JOSÉ: Manuela, vamos a Segovia. Mañana hará buen tiempo y tendrán una feria de artesanías en la plaza principal. Cada año se organiza esta feria.

MANUELA: ¿Y habrán llegado las nuevas artesanías de los pueblos?

JOSÉ: ¡Por supuesto! Ya habrán llegado y podremos verlas y comprar las que queramos. Calculo que habremos terminado de hacer las compras hacia las once de la mañana y habrá tiempo para probar las especialidades del lugar y visitar algunos lugares interesantes.

MANUELA: Me pregunto si habrán abierto la Casa-Museo de Antonio Machado. El año pasado la habían cerrado porque la estaban reparando.

JOSÉ: Ya la han abierto otra vez. También han abierto el Museo del Palacio Episcopal. Tenemos que estar de regreso a las nueve de la noche. Habremos hecho un recorrido muy lindo por Segovia.

MANUELA: ¡Qué buena idea tuviste José! ¡Pasar todo el día en Segovia me parece muy divertido!

---

2 **¿Comprendiste?** Responde a las siguientes preguntas con oraciones completas.

1. ¿Por qué quiere José pasar el día en Segovia?

_____

2. ¿Qué quiere saber Manuela sobre la feria?

_____

3. ¿Qué quiere saber Manuela sobre la Casa-Museo de Antonio Machado? ¿Por qué?

_____

_____

3 **¿Qué piensas?** Cuando sales de paseo con tu familia a un pueblo o ciudad cercana, ¿aprovechan para visitar algunos lugares interesantes? ¿Qué lugares han visitado? ¿Qué lugares les gustaría visitar? ¿Por qué?

_____

_____

_____

Lectura C

| ¡AVANZA! | **Goal:** Read about an excursion. |

1 Ramón y Teresa se irán de excursión. Lee lo que les habrá ocurrido durante su viaje en el siguiente poema. Luego responde a las preguntas de comprensión.

Una excursión con mi amigo Ramón

Mañana Ramón y yo habremos salido de excursión,

y habremos tenido momentos de diversión.

A las ocho de la mañana el tren habrá llegado a la estación,

y Ramón y yo ocuparemos el último vagón.

Después de cuatro horas habremos llegado a nuestro destino,

estaremos en Granada, ¡un lugar histórico y divino!

Al llegar, echaremos monedas en el pozo de los deseos,

y después habremos visitado galerías y museos.

En un museo habrá llegado una nueva exhibición,

los cuadros de Picasso causarán gran sensación.

Luego visitaré la casa de un escritor muy famoso,

García Lorca, quien fue un poeta maravilloso.

A continuación, haremos una visita guiada,

y habremos aprendido sobre la historia de Granada.

Exploraremos las iglesias y mezquitas,

la catedral, y algunas estatuas muy bonitas.

Para el mediodía habremos caminado y caminado,

y Ramón y yo estaremos un poco agotados.

Habremos comprado recuerdos para todos,

para mamá, papá y mi hermano Alfonso.

Para mamá habré comprado una artesanía,

para papá discos con algunas melodías

y para Alfonso un cuadro con paisajes de las serranías.

¡Mis regalos causarán mucha alegría!

UNIDAD 6 Lección 2

Lectura C

2 **¿Comprendiste?** Responde a las siguientes preguntas:

1. ¿A qué hora planean salir los amigos para su excursión?

_____

2. ¿Adónde habrán llegado Ramón y Teresa luego del viaje?

_____

_____

3. ¿Qué actividades interesantes habrán hecho los amigos al llegar a la ciudad?

_____

_____

4. ¿Cuáles son los regalos que piensa comprar Teresa para su familia?

_____

_____

5. ¿Por qué crees que el autor decidió contar esta historia en verso?

_____

_____

3 **¿Qué piensas?** ¿A qué lugares te gusta ir cuando vas de excursión? ¿Cómo son esos lugares? Describe alguno de estos lugares y escribe detalles que te gusten de tu excursión.

_____

_____

_____

_____

_____

_____

_____

Escritura A

| ¡AVANZA! | **Goal:** Write what happened on an excursion. |

En una excursión en Segovia perdiste tu mochila y todo lo que había en ella. Para encontrar la mochila con tus pertenencias, decides publicar un anuncio en el periódico local.

1 Haz una descripción de tu mochila y de las cosas que guardas dentro de ella.

Mi mochila es...	
Color(es)	
Marca	
¿Qué tiene adentro?	
¿Dónde crees que la perdiste?	

2 Escribe el anuncio para el periódico. Para ello:1) incluye la información recolectada en la Actividad 1; 2) escribe oraciones claras y con sentido; 3) usa el vocabulario de la lección y 4) haz un uso correcto del lenguaje, de los verbos y de la ortografía.

_____
_____
_____
_____
_____
_____

3 Evalúa tu anuncio con la siguiente información:

	Crédito máximo	**Crédito parcial**	**Crédito mínimo**
Contenido	Incluiste la información de la Actividad 1. Escribiste oraciones claras y con sentido. Usaste el vocabulario de la lección.	Incluiste poca información de la Actividad 1. Escribiste oraciones sin claridad o sin sentido. Usaste poco vocabulario de la lección.	No incluiste información de la Actividad 1. Escribiste muchas oraciones sin claridad o sin sentido. No usaste vocabulario de la lección.
Uso correcto del lenguaje	Tuviste un buen manejo del lenguaje, de los verbos y de la ortografía.	Tuviste algunos errores en el manejo de lenguaje, verbos y ortografía.	Tuviste muchos errores en el manejo de lenguaje, verbos y ortografía.

Escritura B

¡AVANZA!	**Goal:** Write what happened on an excursion.

1 Hiciste una visita guiada por la ciudad de Madrid. Organiza tus ideas para presentar un informe. Escribe dos adjetivos para describir a cada persona o cosa que viste y en el orden en que los viste:

Cosas y/o personas	¿Cómo eran?

2 Escribe tu informe. Incluye: 1) la información del punto anterior; 2) oraciones claras, completas y lógicas 3) la estructura de inicio, desarrollo y conclusión; 4) el vocabulario de la lección; 5) buen uso del lenguaje y de la ortografía.

_____

_____

_____

_____

_____

_____

_____

3 Evalúa tu informe con la siguiente información:

	Crédito máximo	**Crédito parcial**	**Crédito mínimo**
Contenido	Utilizaste la información del punto uno. Escribiste tu informe con oraciones completas, claras y lógicas. Incluiste la estructura de inicio, desarrollo y conclusión. Utilizaste el vocabulario de la lección.	Utilizaste alguna información del punto uno. Tuviste algunos errores en la construcción de oraciones completas, claras y lógicas. Olvidaste incluir una de las partes del informe (inicio, desarrollo o conclusión).	No incluiste la información del punto uno. En general, las oraciones no son completas, son muy poco claras o no tienen sentido. Tu informe no muestra una estructura de inicio, desarrollo y conclusión.
Uso correcto del lenguaje	Hiciste un buen uso del lenguaje y de la ortografía.	Tuviste algunos errores en el uso del lenguaje y algunos errores de ortografía.	Tuviste muchos errores en el uso del lenguaje y la ortografía.

Escritura C

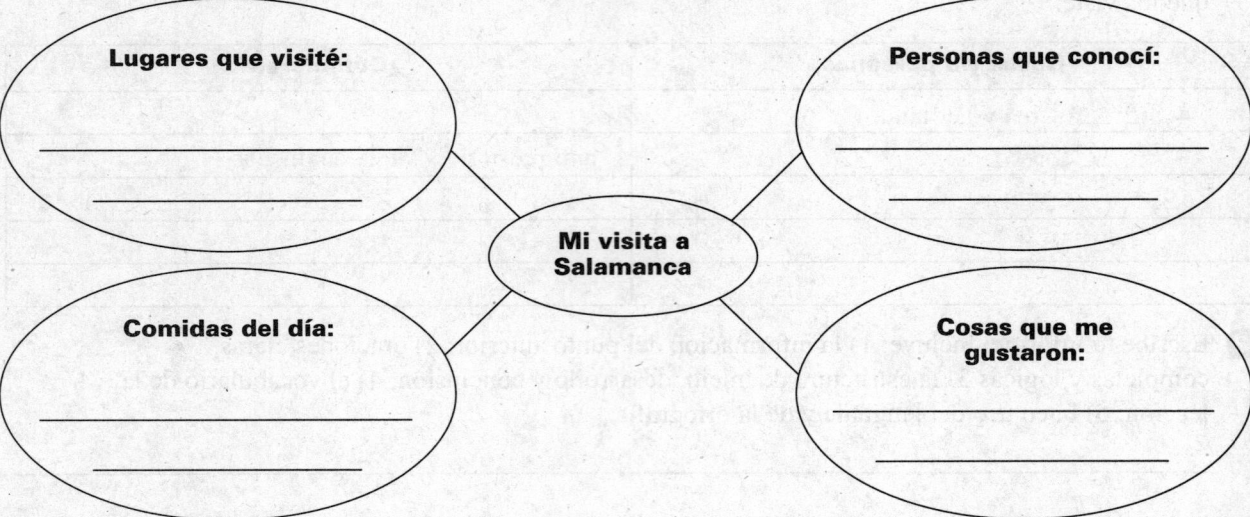

> **¡AVANZA!** **Goal:** Write what happened on an excursion.

1 Estudiaste español por un año en Salamanca. Preparas una presentación escrita sobre cómo fue tu estancia en esa ciudad y organizas tus ideas en este gráfico.

Lugares que visité:
_____
_____

Personas que conocí:
_____
_____

Mi visita a Salamanca

Comidas del día:
_____
_____

Cosas que me gustaron:
_____
_____

2 Ahora escribe un ensayo corto. No olvides: 1) desarrollar las ideas de la Actividad 1 en tres o más párrafos; 2) escribir oraciones claras, completas y lógicas; 3) estructurar la presentación escrita con: inicio, desarrollo y conclusión; 4) usar el vocabulario de la lección y 5) hacer un buen manejo del lenguaje, de los verbos y de la ortografía.

3 Evalúa tu ensayo con la siguiente información:

	Crédito máximo	**Crédito parcial**	**Crédito mínimo**
Contenido	Desarrollaste las ideas de la Actividad 1 en tres o más párrafos. Escribiste oraciones claras, completas y lógicas. Estructuraste la presentación escrita con inicio, desarrollo y conclusión. Usaste el vocabulario de la lección.	Desarrollaste las ideas de la Actividad 1 en dos párrafos. Algunas oraciones no son claras, completas o lógicas. Se identifican sólo dos partes de la presentación escrita. Algunas veces usaste el vocabulario de la lección.	Desarrollaste las ideas de la Actividad 1 en un párrafo. En general, las oraciones no son completas, muy poco claras o no tienen lógica. No se identifican las partes de la presentación escrita. Rara vez hiciste uso del vocabulario de la lección.
Uso correcto del lenguaje	Hiciste un buen manejo del lenguaje, de los verbos y de la ortografía.	Tuviste algunos problemas con el manejo del lenguaje, de los verbos y tuviste errores de ortografía.	Tuviste problemas con el manejo del lenguaje, de los verbos y muchos errores de ortografía.

Escritura C UNIDAD 6 Lección 2

Cultura A

> **¡AVANZA!**　　**Goal:**　Discover and know people, places, and culture from Spain.

1 Relaciona los nombres y conceptos de la primera columna con los de la segunda.

1. _____ Constitución
2. _____ origen de la división regional
3. _____ euskera
4. _____ Isabel y Fernando
5. _____ Toledo

a. unificación territorial
b. El Greco
c. autonomías o regiones autónomas
d. País Vasco
e. antiguos reinos de la península

2 Responde de forma breve a las siguientes preguntas sobre España.

1. ¿En qué lugar de España se encuentra Potes?

_____

2. ¿Con qué otro nombre se conoce a Doménikos Theotokópoulos?

_____

3. ¿Por qué razones las comunidades autónomas tienen una identidad individual?

_____

4. ¿Cuál es una de las características de las obras de Doménikos Theotokópoulos?

_____

3 ¿Cómo se divide el gobierno español en relación a sus diferentes regiones geográficas? ¿En qué se parece esto a la situación en Estados Unidos? Escribe una oración comparando la situación en los dos países y luego piensa en dos ventajas de un gobierno descentralizado.

En Estados Unidos y en España _____

_____

Dos ventajas de un gobierno descentralizado son:

1. _____

_____

2. _____

_____

UNIDAD 6 Lección 2　Cultura A

Cultura B

> **¡AVANZA!**   **Goal:**   Discover and know people, places, and culture from Spain.

1 Indica si las siguientes afirmaciones son ciertas (C) o falsas (F). Si son falsas, escribe la forma correcta.

1. _____ La nueva Constitución española creó las autonomías en 1998.

_____

2. _____ Las comunidades autónomas tienen sus propios cuerpos legislativos pero están unidos al gobierno central.

_____

3. _____ España está dividida en 15 regiones autónomas.

_____

4. _____ El Greco fue un pintor que usó colores suaves en sus obras.

_____

5. _____ El Greco pintaba de forma alargada las manos y las caras de las personas.

_____

2 Responde a las siguientes preguntas con oraciones completas.

1. ¿Cuál es el origen de la división regional de España?

_____

2. ¿Qué trataron de hacer los reyes Isabel y Fernando para unificar España?

_____

_____

3 ¿Cómo se relaciona El Greco con su cuadro *Vista de Toledo*? ¿Cómo ves tú tu ciudad? Si fueras a pintarla, ¿qué parte de tu ciudad pintarías? ¿Qué momento del día escogerías? ¿Qué estación del año? ¿Qué colores emplearías? ¿Qué sentimiento esperas provocar en las personas que miren el cuadro? Responde en un párrafo breve.

_____

_____

_____

_____

UNIDAD 6 Lección 2

Cultura B

Cultura C

> **¡AVANZA!** **Goal:** Discover and know people, places, and culture from Spain.

1 Responde con oraciones completas a las siguientes preguntas sobre la vida y obra de El Greco.

1. ¿En qué año se fue El Greco a vivir a Toledo?

_____

2. ¿Cuál es la obra más famosa de El Greco que se puede ver en Toledo?

_____

3. ¿Cuáles son algunas características de la obra de El Greco?

_____

_____

2 Responde con oraciones completas a las siguientes preguntas sobre las comunidades autónomas de España.

1. ¿En qué comunidades autónomas de España se hablan idiomas diferentes al castellano o español? ¿Cuáles son los idiomas que se hablan en estas autonomías?

_____

_____

_____

2. La división regional en España, ¿es reciente o antigua? Explica brevemente su evolución.

_____

_____

_____

3 Crees que la existencia y el uso de varios idiomas diferentes en un mismo país es una ventaja o un inconveniente? ¿Por qué? ¿Crees que cambiaría algo en Estados Unidos si en algunos estados se hablara un idioma diferente del inglés? Explica.

_____

_____

_____

_____

_____

Comparación cultural: Lo moderno y lo tradicional
Lectura y escritura

Después de leer los párrafos sobre los elementos modernos y tradicionales de la ciudad
donde viven Montse y Ramón, escribe un párrafo sobre la ciudad o el estado donde vives.
Usa la información del organigrama para escribir un párrafo sobre la ciudad o el estado
donde vives.

Paso 1

Completa el organigrama con los detalles sobre la ciudad o el estado donde vives.

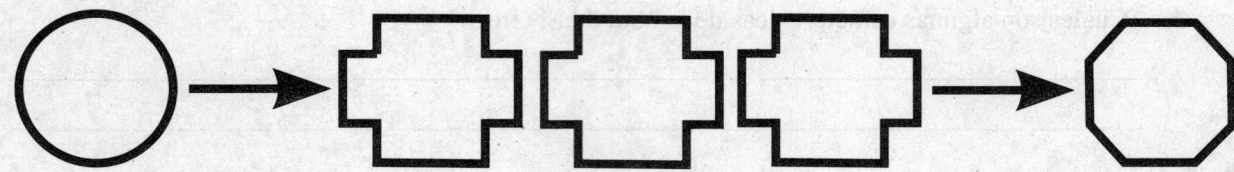

Paso 2

Ahora usa los detalles del organigrama para escribir una oración para cada uno de los temas.

_____
_____
_____
_____
_____
_____

292

Unidad 6
Comparación cultural

¡Avancemos! 3
Cuaderno para hispanohablantes

UNIDAD 6

Comparación cultural

Comparación cultural: Lo moderno y lo tradicional
Lectura y escritura
(continuación)

Paso 3

Ahora escribe tu párrafo usando las oraciones que escribiste como guía. Incluye una oración de introducción y utiliza las conjunciones **pues**, **además**, **aparte**, **también** para describir la ciudad o el estado donde vives.

_____

_____

_____

_____

_____

_____

Lista de verificación

Asegúrate de que...

☐ incluyes todos los detalles del organigrama sobre la ciudad o el estado donde vives en el párrafo;

☐ usas los detalles para describir la ciudad o el estado donde vives;

☐ utilizas las conjunciones.

Tabla

Evalúa tu trabajo con la siguiente tabla.

Criterio de escritura	Excelente	Bueno	Necesita mejorar
Contenido	Tu párrafo incluye todos los detalles sobre la ciudad o el estado donde vives.	Tu párrafo incluye algunos de los detalles sobre la ciudad o el estado donde vives.	Tu párrafo incluye muy poca información sobre la ciudad o el estado donde vives.
Comunicación	La mayor parte de tu párrafo está organizada y es facil de entender.	Partes de párrafo están organizadas y son fáciles de entender.	Tu párrafo está desorganizada y es difícil de entender.
Precisión	Tu párrafo tiene pocos errores de gramática y vocabulario.	Tu párrafo tiene algunos errores de gramática y de vocabulario.	Tu párrafo tiene muchos errores de gramática y de vocabulario.

Comparación cultural: Lo moderno y lo tradicional
Compara con tu mundo

Ahora escribe un párrafo comparando la ciudad o el estado donde vives con la de uno de los estudiantes de la página 383. Organiza la comparación por temas. Primero, compara los nombres de las ciudades, después describe tres aspectos importantes de tu ciudad o estado y por último da tu opinión.

Paso 1

Usa la tabla para organizar la comparación por temas. Escribe los detalles de cada uno de los temas sobre la ciudad donde vives y los detalles de la ciudad del (de la) estudiante que elegiste.

	Mi ciudad o estado	La ciudad o el estado de _____
Nombre de la ciudad		
Aspectos		
Mi opinión		

Paso 2

Ahora usa los detalles de la tabla para escribir la comparación. Incluye una oración de introducción y escribe sobre cada tema. Utiliza las conjunciones **pues**, **además**, **aparte**, **también** para describir la ciudad o el estado donde vives y la del (de la) estudiante que has elegido.

_____

_____

_____

_____

_____

_____

_____

UNIDAD 6

Comparación cultural

Vocabulario A *Recuerdos*

> **¡AVANZA!**　**Goal:** Discuss school and after-school activities.

1 Marcos y su mamá hablan sobre las actividades y eventos de la escuela. Escoge la letra de la frase de la derecha que corresponda a la actividad o evento de la izquierda.

1. _____ la graduación

2. _____ el comité estudiantil

3. _____ el recuerdo

4. _____ el rato libre

5. _____ el coro

a. el grupo de estudiantes que representa a todos los compañeros/as en la escuela

b. la memoria de las actividades y eventos pasados

c. la ceremonia al final del curso escolar

d. el horario de descanso para los estudiantes

e. grupo de estudiantes que cantan simultáneamente una misma música

2 Escoge la palabra correcta para completar las oraciones sobre las actividades.

1. Necesito solicitar (una beca / un código) para la universidad.

2. No hay ningún código de (vestimenta / graduación) en mi escuela.

3. El (anuario / comienzo) escolar tiene fotos de todas las clases.

4. El día de Acción de Gracias es un día (parcial / feriado) en la escuela.

3 Contesta las preguntas relacionadas al trabajo con oraciones completas. Usa al menos una palabra por oración.

el (la) cajero(a)　　　**el (la) salvavidas**　　　**los impuestos**　　　**el (la) niñero(a)**

1. ¿Cómo se llama la persona que cuida niños?

_____

2. ¿Qué persona tiene un trabajo importante en la playa?

_____

3. ¿Qué persona trabaja en una tienda o un almacén?

_____

4. ¿Cuál es la parte del sueldo que toma el gobierno federal?

_____

UNIDAD 7 Lección 1 Vocabulario A

Vocabulario B *Recuerdos*

> **¡AVANZA!** **Goal:** Discuss school and after-school activities.

1 Escoge la palabra correcta para identificar la actividad de cada persona. Escribe oraciones completas con la forma apropiada de la palabra.

el (la) vice-presidente(a)	el (la) redactor(a)
el (la) diseñador(a)	el (la) tesorero(a)

1. Antonio crea páginas Web.

_____

2. Delia es la segunda líder del club de español.

_____

3. Marta cuida el dinero de la sociedad honoraria.

_____

4. Raquel escribe los textos del anuario.

_____

2 Contesta estas preguntas personales con oraciones completas. Usa al menos una palabra por oración.

nutritivo(a)	chatarra	estresado(a)	una dieta balanceada

1. ¿Qué tipo de comida comes generalmente?

_____

2. ¿Qué haces para no engordar?

_____

3. ¿Qué tipo de comida comes en los lugares de comida rápida?

_____

4. Si trabajas demasiado, ¿cómo te sientes?

_____

3 Quieres solicitar una beca porque deseas estudiar para profesor(a) de música. Escribe una lista de actividades que realizas para incluirlas en tu currículum vítae. Haz la lista con oraciones completas que incluyan el vocabulario de la lección.

Modelo: *Soy miembro de la sociedad honoraria.*

_____

_____

_____

Vocabulario C *Recuerdos*

> **¡AVANZA!** **Goal:** Discuss school and after-school activities.

1 Estas son las preguntas y respuestas que se oyeron en una entrevista. Lee las preguntas y subraya la respuesta correcta.

1. Después de tu graduación en la preparatoria, ¿qué vas a hacer? Voy a solicitar (una beca / el sueldo) para la universidad.

2. ¿Cuál es tu recuerdo favorito del coro del colegio hasta ahora? Es el del premio que ganó el coro en (el comité de eventos / la ceremonia de graduación).

3. ¿Qué te gusta hacer en la computadora en tus ratos libres? Me gusta hacer (diseños de páginas Web / los impuestos).

4. ¿De qué organización escolar eres miembro? Soy miembro del (comité estudiantil / club de cajeros).

2 Completa las actividades que necesitas hacer para mejorar tu salud emocional y física. Debes usar una de las siguientes palabras por oración.

comida chatarra	club escolar	dieta balanceada	rato libre

1. Necesito _____

2. Debo _____

3. Es esencial que _____

4. Es importante que _____

3 Tu hermano(a) menor busca un trabajo de medio tiempo. Escríbele unos consejos que debe seguir para encontrar y mantener su empleo. Escribe oraciones completas con cada una de las siguientes palabras.

una solicitud de empleo   **el sueldo**   **el empleo**   **los impuestos**   **cuenta de ahorros**

Modelo: *Debes llenar una solicitud de empleo.*

_____

_____

_____

_____

UNIDAD 7 Lección 1   **Vocabulario C**

Vocabulario adicional *Los títulos profesionales*

> **¡AVANZA!** **Goal:** Expand your vocabulary with words to describe female professionals.

Anteriormente, algunos títulos de las profesiones se referían al género masculino, por ejemplo: el médico o el piloto. Hoy en día el lenguaje refleja la igualdad entre los hombres y las mujeres en estas profesiones. Por ejemplo, es muy común escuchar hablar de la médica o la doctora. Aquí hay otros ejemplos:

el juez	→ la juez o la jueza
el presidente	→ la presidente o la presidenta
el senador	→ la senadora
el farmacéutico	→ la farmacéutica
el embajador	→ la embajadora
el empresario	→ la empresaria
el ministro	→ la ministra
el poeta	→ la poetisa
el actor	→ la actriz

❶ Contesta las preguntas con oraciones completas. Usa las palabras de la lista en su forma femenina.

1. ¿Qué profesional toma decisiones legales?

_____

2. ¿Qué profesional trabaja como la representante de su país en otro?

_____

3. ¿Qué profesional contrata a diferentes empleados para trabajar en su empresa?

_____

❷ Escribe oraciones con las descripciones de los títulos de las profesiones femeninas siguientes.

1. Rosario actúa en una telenovela famosa.

_____

2. Mercedes estudió para trabajar en un laboratorio de medicamentos.

_____

3. A Caridad la eligieron como representante del gobierno de su estado en el senado.

_____

Gramática A *The imperfect subjunctive*

Level 3 Textbook pp. 397–401

> **¡AVANZA!** **Goal:** Use the imperfect subjunctive to express doubts, hopes, emotions and opinions in the past.

1 Subraya la forma correcta del verbo para completar las oraciones sobre el trabajo.

1. Era importante que yo (trabajara / trabaje) un turno de medio tiempo.

2. Mis padres querían que mis hermanos y yo (tomemos / tomáramos) decisiones sobre nuestra vida profesional.

3. Mi familia esperaba que mi hermano (se graduara / se graduaran) con honores para poder encontrar un trabajo bueno.

4. Mi abuela no quería que mis hermanos (dejaron / dejaran) de estudiar.

2 Escribe la forma correcta del verbo entre paréntesis para completar las oraciones sobre Alicia y sus aspiraciones.

1. Los padres de Alicia le recomendaron que _____ (buscar) trabajo.

2. Ella prefería que sus padres _____ (dejar) de estresarla sobre su futuro.

3. Ella me pidió que la _____ (ayudar) a llenar las solicitudes de empleo.

4. Yo insistía en que ella _____ (servir) de presidenta del comité estudiantil en vez de buscar trabajo.

3 Escribe oraciones completas para describir qué les recomendaron los alumnos a las siguientes personas para mejorar su experiencia en la escuela.

Modelo: la administración / arreglar los edificios

Los alumnos le recomendaron a la administración que arreglara los edificios.

1. los maestros / dar más tarea

_____

2. tú / servir en el comité de eventos

_____

3. nosotros / planificar la ceremonia de la graduación

_____

4. yo / ser miembro del comité estudiantil

_____

UNIDAD 7 Lección 1 Gramática A

Gramática B *The imperfect subjunctive*

Level 3 Textbook **pp. 397–401**

> **¡AVANZA!** **Goal:** Use the imperfect subjunctive to express doubts, hopes, emotions and opinions in the past.

1 Elena y Mateo hablan de los planes para la ceremonia de la graduación. Completa el diálogo con la forma correcta de los verbos en paréntesis.

Elena: Hola Mateo, ¿Qué te dijeron los profesores?

Mateo: Pues, nos dijeron que _____ (decidir) ya en un tema para la graduación.

Elena: ¿Qué sugirieron que _____ (hacer) el comité de eventos?

Mateo: Pues, insistieron en que el presidente del comité estudiantil _____ (preparar) un discurso para la ceremonia.

Elena: ¡Qué bien! ¿Estuvieron contentos de que tú _____ (ir) a la reunión de profesores?

Mateo: Claro. Aunque, yo dudaba que ellos _____ (querer) planear la ceremonia sin el comité estudiantil.

2 Completa las siguientes oraciones sobre lo que recuerda Julio de la escuela. Usa las expresiones en el cuadro.

actuar en un drama	repartir periódicos	entregar la tarea	comunicarse con los profesores

1. Mis padres querían que yo _____

2. Los maestros insistían en que los alumnos _____

3. La maestra de teatro siempre le decía a mi hermano que _____

4. El comité estudiantil esperaba que el presidente _____

3 Contesta las siguientes preguntas sobre tus experiencias de niño(a) con oraciones completas.

1. ¿Qué querían tus padres que estudiaras?

_____

2. ¿Qué esperabas tú que pasara en la vida?

_____

3. ¿Qué decían tus maestros que hicieras para ser buen(a) alumno(a)?

_____

4. ¿Qué esperaban tus amigos que hicieras en los veranos?

_____

UNIDAD 7 Lección 1 — Gramática B

Unidad 7, Lección 1
Gramática B
300

¡Avancemos! 3
Cuaderno para hispanohablantes

Gramática C *The imperfect subjunctive*

| ¡AVANZA! | **Goal:** | Use the imperfect subjunctive to express doubts, hopes, emotions and opinions in the past. |

1 Escribe oraciones completas para describir lo que querían los abuelos de Alfredo que hicieran las siguientes personas.

Modelo: nosotros / hacer la tarea a tiempo

Querían que nosotros hiciéramos la tarea a tiempo.

1. yo / ir a la escuela todos los días

_____

2. mis hermanos / participar en las actividades de la escuela

_____

3. la familia / saber lo que está pasando en el mundo

_____

2 ¿Qué recomendaron los profesores? Escribe oraciones completas con elementos de cada columna para explicarles a tus padres lo que los profesores recomendaron en la reunión de orientación de la escuela.

Modelo: *Los profesores recomendaron que era importante que participáramos en los eventos.*

Era importante	los alumnos	participar en los eventos
Era necesario	nosotros	asistir a las reuniones
Era bueno	yo	ir a la graduación
Era imprescindible	cada alumno	estar listo para trabajar

1. _____

2. _____

3. _____

3 ¿Qué te aconsejaron los miembros de tu familia que hicieras para cada una de las siguientes situaciones? Escribe un párrafo que use verbos en el pasado de subjuntivo.

la escuela / mi mamá   **el trabajo / mi papá**   **el tiempo libre / mi hermana**

_____

_____

_____

_____

_____

UNIDAD 7 Lección 1 Gramática C

Gramática A *Subjunctive of perfect tenses*

> **¡AVANZA!** **Goal:** Use the subjunctive of perfect tenses to express doubts, hopes, emotions and opinions of events that happened recently or had happened.

1 ¿Necesitas trabajo? Escribe oraciones completas para que te enteres de los comentarios que hizo un gerente después de entrevistar a los candidatos.

Modelo: Es bueno / muchos candidatos tener experiencia

Es bueno que muchos candidatos hayan tenido experiencia.

1. Es necesario / tú / llenar una solicitud de empleo

_____

2. Es probable / nosotros / encontrar un buen candidato

_____

3. Es malo / algunas personas / no prepararse para las entrevistas

_____

4. Es imprescindible / el solicitante / trabajar con dinero

_____

2 Usa los siguientes dibujos para escribir oraciones completas que describan las cosas que no ocurrieron. Usa el subjuntivo de los tiempos perfectos.

Modelo: María　　**1. Gerardo**　　**2. La Sra. Ramírez**　　**3. Arturo**　　**4. Teresa**

Modelo: *Con todo el tiempo del mundo, María hubiera estudiado para sacar una A en el examen.*

1. _____

2. _____

3. _____

4. _____

UNIDAD 7 Lección 1

Gramática A

Gramática B *Subjunctive of perfect tenses*

| ¡AVANZA! | **Goal:** | Use the subjunctive of perfect tenses to express doubts, hopes, emotions and opinions of events that happened recently or had happened. |

1 Subraya la forma correcta del verbo para completar las oraciones sobre las vacaciones recientes.

1. Espero que (hubieras / hayas) tenido unas lindas vacaciones.

2. Yo dudaba que ustedes se (hayan / hubieran) ido de viaje sin planear acitividades divertidas.

3. Esperemos que tu hermano no se (hubiera / haya) olvidado de su cámara.

4. Era importante que tu familia (haya / hubiera) tomado unas vacaciones en la playa.

2 Escribe las reacciones a lo que ha pasado y lo que había pasado con el trabajo de los miembros de la familia Gómez.

Reacciones a lo que ha pasado	Reacciones a lo que había pasado
Modelo: Es importante que todos hayan estudiado.	*Era importante que todos hubieran estudiado.*
1.	Dudábamos que hubieras trabajado y estudiado a la vez.
2. Esperamos que ellos hayan podido encontrar trabajo de medio tiempo.	
3. Es importante que toda la familia haya ido a la escuela.	
4.	Ojalá que hubiéramos ganado un buen sueldo.

3 Escribe oraciones completas para expresar las reacciones de tu familia a tus comentarios sobre diferentes situaciones asociadas a la búsqueda de trabajo.

Modelo: Es bueno / tú / llenar las solicitudes de empleo

Es bueno que hayas llenado las solicitudes de empleo.

1. Es importante / los alumnos / buscar trabajo durante el verano

_____

2. Es posible / la gente / mentir en sus solicitudes de empleo

_____

3. Es imprescindible / todos tener experiencia previa

_____

4. Era imposible / el candidato / no trabajar en este campo

_____

Gramática C   *Subjunctive of perfect tenses*

Level 3 Textbook pp. 402–404

> **¡AVANZA!**   **Goal:**   Use the subjunctive of perfect tenses to express doubts, hopes, emotions and opinions of events that happened recently or had happened.

1 Completa las oraciones sobre las reacciones de los maestros a las actividades de los alumnos.

Modelo: Esperaban / los alumnos / tener experiencia con el trabajo

Esperaban que los alumnos hubieran tenido experiencia con el trabajo.

1. Esperaban / nosotros / participar en muchas actividades.

_____

2. Era necesario / los alumnos / seguir el código de vestimenta

_____

3. No creen / yo / estudiar para los exámenes

_____

4. Es bueno / ustedes / tener tiempo para estudiar y trabajar

_____

2 Como el año pasado fue el primero en la universidad, los padres de Javier estaban sorprendidos de su progreso. Escribe oraciones para expresar sus reacciones. Usa las pistas en el cuadro.

encontrar trabajo aprender mucho en poco tiempo	estar listo para los exámenes escribir toda la tarea

1. _____

2. _____

3. _____

4. _____

3 Encuentras una caja de recuerdos. Escribe un párrafo de cinco oraciones con tus reacciones a los artículos dentro de ella. Usa el subjuntivo de los tiempos perfectos.

- Un periódico escolar con un artículo escrito por tu madre
- Un anuario con una foto de tu padre como presidente del comité estudiantil
- Una solicitud de empleo para actriz de tu abuela
- Una foto tuya cuando eras niño llorando

_____

_____

_____

_____

Gramática adicional *El dequeísmo y el queísmo*

> **¡AVANZA!** **Goal:** Learn about dequeísmo and queísmo, two common phenomena in the Spanish of native speakers.

El dequeísmo es un fenómeno común en el habla de los hispanohablantes. Consiste en la inserción errónea de la palabra "de" antes de una cláusula subordinada:

El dequeísmo	El español estándar
Juan dijo de que me llamaría mañana.	Juan dijo que me llamaría mañana.
¿Oíste de que vienen mis padres de visita?	¿Oíste que vienen mis padres de visita?
Creo de que me van a llevar al centro.	Creo que me van a llevar al centro.

Al contrario, **el queísmo** se refiere a la omisión de la preposición "de" en contextos obligatorios:

El queísmo	El español estándar
Me alegro que hayan venido.	Me alegro de que hayan venido.
Me di cuenta que no tenía mi reloj.	Me di cuenta de que no tenía mi reloj.
Se olvidaron que había tarea para hoy.	Se olvidaron de que había tarea para hoy.

1 Indica con una **X** si las siguientes oraciones son correctas o incorrectas.

	Correcta	Incorrecta
1. Nos acordamos que vamos a una fiesta este sábado		
2. Recuérdame de que tengo que envolver el regalo.		
3. Me alegro de que quieras acompañarme a la fiesta.		
4. Dudo de que llueva el sábado por la tarde.		

2 Escribe frases completas sobre tus planes para este fin de semana. Usa elementos de cada columna y decide si tus oraciones requieren el uso de **de que** o **que**.

Modelo: *Mi mamá dijo que vamos a un concierto este fin de semana.*

escuchar	de que	ir a un concierto
alegrarse	que	jugar al fútbol
darse cuenta		comer en un restaurante
preocuparse		ir en taxi
tener ganas		ir en un grupo

1. _____

2. _____

3. _____

4. _____

Integración: Hablar

¡AVANZA! **Goal:** Respond to written and oral passages remembering school activities.

Lee la página siguiente del diario de memorias de Romelia Holguín, una científica colombiana.

Fuente 1 Leer

La mesa directiva de estudiantes donó los fondos del anuario a las víctimas del incendio forestal. Aquí estamos todos, el comité de eventos en primera fila. Al centro yo. Hubiera sido presidenta de estudiantes este año pero Ricardo me ganó por tres votos. Mi mejor amiga Malena y yo queríamos ser actrices y participamos en la puesta en escena de «La dama boba». Yo hubiera solicitado una beca al Instituto de Bellas Artes pero ese año descubrí mi amor por la biología. Mi vida hubiera sido muy distinta.

Ahora vas a escuchar el aviso de Emily Peralta. Toma notas. Luego completa la actividad.

Fuente 2 Escuchar

HL CD 2, tracks 17–18

Usa la información de estas dos fuentes para explicar de manera oral por qué es importante o no mantener un nexo con el pasado.

Integración: Escribir

 **Goal:** Respond to written and oral passages about school activities.

Lee el siguiente fragmento de la bitácora web de Eva Mejía Ramos, una periodista venezolana.

Fuente 1 Leer

`http://www.miblog.hmh.com` **GO**

La reunión número veinte
Eva Mejía Ramos

El viernes pasado asistí a la reunión número veinte de los graduados del Instituto Americano de Maracaibo. Debo admitir que pensaba que serían pocos los amigos que me reconocerían. Después de todo, he perdido más de quince kilogramos desde que la mayoría y yo dejamos de vernos, pero de algo sirve ser empleada de un periódico de cobertura nacional. Los asistentes, las esposas y esposos de los exalumnos, sabían quién era yo y vinieron a saludarme. Entonces me di cuenta de lo despistada que había sido yo veinte años atrás, porque en realidad reconocí a pocos. Incluso de las que fueron mis mejores amigas (Teresa, Celia y Milagros), yo no sabía nada. Teresa me recordó que yo había querido ser veterinaria, Celia se alegró de que yo viviera en Europa porque quería ir a visitarme, y Milagros se sorprendió de que yo me hubiera puesto en forma. ¿Quién era la mujer que ellas recordaban? …

Ahora vas a escuchar el discurso de Abel Solórzano durante la reunión número diez de su escuela. Toma notas. Luego completa la actividad.

Fuente 2 Escuchar

HL CD 2, tracks 19–20

¿Cuál de los dos relatos te pareció más emotivo? ¿Por qué? Escribe un párrafo en el que expliques cuál de los dos testimonios te gustó más y por qué.

_____
_____
_____
_____
_____
_____
_____
_____

Lectura A

| ¡AVANZA! | **Goal:** Read about work and school activities. |

1 Lee la convocatoria publicada en la escuela «Antonio Nariño». Luego responde a las preguntas de comprensión y compara este evento con lo que ocurre en tu escuela.

La Escuela Secundaria «Antonio Nariño» convoca a todos los estudiantes a elegir al Comité Estudiantil para el presente ciclo. Para participar, los equipos aspirantes deberán seguir las siguientes

BASES:

1. Los equipos aspirantes deben redactar una solicitud en la que se den a conocer los nombres del presidente, vice-presidente, tesorero y secretario. Podrán ser miembros de estos equipos los alumnos que hayan tenido un promedio de calificaciones de 8.0 o más en el curso anterior.

2. Este año los dirigentes del Comité Estudiantil tendrán la responsabilidad de ayudar a sus compañeros que quieran buscar un ingreso extra. El Comité debe preparar un tablero de avisos para que se publiquen los empleos disponibles en nuestra comunidad.

Atentamente,

La Dirección

Santa Fe de Bogotá, 30 de julio

2 **¿Comprendiste?** Responde a las siguientes preguntas con oraciones completas.

1. ¿Cuál es el propósito de la convocatoria?

_____

_____

2. ¿Por qué crees que tener buenas calificaciones es un requisito para participar?

_____

3. ¿Qué debe hacer el Comité Estudiantil para ayudar a los estudiantes a buscar empleo?

_____

_____

3 **¿Qué piensas?** ¿Tiene tu escuela un comité estudiantil? ¿Cuáles son sus funciones? Escribe otros requisitos importantes para formar parte de un comité estudiantil.

_____

_____

_____

_____

Lectura B

 **Goal:** Read about work and school activities.

1 Lee la siguiente escena de la obra de teatro «La vida en serio». Luego responde a las preguntas de comprensión y compara la experiencia de Sebastián con la tuya.

La vida en serio   **Escena 3**

ALBA: Espero que hayas disfrutado esta tarde de diversión porque no habrán muchas más. Tienes que buscar un trabajo, hijo.

SEBASTIÁN: Ya he llenado solicitudes de empleo en el periódico local y en el campamento de verano para chicos de primaria. Tengo experiencia redactando el anuario de la escuela y sé organizar gente gracias a mi cargo de vice-presidente del comité estudiantil. ¿Qué les parece?

ALBA: Pues espero que tus planes te salgan bien. No me gusta ver que pasas tus ratos libres sin hacer nada. Quisiera que reflexionaras más acerca de tu futuro.

SUSANA: ¡Ay, hijo! No vayas a descuidar tus estudios. Tal vez puedas trabajar solamente durante las vacaciones y los días feriados.

ALBA: ¡Mamá! Tú lo consientes demasiado. Ya es hora de que Sebastián comience a tomarse la vida en serio. A mí me hubiera gustado comenzar a trabajar más joven para tener más experiencia. Ya lo verás, hijo, ¡no te arrepentirás!

---

2 **¿Comprendiste?** Responde a las siguientes preguntas.

1. ¿Quién inicia el diálogo? ¿Cuál es el problema que plantea esa persona?

_____

2. ¿Qué ha hecho Sebastián para resolver el problema?

_____

3. ¿Por qué dice la mamá de Sebastián que la abuela Susana consiente a su hijo?

_____

3 **¿Qué piensas?** ¿Qué trabajo te gustaría hacer? ¿Cuántas horas a la semana le dedicarías a tu trabajo? ¿Qué habilidades crees que te ayudarán a encontrar un empleo? Explica tus respuestas.

_____

_____

_____

_____

_____

UNIDAD 7 Lección 1   **Lectura B**

Lectura C

| ¡AVANZA! | **Goal:** Read about work and school activities. |

1 Lee el discurso que Azucena preparó para darles la bienvenida a los alumnos de la nueva generación. Luego contesta a las preguntas.

○　　¡Bienvenidos, compañeros, a su escuela secundaria «Simón Bolívar»! Mi nombre es Azucena López y soy la presidenta del Comité Estudiantil. Con mucho gusto los recibimos en esta escuela que será como su segundo hogar. Aquí encontrarán la oportunidad de participar en maravillosas experiencias y encontrarán a sus mejores amigos. Esta escuela nos ofrece la oportunidad de participar en todo tipo de actividades para nuestro crecimiento.

A quienes les guste dirigir grupos para mejorar la escuela y la comunidad, los invitamos a participar en el Comité Estudiantil. A quienes les guste organizar fiestas, pueden unirse al Comité de Eventos. Uno de los eventos más importantes de este comité es la graduación, ¡no deben perdérsela! Y para quienes busquen obtener las mejores notas y solicitar becas en las mejores universidades del país, está la Sociedad Honoraria. Para aquellos que quieran integrarse a los talleres de imprenta, tenemos el Comité del Anuario. ¿Todos queremos salir muy bien, verdad? Si les guste cantar, el coro de la escuela es una gran oportunidad. Nuestro coro ha ganado muchos premios en los concursos estatales y nacionales.

○　　El Club de Teatro «Rómulo Gallegos» de nuestra escuela goza de un gran prestigio. Su especialidad son las obras dramáticas. Cómo quisiera que ustedes hubieran estado aquí el año pasado: la actuación de este grupo fue memorable. Por otra parte, nuestro club de ajedrez ha obtenido importantes premios en Caracas y otras ciudades del país. Y por último, los invitamos a nuestro Club de Acción Social, que se ha distinguido por brindar una gran ayuda a la comunidad. Ha ayudado a personas que tienen problemas para leer y escribir a llenar sus solicitudes de empleo y a redactar sus declaraciones de impuestos.

Formar parte de esta escuela es más que venir a clases y hacer tareas. Es integrarse con la comunidad y ayudar a los demás. ¿Les gustaría estar al frente de algún Comité o de algún Club? ¡Necesitamos su ayuda!

A nombre de todos los maestros y alumnos de la escuela secundaria «Simón Bolívar», ¡sean todos bienvenidos! ¡Los recibimos con los brazos abiertos!

○

UNIDAD 7 Lección 1　Lectura C

2 **¿Comprendiste?**

1. ¿Por qué crees que Azucena dijo en su discurso que la escuela será como un segundo hogar para los estudiantes de la nueva generación? Explica tu respuesta.

_____

_____

2. ¿Cuál es la diferencia entre el Comité de Eventos y la Sociedad Honoraria?

_____

_____

_____

3. ¿Qué invitación hace Azucena a los alumnos al final del discurso?

_____

_____

4. ¿Crees que el discurso de Azucena hubiera convencido a los alumnos de nuevo ingreso de participar en las actividades de la escuela? Explica tu respuesta.

_____

_____

_____

3 **¿Qué piensas?** ¿Alguna vez has escrito o has escuchado un discurso? ¿Cuál fue la respuesta del público? Si nunca has escrito un discurso, ¿qué dirías para convencer al público de que tu escuela es la mejor? Explica tu respuesta.

_____

_____

_____

_____

_____

_____

Escritura A

> **¡AVANZA!** **Goal:** Express past assumptions and emotions.

Se acerca tu graduación y debes escribir para el anuario de tu escuela una breve anécdota de cuando eras niño(a).

1 Para escribir tu anécdota, organiza algunas de tus ideas a continuación:

¿Qué ocurrió y cómo sucedió?	¿En qué fecha?	¿Quiénes estaban alrededor o cerca?	¿Qué reacciones produjo?

2 Escribe tu anécdota en un párrafo que contenga diez oraciones completas. Asegúrate de que: 1) la información esté bien organizada; 2) la información sea detallada y fácil de comprender; 3) el uso del lenguaje y los verbos sea el adecuado; 4) la ortografía sea correcta.

_____

_____

_____

_____

_____

_____

_____

_____

2 Evalúa tu actividad con la siguiente información.

	Crédito máximo	Crédito parcial	Crédito mínimo
Contenido	La información de tu párrafo está bien organizada; la información es detallada y fácil de comprender.	Alguna información de tu párrafo no está bien organizada; le faltan algunos detalles y a veces no es fácil de comprender.	Al párrafo le falta organización; le faltan detalles y no es fácil de comprender.
Uso correcto del lenguaje	El uso del lenguaje y los verbos es el adecuado; la ortografía es correcta.	Tienes algunos problemas con el uso del lenguaje y los verbos; tienes algunos errores de ortografía.	Tienes muchos problemas con el uso del lenguaje y los verbos; tienes muchos errores de ortografía.

UNIDAD 7 Lección 1

Escritura A

Escritura B

¡AVANZA!	**Goal:** Express past assumptions and emotions.

Es el primer día de clases en tu escuela y debes escribir sobre algunas experiencias que tuviste durante tus vacaciones.

1 Para ayudarte escribir sobre tus vacaciones, organiza tus ideas con la siguiente tabla.

¿Qué lugares visitaste?	
¿Quiénes estuvieron contigo?	
¿Qué ocurrió y cómo sucedió?	
¿Te gustó o no te gustó? ¿Por qué?	

2 Con tus ideas, escribe un párrafo sobre tu experiencia con oraciones completas. Asegúrate de escribir con: 1) información clara, ordenada y detallada; 2) buen uso del lenguaje; 3) ortografía correcta.

_____

_____

_____

_____

_____

_____

_____

_____

_____

_____

3 Evalúa tu párrafo con la siguiente información.

	Crédito máximo	**Crédito parcial**	**Crédito mínimo**
Contenido	La información de tu párrafo está bien organizada, es detallada y fácil de comprender.	Alguna información de tu párrafo no está bien organizada, le faltan detalles y a veces no es fácil de comprender.	Al párrafo le faltan organización y detalles; y no es fácil de comprender.
Uso correcto del lenguaje	El uso del lenguaje y los verbos es el adecuado, la ortografía es correcta.	Tienes algunos problemas con el uso de los verbos; tienes algunos errores de ortografía.	Tienes muchos problemas con el uso del lenguaje; tienes muchos errores de ortografía.

Escritura C

¡AVANZA!	**Goal:** Express past assumptions and emotions.

Has sido seleccionado para presentar el discurso de despedida en la ceremonia de graduación de tu escuela.

1 Organiza tus ideas sobre lo que le vas a decir a la comunidad escolar.

¿A quiénes va dirigido?	
¿Qué cosas quieres resaltar?	
Escribe tres consejos:	
Una reflexión final para todos:	
Agradecimientos:	

2 Escribe un discurso con tus ideas. Asegúrate de: 1) incluir la información de la Actividad 1; 2) exponer tus ideas de manera clara y organizada; 3) hacer buen uso del lenguaje y de los verbos; 4) usar la ortografía correcta.

_____
_____
_____
_____
_____
_____
_____
_____
_____

3 Evalúa tu discurso con la siguiente información.

	Crédito máximo	**Crédito parcial**	**Crédito mínimo**
Contenido	En tu discurso incluyes la información de la Actividad 1; expones tus ideas de manera clara y organizada.	En tu discurso incluyes alguna de la información de la Actividad 1; tienes errores al exponer tus ideas.	En tu discurso rara vez incluyes información de la Actividad 1; tienes muchos errores al exponer tus ideas.
Uso correcto del lenguaje	Tienes un buen uso del lenguaje y de los verbos; haces un uso correcto de la ortografía.	Tu discurso tiene errores en el uso del lenguaje y de los verbos; tienes errores de ortografía.	Tienes muchos errores en el uso del lenguaje y de los verbos; tienes muchos errores de ortografía.

Cultura A

| ¡AVANZA! | **Goal:** | Discover and know people, places, and culture from Venezuela and Colombia. |

1 Elige la opción que mejor completa cada oración.

1. Dos ciudades importantes de Colombia son...

    a. Bucaramanga y Medellín.   **b.** Barranquilla y Maracaibo.   **c.** Cali y Caracas.

2. Colombia exportó café por primera vez en...

    a. 1828.   **b.** 1838.   **c.** 1918.

3. La bandera de Venezuela tiene tres colores y siete estrellas. Los colores son...

    a. amarillo, azul y rojo.   **b.** rojo, verde y azul.   **c.** blanco, rojo, y verde.

4. El origen del nombre Venezuela es:

    a. pequeña Venezuela.   **b.** pequeña Victoria.   **c.** pequeña Venecia.

2 Responde brevemente a las siguientes preguntas sobre Colombia y Venezuela.

1. ¿Cuál es la capital de Colombia? ¿Y la de Venezuela?

_____

2. ¿Cuáles son algunos platos típicos de Colombia y Venezuela?

_____

3. ¿Qué programas de la televisión venezolana son populares en muchos países?

_____

3 ¿Qué evento famoso se celebra en Barranquilla, Colombia? ¿Cuál es su origen? ¿Qué celebraciones culturales hay en tu estado o región? ¿Cuál es su origen? ¿Cuáles son sus características? Escribe el nombre de la celebración y una oración completa sobre cada uno de los aspectos que se indican.

_____
_____

Nombre de la celebración: _____

Origen: _____

Fecha de celebración: _____

En qué consiste: _____
_____
_____

Lo más interesante: _____

UNIDAD 7 Lección 1   Cultura A

Cultura B

> **¡AVANZA!** **Goal:** Discover and know people, places, and culture from Venezuela and Colombia.

1 Responde brevemente a las siguientes preguntas sobre Venezuela y Colombia.

1. ¿Cómo es la bandera de Venezuela?

   _____

   _____

2. ¿Qué celebración colombiana fue declarada Patrimonio de la Humanidad por la UNESCO?

   _____

3. Escribe las profesiones de los siguientes personajes.

Venezuela		Colombia	
personaje	profesión	personaje	profesión
Oscar de León		Shakira	
Gabriela Spanic		Gabriel García Márquez	
Rómulo Gallegos		Juan Pablo Montoya	

2 Responde con oraciones completas a las siguientes preguntas.

1. ¿Dónde nace y dónde termina el río Orinoco?

   _____

   _____

2. Las telenovelas venezolanas son populares incluso fuera de Venezuela. ¿Qué se hace para que otros países puedan trasmitirlas? ¿En qué países son populares?

   _____

   _____

   _____

3 ¿Qué se celebra en Venezuela el 12 de marzo? ¿Qué celebración hay en tu estado en homenaje a la bandera de Estados Unidos? ¿Cuándo tiene lugar? ¿Cómo se celebra? ¿Qué significado tiene ese día para la comunidad? Escribe cuatro oraciones describiendo esta celebración.

   _____

   _____

   _____

   _____

UNIDAD 7 Lección 1

Cultura B

Cultura C

> **¡AVANZA!** **Goal:** Discover and know people, places, and culture from Venezuela and Colombia.

① Responde con oraciones completas a las siguientes preguntas sobre Venezuela y Colombia.

1. ¿Cómo es el clima de la región en la que se encuentran Venezuela y Colombia?

_____

2. ¿Cuál el principal producto de exportación de Colombia? ¿En qué año comenzó a exportarse?

_____

_____

3. ¿Qué es el carnaval de Barranquilla?

_____

4. ¿Qué reconocimiento otorgó la UNESCO al carnaval de Barranquilla y en qué año?

_____

_____

② La historia de un país puede reflejarse en muchas cosas como en su bandera, sus fiestas e incluso su nombre. Responde con oraciones completas a las siguientes preguntas relacionadas con Colombia y Venezuela. Da todos los detalles posibles.

1. Explica el significado o el origen de los nombres de Colombia y Venezuela.

_____

_____

2. ¿Cómo es la bandera venezolana? ¿Qué colores tiene? ¿Qué significan las estrellas de la bandera?

_____

_____

_____

③ ¿Qué quiere decir la frase «Las telenovelas son las ventanas de Venezuela al mundo»? ¿Estás de acuerdo con esta frase? ¿Por qué? ¿Cuáles crees que son las «ventanas de Estados Unidos al mundo»? ¿Por qué?

_____

_____

_____

_____

UNIDAD 7 Lección 1   Cultura C

Vocabulario A *Nuevos principios*

> **¡AVANZA!** **Goal:** Discuss future careers and necessary skills.

1 ¿Qué sabes sobre las profesiones? Escribe la letra de la descripción que se relaciona a cada profesión.

1. el (la) abogado(a) _____   **a.** las decisiones legales

2. el (la) arquitecto(a) _____   **b.** los idiomas

3. el (la) contador(a) _____   **c.** los edificios

4. el (la) juez(a) _____   **d.** el derecho

5. el (la) traductor(a) _____   **e.** la contabilidad

6. el (la) profesor(a) _____   **f.** las clases

2 Escribe la palabra correcta para completar las oraciones sobre el trabajo y actividades relacionadas al mismo.

1. Un(a) agente de bolsa puede preparar _____ (un plan financiero / un título).

2. Voy a estudiar computación en una escuela _____ (de gerentes / técnica).

3. Carlos necesita contratar a muchos empleados para su nueva _____ (curso / empresa).

4. Hay fotos de todos los estudiantes en el _____ (anuario / comienzo).

5. Mi hermana es _____ (dueña / enfermera) de su propia empresa.

3 Usa la palabra indicada para escribir oraciones completas sobre las buenas cualidades de profesionales que conoces.

Modelo: animado(a) / relaciones públicas:
Toñita Ruíz, de relaciones públicas, es una señora muy animada.

1. puntual / profesor:

_____

2. educado(a) / doctora:

_____

3. honesto(a) / abogada:

_____

4. versátil / peluquero:

_____

5. eficiente / ingeniero:

_____

UNIDAD 7 Lección 2

Vocabulario A

Vocabulario B *Nuevos principios*

> **¡AVANZA!** **Goal:** Discuss future careers and necessary skills.

1 La lista de profesiones de Enrique está incompleta. Dile quiénes son los profesionales que describe.

Modelo: Enseña en una escuela: *Es un(a) profesor(a).*

1. Defiende a los acusados: _____

2. Se especializa en los asuntos (*matters*) financieros: _____

3. Expresa un idioma en términos de otro: _____

4. Toma decisiones legales en un tribunal (*court*): _____

5. Trabaja en las construcciones: _____

2 Completa las oraciones para describir las cualidades que deben tener las personas profesionales.

Modelo: Un(a) enfermero(a) necesita ser *eficiente porque tiene mucho que hacer.*

1. Un(a) profesor(a) debe ser _____

2. Un(a) contador(a) debe ser _____

3. Un(a) peluquero(a) debe ser _____

4. Un agente de bolsa debe ser _____

5. Un vendedor debe ser _____

3 Contesta estas preguntas con oraciones completas.

1. ¿Qué carrera te gustaría seguir?

_____

2. ¿Por qué te gustaría seguir esa carrera?

_____

3. ¿Qué carrera no te gustaría seguir?

_____

4. ¿Por qué no te gustaría seguir esa carrera?

Vocabulario C *Nuevos principios*

> **¡AVANZA!** **Goal:** Discuss future careers and necessary skills.

❶ Todos tenemos un talento especial. Identifica con oraciones completas la carrera que debe seguir cada persona.

Modelo: Antonieta es fiable y le gusta cuidar a la gente.
Antonieta debe ser enfermera.

1. Ramón es honesto y se interesa en los números.

_____

2. Dámaso es paciente y se interesa en los niños.

_____

3. Estrella es flexible y se interesa en los idiomas.

_____

4. María es honrada y se interesa en el derecho.

_____

5. Vicente es eficiente y se interesa en el diseño.

_____

❷ Eres dueño(a) de una empresa y estás haciendo tu plan anual. Escribe una oración completa con la palabra que se te proporciona para el plan.

1. **producto** _____

2. **estrategias** _____

3. **plan financiero** _____

4. **empleados** _____

5. **relaciones públicas** _____

❸ Contesta estas preguntas personales en un párrafo de al menos cinco oraciones completas. Usa el vocabulario de la lección.

1. ¿Qué carrera quieres seguir?

2. ¿Qué título quieres ganar (licenciatura, maestría, doctorado)?

3. ¿En qué vas a especializarte en la universidad o la escuela técnica?

4. ¿Cuál es la característica que más te gusta de ti mismo(a)?

_____

_____

_____

_____

Vocabulario adicional

| ¡AVANZA! | **Goal:** Expand your vocabulary with common *siglas*. |

Las siglas en español

Las siglas son palabras que se forman con las letras iniciales de una expresión compleja. Por ser tan cortas son muy útiles cuando escribes o hablas. Fíjate que las letras se escriben con mayúscula. Aquí tienes algunos ejemplos:

Significado en español	Significado en inglés
ONU (Organización de Naciones Unidas)	UN (United Nations)
CEE (Comunidad Económica Europea)	EEC (European Economic Community)
OVNI (Objeto Volador No Identificado)	UFO (unidentified flying object)
SIDA (Síndrome de Inmunodeficiencia Adquirida)	AIDS (acquired immune deficiency syndrome)
OTAN (Organización del Tratado del Atlántico Norte)	NATO (North Atlantic Treaty Organization)

1 Escribe cinco oraciones completas con las siglas que se te indican.

1. ONU _____

2. OVNI _____

3. CEE _____

4. SIDA _____

5. OTAN _____

2 Ahora te toca a ti. Escribe cuatro siglas que conozcas. Pueden ser en español o en inglés, pero en ambos casos escribe su significado en español.

_____

_____

_____

_____

_____

UNIDAD 7 Lección 2 Vocabulario adicional

Gramática A *Si clauses*

> **¡AVANZA!**   **Goal:**   Use **si** clauses to talk about hypothetical situations.

❶ Escribe la letra de cada frase que mejor completa cada oración.

1. Si llamo a mis padres, _____
2. Si ellos fueran arquitectos, _____
3. Si tienes tiempo, _____
4. Si Juan tuviera su propia empresa, _____
5. Si ellos visitan el monumento, _____

    a. construirían un edificio moderno en el centro.
    b. me acompañarás a la peluquería.
    c. haría un plan financiero.
    d. tomarán muchas fotos.
    e. les hablaré de mis planes profesionales.

❷ Completa las siguientes oraciones con la forma correcta de los verbos en paréntesis.

1. Si pudieras viajar a un lugar exótico, ¿adónde _____ (ir)?
2. Si Juan tiene tiempo mañana, _____ (visitar) los monumentos.
3. Si nosotros _____ (tener) más dinero, podríamos comprar un auto nuevo.
4. Si ustedes van a la biblioteca, _____ (ver) una exhibición de arte moderno.
5. Si ellos fueran traductores, _____ (hablar) más de un idioma.

❸ Escribe oraciones completas para describir qué harían las siguientes personas en cada situación.

    Modelo: yo / tener más tiempo libre / poder leer más libros
                Si yo tuviera más tiempo libre, podría leer más libros.

1. Edgardo / tener un millón de dólares / comprar la casa de sus sueños

    _____

2. yo / ser presidente / cambiar las leyes

    _____

3. tú / poder ir a una isla tropical / ir a Hawai

    _____

4. Los señores Álvarez / viajar a otro país / ir a Rusia

    _____

5. Ángelica / ser arquitecta / construir un rascacielos

    _____

Gramática B *Si clauses*

> **¡AVANZA!** **Goal:** Use **si** clauses to talk about hypothetical situations.

❶ Escribe oraciones para decir cómo sería la vida de estas personas si fueran diferentes.

Modelo: Guillermo / estudiar más / sacar buenas notas.
  Si Guillermo estudiara más, sacaría buenas notas.

1. tú / comer más frutas / estar más saludable

_____

2. nosotros / dormir ocho horas / no estar tan cansados

_____

3. yo / trabajar a tiempo completo / tener más dinero

_____

4. Ustedes / establecer una empresa / ser los dueños

_____

❷ Soñaste con las siguientes situaciones. Completa cada oración.

1. Si tuviéramos dos semanas de vacaciones, _____

2. Si voy al centro, _____

3. Si mis amigos y yo fuéramos famosos, _____

4. Si tuviera mi propia empresa, _____

5. Si yo fuera abuelo(a), _____

❸ Lee lo que les pasó a las siguientes personas. Después escribe una oración completa para describir qué pasaría si la situación fuera diferente.

Modelo: Juan no sacó una A en su examen.
  Si tuviera más tiempo para estudiar, sacaría mejores notas.

1. Elisa no ganó la lotería.

_____

2. Carlos no encontró su chaqueta.

_____

3. Nosotros no conocimos a nuestro deportista favorito.

_____

4. Mis amigos no van a la playa este verano.

_____

Gramática C *Si clauses*

¡AVANZA! **Goal:** Use **si** clauses to talk about hypothetical situations.

1 Escribe oraciones para decir lo que estas personas harían en cada situación.

Modelo: Carolina quiere llamar a Leticia por teléfono pero no tiene su número.
Si Carolina tuviera el número de teléfono de Leticia, la llamaría.

1. Clara quiere ir al museo pero no tiene tiempo.
_____

2. Marta y José quieren comprar un auto nuevo pero no tienen suficiente dinero.
_____

3. Tú quieres dormir la siesta pero tienes demasiado trabajo.
_____

4. Nosotros queremos quedarnos en casa pero tenemos que ir a la escuela.
_____

5. Yo quiero relajarme, pero estoy estresada.
_____

2 Contesta las preguntas sobre lo que harías en cada situación. Escribe oraciones completas.

1. ¿Qué harías si fueras dueño(a) de tu propia empresa?
_____

2. ¿Qué harías si no tuvieras que preocuparte por el dinero?
_____

3. ¿A quién conocerías si pudieras conocer a alguien famoso?
_____

4. ¿Qué harías si te quedaras en casa?
_____

3 Estás montando una campaña para ser presidente del comité estudiantil de tu escuela. Escribe cinco oraciones completas para decir lo que harías si fueras presidente.
_____
_____
_____
_____
_____

Gramática C   UNIDAD 7 Lección 2

Gramática A *Sequence of tenses*

> **¡AVANZA!** **Goal:** Practice sequence of tenses for verbs in the indicative and subjunctive to talk about what you want or wanted others to do.

1 Indica con una **X** si las siguientes oraciones sobre una fiesta de cumpleaños están en el presente o en el pasado.

	Presente	**Pasado**
Modelo: Yo le dije que viniera a las ocho en punto.		
1. Nosotros esperábamos que salieran antes de medianoche.		
2. Era importante que me hubieran felicitado.		
3. Insisto en que compres el regalo.		
4. Ellos han pedido que traigamos el pastel.		
5. Es probable que la fiesta sea muy divertida.		

2 Completa las siguientes oraciones con la forma correcta de los verbos en paréntesis.

1. El papá de Mía quiso que ella _____ (estudiar) medicina.

2. Mis padres insisten en que yo _____ (especializarse) en ingeniería.

3. Será mejor que nosotros _____ (graduarse) con honores.

4. Estoy feliz de que ellos _____ (contratar) a un buen contador.

5. El profesor prohibió que nosotros _____ (usar) los libros durante el examen.

3 Escribe oraciones para describir lo que quería la gente antes y lo que prefiere ahora.

Modelo: mis hermanos / antes: yo comprarle muchos regalos / ahora: yo pasar más tiempo con ellos

Antes mis hermanos querían que yo les comprara muchos regalos, pero ahora prefieren que yo pase más tiempo con ellos.

1. Mi familia / antes: nosotros participar en muchas actividades / ahora: nosotros seguir una carrera interesante

_____

_____

2. Yo / antes: mi hermana sacar buenas notas / ahora: mi hermana graduarse con honores

_____

_____

Gramática B *Sequence of tenses*

¡AVANZA!	**Goal:**	Practice sequence of tenses for verbs in the indicative and subjunctive to talk about what you want or wanted others to do.

1 Encierra con un círculo la opción que mejor completa cada oración.

1. Fue bueno que Juan...

   a. tiene cuatro clases más antes de graduarse.

   b. tenga cuatro clases más antes de graduarse.

   c. hubiera tenido cuatro clases más antes de graduarse.

   d. haya tenido cuatro clases más antes de graduarse.

2. Los profesores quieren que los alumnos...

   a. fueron a la universidad.

   b. vayan a la universidad.

   c. van a la universidad.

   d. fueran a la universidad.

3. Es probable que los dueños de las empresas...

   a. hubieran tenido que aprender mucho.

   b. tuvieran que aprender mucho.

   c. han tenido que aprender mucho.

   d. hayan tenido que aprender mucho.

4. Ojalá que yo...

   a. puedo estudiar lo que quiero.

   b. podría estudiar lo que quiero.

   c. pueda estudiar lo que quiero.

   d. podré estudiar lo que quiero.

2 Escribe de nuevo las siguientes oraciones sobre las especializaciones. Si la oración está en el pasado, escríbela de nuevo en el presente. Si la oración está en el presente, escríbela en el pasado.

Presente	**Pasado**
Modelo: *Prefieren que ellos contraten a un contador.*	Preferían que ellos contrataran a un contador.
1. Insisto en que el jefe pague bien al traductor.	
2.	Era improbable que Alfredo hubiera sacado malas notas en la escuela.
3. Te recomiendo que te establezcas como gerente de la empresa.	
4.	Ojalá que Alina se hubiera especializado en la informática.

Gramática C *Sequence of tenses*

> **¡AVANZA!** **Goal:** Practice sequence of tenses for verbs in the indicative and subjunctive to talk about what you want or wanted others to do.

1 El Señor Martínez les habla a los alumnos durante una reunión de orientación profesional. Completa el párrafo de sus consejos con el tiempo y la forma correctos de los verbos en paréntesis.

Espero que ustedes **1.** _____ (tener) una orientación profesional

interesante. A partir de ahora, les aconsejo que **2.** _____ (investigar) las

carreras antes de tomar decisiones. Cuando yo era joven no era usual que todos

3. _____ (tomar) las decisiones de su carrera tan temprano. Sin embargo,

mis padres insistían en que yo **4.** _____ (decidir), pero yo prefería esperar.

Por eso yo les sugiero a ustedes que **5.** _____ (pensar) en sus objetivos

profesionales con anticipación.

2 Completa las oraciones sobre las aspiraciones y proyectos profesionales. Usa el vocabulario de la lección y el verbo entre paréntesis.

1. Ahora, para establecer una empresa, es necesario que... (tener)

_____

2. Para la graduación sería bueno que... (poder)

_____

3. Por ahora es importante que... (tomar)

_____

4. En diez años será imprescindible que... (estudiar)

_____

5. Las universidades buenas exigían que... (seguir)

_____

3 Escribe cinco oraciones sobre cómo sería tu vida si pudieras establecer tu propia empresa. Ten en cuenta las siguientes preguntas: ¿Qué características insistirías que tuvieran tus empleados? ¿Qué les recomendarías que hicieran los que quieren solicitar empleo? ¿Qué harías si fueras el/la directora(a) de la empresa?

_____

_____

_____

_____

_____

Gramática adicional *Errores comunes con los verbos*

¡AVANZA!	**Goal:** Identify common errors made with verbs.

Hay varios errores comunes que se cometen con algunos verbos en español.
Mira los siguientes ejemplos:

Incorrecto:	Correcto:
1. Busco para mi suéter.	Busco mi suéter.
2. Esperamos por el autobús.	Esperamos el autobús.
3. Juan escucha a la música.	Juan escucha la música.
4. Me recuerdo que tengo un examen mañana.	Me acuerdo que tengo un examen mañana. Recuerdo que tengo un examen mañana.

1 Indica con una X si las siguientes oraciones son correctas o incorrectas.

	Correcta	Incorrecta
1. ¿Te recuerdas del número de teléfono de Juan?		
2. Recuérdame del cumpleaños de Marcos.		
3. Pregunté por Juan.		
4. Le pregunté por 5 dólares.		
5. Escuchamos a mi madre.		

2 Escribe las siguientes oraciones de nuevo con el uso correcto del verbo.

Modelo: Escuchamos a la radio.
Escuchamos la radio.

1. No me recuerdo si la fiesta es hoy o mañana.

_____

2. Todos los días esperamos por el autobús.

_____

3. Tienes que buscar para tus guantes.

_____

4. ¿Cuánto dinero preguntaste por?

_____

UNIDAD 7 Lección 2
Gramática adicional

Unidad 7, Lección 2
Gramática adicional

328

¡Avancemos! 3
Cuaderno para hispanohablantes

Conversación simulada

¡AVANZA!	**Goal:** Respond to a conversation hypothesizing about career possibilities.

Vas a participar en una conversación telefónica simulada con el señor Pedroza, un consejero estudiantil. Primero, lee el bosquejo de la conversación que aparece en la página. Luego, escucha el audio. Tú sólo oirás lo que te dice el señor Pedroza. Entonces escucha el audio de nuevo. Esta vez participarás en la conversación. Responde de forma oral a lo que te dice el señor Pedroza. Una señal te indicará cuando te toque a ti hablar.

[phone rings]

Tú: Contesta el teléfono y pregunta quién llama.

El señor Pedroza: (Él responde y te saluda.)

Tú: Tú le respondes y le preguntas el motivo de su llamada.

El señor Pedroza: (Él te responde y te hace una pregunta.)

Tú: Dile por qué no quieres ser veterinario.

El señor Pedroza: (Él te responde y te pide tu opinión.)

Tú: Respóndele y pregunta si hay otras opciones.

El señor Pedroza: (Él te responde y te pregunta qué piensas.)

Tú: Contéstale y dile lo que realmente quieres hacer.

El señor Pedroza: (Él responde y se despide.)

Tú: Despídete y cuelga.

Integración: Escribir

¡AVANZA!	**Goal:** Respond to written and oral passages about job interviews.

Lee la siguiente página web que te dice qué cosas no hacer para tener una entrevista de trabajo exitosa.

Fuente 1 Leer

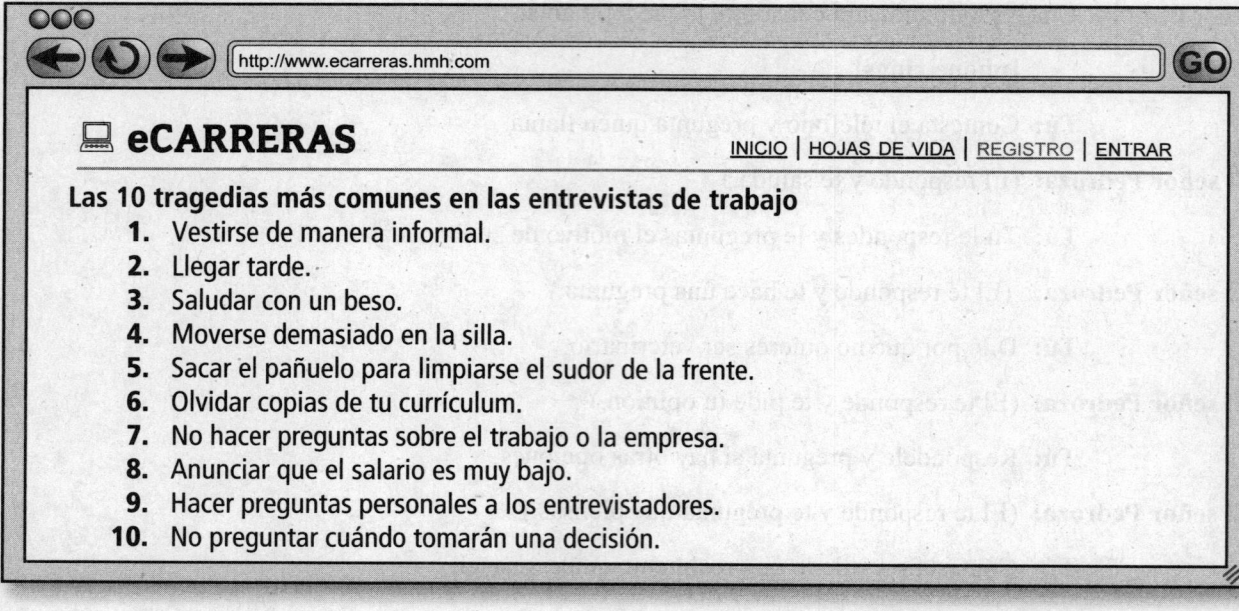

http://www.ecarreras.hmh.com

⌨ eCARRERAS

INICIO | HOJAS DE VIDA | REGISTRO | ENTRAR

Las 10 tragedias más comunes en las entrevistas de trabajo
1. Vestirse de manera informal.
2. Llegar tarde.
3. Saludar con un beso.
4. Moverse demasiado en la silla.
5. Sacar el pañuelo para limpiarse el sudor de la frente.
6. Olvidar copias de tu currículum.
7. No hacer preguntas sobre el trabajo o la empresa.
8. Anunciar que el salario es muy bajo.
9. Hacer preguntas personales a los entrevistadores.
10. No preguntar cuándo tomarán una decisión.

Ahora vas a escuchar el mensaje que Carola Henríquez le dejó a su esposo. Toma notas. Luego completa la actividad.

Fuente 2 Escuchar

HL CD 2, tracks 23–24

¿Qué consejos le darías a Carola para su próxima entrevista? Escríbele una nota electrónica diciéndole las cosas que hizo mal y lo que debe hacer para prepararse mejor.

_____

_____

_____

_____

_____

_____

_____

_____

_____

UNIDAD 7 Lección 2

Integración: Escribir

Lectura A

Copyright © by McDougal Littell, a division of Houghton Mifflin Company.

| ¡AVANZA! | **Goal:** Read about career possibilities. |

1 Lee el siguiente artículo sobre la elección de una carrera profesional. Luego responde a las preguntas de comprensión.

Si yo fuera rico...
Silvia Toledo

A veces pensamos que para ser ricos necesitamos ganar el premio mayor de la lotería o encontrar la gallina de los huevos de oro. Sin embargo, ser «ricos» es algo que puede estar al alcance de nuestras manos si tomamos las decisiones correctas.

Muchas personas no trabajan al ciento por ciento en sus empleos porque no están motivados o porque no les gustan sus trabajos. Esta situación se originó en uno de los momentos más importantes de nuestra vida: la elección de nuestra carrera profesional. La mayoría de los jóvenes que asisten a cursos de orientación profesional tienen que tomar esta decisión cuando aún son muy jóvenes y no cuentan con toda la información necesaria. El resultado: toman malas decisiones que afectan toda su vida.

El primer paso para elegir una carrera es conocerse bien a uno mismo: ¿Cómo soy? ¿Prefiero el trabajo aislado en una oficina? ¿Qué es lo que me apasiona? El segundo paso es conocer a profesionales que se desempeñen con éxito en sus trabajos. Si analizamos lo que hacen y en qué se han especializado, podemos tener una idea más clara de lo que queremos y no queremos hacer. Recuérdelo: si muchas de las personas que conocemos hubieran elegido bien su carrera, ahora serían ricos en dinero y en satisfacciones. Invierta un poco de tiempo en elegir su carrera, ¡vale la pena!

2 **¿Comprendiste?** Responde a las siguientes preguntas con oraciones completas.

1. Según la autora de este artículo, ¿quién es un profesional «rico»?

_____

2. ¿Por qué muchos profesionales no trabajan motivados o no les gustan sus trabajos?

_____

3. ¿Cuáles son los dos pasos para elegir una carrera?

_____

_____

3 **¿Qué piensas?** ¿Alguna vez has tenido un problema por tomar una mala decisión? ¿Cuáles fueron las consecuencias de esa decisión que tomaste? Escribe un breve párrafo en el que narres lo que pasó y cómo podías haberlo evitado.

_____

_____

Lectura B

> **¡AVANZA!**   **Goal:**   Read about career possibilities.

1 ¿Crees en el destino? Lee este cuento breve de Soledad Montoya. Luego contesta las siguientes preguntas.

Volver a palacio

Susana Acosta y Álvaro Herrera se conocieron en Caracas aunque los dos vivían en Valencia. Habían viajado a la capital a conocer al presidente de la república en el Palacio de Miraflores. Ahí, recibieron una medalla al mérito por ser estudiantes distinguidos de sus respectivas universidades. Nadie los presentó, apenas se vieron el uno al otro en la ceremonia. Sin embargo, al día siguiente se encontraron en la estación de autobuses. Él la ayudó a subir el equipaje, se sentaron juntos y conversaron todo el viaje. Primero, hablaron de los lugares de la capital que más les habían gustado. A Álvaro le había encantado El Capitolio y El Museo de Arte Colonial Quinta Arauco. Susana dijo que sus favoritos eran la Basílica de Santa Teresa y el Paseo El Calvario. Los dos dijeron que si hubieran tenido tiempo, habrían ido juntos a la Catedral de Caracas. Susana le contó a Álvaro que había estudiado para ser abogada y que su sueño era convertirse en juez. Álvaro acababa de terminar la carrera de contabilidad. Quería especializarse en planes financieros y establecer una firma de agentes de bolsa eficiente y fiable. Cuando llegaron a Valencia intercambiaron tarjetas de negocios, animados y deseosos de volver a verse. Veinticinco años más tarde, Álvaro y Susana regresaron al Palacio de Miraflores. Venían a acompañar a su hija Daniela, quien había sido seleccionada por la Universidad de Carabobo para visitar al presidente de la república. Daniela se había graduado de médica y había obtenido su título con honores. Tomados de la mano y muy satisfechos, Álvaro y Susana recordaron aquella vez en que apenas intercambiaron miradas mientras paseaban por ese hermoso lugar.

2 **¿Comprendiste?** Responde a las siguientes preguntas con oraciones completas:

1. ¿Qué clase de estudiantes eran invitados a conocer al presidente de Venezuela?

_____

2. ¿Qué tenían en común Susana Acosta y Álvaro Herrera cuando se conocieron?

_____

_____

3. ¿Qué pasó después de que Susana y Álvaro intercambiaron sus tarjetas de negocios?

_____

_____

3 **¿Qué piensas?** ¿Conoces alguna pareja que se haya conocido mientras estudiaba o en un viaje de estudios? Escribe cómo se conocieron. Si no conoces a ninguna de estas parejas, ¿crees que este cuento podría haber pasado en la vida real? Explica tu respuesta.

_____

UNIDAD 7 Lección 2

Lectura B

Lectura C

> **¡AVANZA!**   **Goal:**   Read about career possibilities.

1 Margarita Saldaña va a inaugurar su agencia de relaciones públicas. Lee esta conversación entre ella y Miguel Robles, su asistente. Luego responde a las preguntas de comprensión.

MARGARITA: Bueno, el gran día se acerca. La inauguración de nuestra agencia debe ser el evento del año. Lo primero que tenemos que hacer es la lista de invitados. Vamos a hacerla juntos.

MIGUEL: ¡Listo! ¿A quién vamos a invitar?

MARGARITA: En primer lugar, a Rosario Martínez. Es una mujer de negocios muy conocida en Miami. Además, vendrá con su amigo Poncho Torres, quien es el dueño de muchas empresas del estado.

MIGUEL: Muy bien. ¿Qué te parece si invitamos a Tony Mercado? Su despacho de arquitectos es muy famoso. Acaba de regresar de Boston de especializarse en la construcción de rascacielos.

MARGARITA: ¡Fabuloso! Anota también a Fernando Tavares, el peluquero. Conoce a toda la ciudad. Es uno de los artistas más versátiles que conozco. Además de atender su estética, también diseña vestidos de novia.

MIGUEL: ¡No lo sabía! Esta fiesta será todo un éxito. ¿A quién más debemos invitar?

MARGARITA: Bueno, a la contadora Tita Alonso, por supuesto. Quiero que su despacho lleve la contabilidad de la agencia. Su honestidad es de todos conocida. Además, ella es una mujer educada y encantadora.

MIGUEL: ¡Yo también había pensado en ella! Si dejamos a alguien importante fuera de la fiesta, perderemos muchos contactos.

MARGARITA: Anota también a Marina Arévalo, mi dentista. Ella siempre hace que las fiestas estén muy animadas.

MIGUEL: ¿Qué te parece si invitamos a Roy Carrillo, el agente de bolsa? Podemos decirle que traiga a unos cuantos amigos de su agencia de finanzas. Así las chicas tendrán con quien bailar.

MARGARITA: ¡Excelente idea! ¡Ya quiero que llegue el día de la fiesta! Si no te hubiera pedido consejo, me habría olvidado de muchísima gente.

MIGUEL: Para eso estamos los amigos. Además, me apasionan las fiestas.

MARGARITA: Además eres un asistente muy eficiente. Siempre estás muy motivado y tomas la iniciativa.

MIGUEL: Es que mi trabajo me encanta. ¡Soy muy afortunado!

2 **¿Comprendiste?** Responde a las siguientes preguntas.

1. ¿Qué quieren hacer Margarita y Miguel para que su fiesta sea el evento del año?

    _____
    _____

2. ¿Por qué crees que Margarita menciona en primer lugar a Rosario Martínez?

    _____
    _____
    _____

3. ¿Por qué pensaron Margarita y Miguel que Tita Alonso debería llevar la contabilidad de la agencia?

    _____

4. ¿Por qué piensa Miguel que es muy afortunado?

    _____
    _____

3 **¿Qué piensas?** ¿Alguna vez has organizado una fiesta? ¿A qué tipo de gente invitarías si tuvieras que organizar una fiesta? ¿Por qué? Explica tus respuestas.

_____
_____
_____
_____
_____
_____
_____
_____
_____
_____
_____
_____

Lectura C   UNIDAD 7 Lección 2

Escritura A

> **¡AVANZA!** **Goal:** Write about career possibilities.

Una estación de radio muy popular en Bogotá ha sorteado entre sus oyentes un viaje para dos personas, con todos los gastos pagados, al Carnaval de Barranquilla.

1 Ganaste el concurso. Ahora viene lo más difícil: convencer a tus padres que te den permiso de ir con uno de tus hermanos(as) o de tus amigos(as). Para evitar los nervios, has decidido escribir el borrador de un discurso que les dirás hoy después de la cena.

Razones para ir al Carnaval de Barranquilla	Cosas buenas que he hecho o haré en el futuro
1.	1.
2.	2.
3.	3.

2 Usa la información anterior para escribir un discurso que contenga al menos cinco argumentos para convencer a tus padres a que te den permiso de ir. Asegúrate de: 1) Usar el condicional, por ejemplo: Si ustedes me dejaran ir, yo les prometería llamarlos todas las noches; 2) escribir oraciones claras, completas y lógicas y 3) hacer un uso correcto del lenguaje y de la ortografía.

_____
_____
_____
_____
_____
_____
_____
_____

3 Evalúa tus argumentos con la siguiente información:

	Crédito máximo	Crédito parcial	Crédito mínimo
Contenido	Usaste el condicional en tus argumentos. Escribiste oraciones claras, completas y lógicas.	No usaste el condicional en todos tus argumentos. Algunas oraciones no son claras, completas o lógicas.	No usaste el condicional en tus argumentos. Tus oraciones no son claras, completas ni lógicas.
Uso correcto del lenguaje	Hiciste un uso correcto del lenguaje y de la ortografía.	Tuviste algunos errores en el uso del lenguaje y de la ortografía.	Tienes muchos errores en el uso del lenguaje y de la ortografía.

UNIDAD 7 Lección 2 Escritura A

Escritura B

¡AVANZA!	**Goal:** Write about career possibilities.

Quieres solicitar una beca en una universidad de Barquisimeto en Venezuela. Haces una búsqueda en Internet y encuentras que como requisito debes escribir un ensayo corto sobre la carrera que te gustaría estudiar.

1 Para empezar, escribe de tres carreras que más te gusten. Escribe dos argumentos en cada una sobre por qué las estudiarías.

Carreras	Argumentos
	Argumento 1: Argumento 2:
	Argumento 1: Argumento 2:
	Argumento 1: Argumento 2:

2 Ahora escoge la carrera que más te llama la atención y escribe el ensayo corto. Asegúrate de: 1) escoger la carrera de acuerdo con los mejores argumentos; 2) hacer oraciones claras y completas; 3) escribir el ensayo con una introducción, un desarrollo y una conclusión; 4) hacer un uso apropiado del lenguaje y de los verbos y 5) usar la ortografía correcta.

_____

_____

_____

_____

3 Evalúa tu ensayo con la siguiente información:

	Crédito máximo	**Crédito parcial**	**Crédito mínimo**
Contenido	Usaste buenos argumentos al describir tu carrera. Escribiste oraciones claras y completas. En el ensayo se reconocen la introducción, el desarrollo y la conclusión.	Pudiste tener mejores argumentos al escoger tu carrera. Algunas oraciones no son claras o completas. Al ensayo le falta una de estas partes: introducción, desarrollo o conclusión.	No usaste argumentos lógicos para escoger tu carrera. En general, las oraciones no son claras ni completas. En el ensayo no se identifican estas partes: introducción, desarrollo y conclusión.
Uso correcto del lenguaje	Tuviste un uso apropiado del lenguaje y de los verbos. Usaste la ortografía correcta.	Tuviste algunos errores en el uso del lenguaje y de los verbos. Tuviste algunos errores de ortografía.	Tuviste muchos errores en el uso del lenguaje y de los verbos. Tuviste muchos errores de ortografía.

UNIDAD 7 Lección 2

Escritura B

Escritura C

¡AVANZA! **Goal:** Write about career possibilities.

Colombia tiene universidades muy reconocidas. Hay muchas ofertas de carreras y profesiones para solicitar en el país.

1 Escoge una profesión que te gustaría estudiar en Colombia. Completa el cuadro con la información necesaria.

Profesión	
Cualidades importantes	
Requisitos	
Trabajo a realizar	

2 Con la información anterior, elabora un anuncio en el que una empresa exitosa busque a un profesional de la carrera que elegiste. El éxito de tu anuncio depende de: 1) que incluyas la información que organizaste en el punto anterior e información adicional; 2) que las frases sean claras, completas y lógicas; 3) que la información sea importante y que esté organizada; 4) que hagas un buen uso de los verbos y 5) que uses la ortografía correcta.

_____

_____

_____

_____

_____

_____

3 Evalúa tu anuncio de trabajo con la siguiente información:

	Crédito máximo	**Crédito parcial**	**Crédito mínimo**
Contenido	Utilizaste la información del punto uno e información adicional. Las oraciones son claras, completas y lógicas. Además la información es importante y organizada.	Utilizaste alguna información del punto uno e información adicional. Algunas oraciones no son claras ni lógicas. Algunos detalles de tu anuncio no son importantes y no están organizados.	No usaste la información del punto uno o información adicional. En general, las oraciones no son claras ni lógicas. No hay detalles en tu anuncio.
Uso correcto del lenguaje	Hiciste un buen uso de los verbos y de la ortografía.	Tuviste algunos errores con el uso de los verbos. Tuviste algunos errores de ortografía.	Tuviste muchos errores con el uso de los verbos. Tuviste muchos errores de ortografía.

UNIDAD 7 Lección 2   Escritura C

Cultura A

> ¡AVANZA!   **Goal:**   Discover and know people, places, and culture from Colombia.

❶ Indica si las siguientes afirmaciones son ciertas (C) o falsas (F). Si son falsas, escribe la forma correcta.

1. _____ Venezuela logró su independencia en 1811.

_____

2. _____ Colombia fue una colonia española desde el siglo XV hasta el XIX.

_____

3. _____ La primera universidad de Colombia se estableció en Bogotá.

_____

4. _____ Una característica de la obra de Botero es el uso de formas exageradas.

_____

5. _____ El tema principal de la obra de Botero son escenas fantásticas.

_____

❷ Responde de forma breve a las siguientes preguntas sobre Colombia y su cultura.

1. ¿Qué hicieron los colonos españoles en Colombia para que sus hijos no tuvieran que viajar a Europa para estudiar?

_____

2. Además de cuadros, ¿qué otro tipo de obras artísticas hace Botero?

_____

3. ¿Cuáles son algunas profesiones que Botero representa en su obra?

_____

❸ Describe el *Autorretrato* de Fernando Botero. ¿Cómo es el cuadro? ¿Cómo se representa a sí mismo el autor? ¿Qué formas usa? Escribe tres oraciones para describirlo. Luego explica si este cuadro está dentro del estilo general de su autor.

El cuadro: _____

_____

_____

Su estilo: _____

_____

_____

Cultura A   UNIDAD 7 Lección 2

Cultura B

> **¡AVANZA!** **Goal:** Discover and know people, places, and culture from Colombia.

❶ Responde de forma breve a las siguientes preguntas.

1. ¿En qué año consiguió la independencia Colombia?

_____

2. ¿Cuál es el tema principal de las pinturas de Botero?

_____

3. ¿Por qué Botero usa formas exageradas en las figuras que representa en su obra?

_____

❷ Responde con oraciones completas a las siguientes preguntas sobre la educación en Colombia.

1. En la época de la colonia, ¿qué hicieron los colonizadores en Colombia para que sus hijos no viajaran a Europa a estudiar?

_____

2. ¿Cuál es uno de los objetivos actuales de los directores de la Universidad de Santo Tomás?

_____

_____

❸ ¿Cuál es la universidad más antigua de Colombia? Y en los Estados Unidos, ¿cuál es la universidad más antigua de tu estado o región? ¿Cuáles son algunos de los programas académicos que ofrece? ¿Por qué es famosa o conocida esa universidad? Responde en un párrafo breve.

_____

_____

_____

_____

_____

_____

UNIDAD 7 Lección 2 Cultura B

Cultura C

| ¡AVANZA! | **Goal:** Discover and know people, places, and culture from Colombia. |

1 Responde con oraciones completas a las siguientes preguntas relacionadas con Colombia y su cultura.

1. ¿Durante qué época fue Colombia una colonia española?

_____

2. ¿Cuáles son algunas de las profesiones de las personas que aparecen en las obras de Botero?

_____

_____

3. ¿Cuál es una característica que se destaca en la obra de Botero?

_____

_____

2 Responde a las siguientes preguntas sobre la enseñanza en Colombia. Da todos los detalles posibles.

1. La Universidad de Santo Tomás es la más antigua de Colombia. ¿Cuándo y dónde fue fundada?

_____

2. ¿Por qué los colonos españoles se preocuparon por establecer buenas escuelas y universidades en América?

_____

_____

3 ¿Cuál es una de las principales prioridades de la Universidad de Santo Tomás en Colombia? ¿Es bueno que una universidad ofrezca muchos programas académicos o es mejor que se especialice en algunas enseñanzas determinadas? ¿Por qué? Expresa tu opinión en un párrafo breve.

_____

_____

_____

_____

_____

_____

UNIDAD 7 Lección 2

Cultura C

Comparación cultural: Educación especializada
Lectura y escritura

Después de leer los párrafos sobre los aspectos interesantes de las escuelas del lugar donde viven Estela y Álvaro, escribe un párrafo sobre las escuelas del lugar donde vives. Usa la información de tu tabla para escribir un párrafo sobre las escuelas del lugar donde vives.

Paso 1

Completa la tabla con los detalles sobre los aspectos interesantes de las escuelas que hay donde vives.

Introducción	Detalles interesantes		Conclusión

Paso 2

Ahora usa los detalles de la tabla para escribir una oración para cada uno de los temas.

_____

_____

_____

_____

_____

_____

UNIDAD 7 Comparación cultural

Comparación cultural: Educación especializada

Lectura y escritura
(continuación)

Paso 3

Ahora escribe un párrafo usando las oraciones que escribiste como guía. Incluye una oración de introducción y utiliza palabras **cualificado**, **destacado**, **motivado** para describir aspectos interesantes de las escuelas del área donde vives.

_____
_____
_____
_____
_____
_____
_____

Lista de verificación

Asegúrate de que...

☐ incluyes todos los detalles de la tabla sobre los aspectos interesantes de las escuelas donde vives;

☐ usas los detalles para describir las escuelas donde vives;

☐ utilizas las palabras que describen las cualidades personales.

Tabla

Evalúa tu trabajo con la siguiente tabla.

Criterio de escritura	Excelente	Bueno	Necesita mejorar
Contenido	Tu párrafo incluye todos los detalles sobre los aspectos interesantes de las escuelas donde vives.	Tu párrafo incluye algunos de los detalles sobre los aspectos interesantes de las escuelas donde vives.	Tu párrafo incluye muy poca información sobre los aspectos interesantes de las escuelas donde vives.
Comunicación	La mayor parte de tu párrafo está organizada y es fácil de entender.	Partes de tu párrafo están organizadas y son fáciles de entender.	Tu párrafo está desorganizado y es difícil de entender.
Precisión	Tu párrafo tiene pocos errores de gramática y de vocabulario.	Tu párrafo tiene algunos errores de gramática y de vocabulario.	Tu párrafo tiene muchos errores de gramática y de vocabulario.

UNIDAD 7

Comparación cultural

Comparación cultural: Educación especializada
Compara con tu mundo

Ahora escribe un párrafo comparando tu escuela o una escuela de tu región con la de uno de los estudiantes en la página 443. Organiza tu comparación por temas. Primero compara los aspectos interesantes de tu escuela, después la especialidad y por qué te gustaría asistir a esa escuela. Por último escribe una conclusión.

Paso 1

Usa la tabla para organizar la comparación por temas. Escribe los detalles de cada uno de los temas sobre los aspectos interesantes de las escuelas donde vives y los detalles del estudiante que elegiste.

	Mi escuela	La escuela de _____
Aspectos de la escuela		
Especialidad		
Por qué		
Conclusión general		

Paso 2

Ahora usa los detalles de la tabla para escribir una comparación. Incluye una oración de introducción y escribe sobre cada tema. Utiliza palabras como **cualificado**, **destacado**, **motivado** para describir los aspectos interesantes de las escuelas de tu región y la del (de la) estudiante que has elegido.

_____

_____

_____

_____

_____

_____

_____

UNIDAD 7   Comparación cultural

Vocabulario A *Cuentos y poesía*

> **¡AVANZA!**   **Goal:**   Talk about different types of literature.

1 Escribe la letra del término literario que corresponda a cada definición.

1. la persona que escribe o inventa una obra _____

2. historia de la vida escrita por uno(a) mismo(a) _____

3. una obra narrativa corta _____

4. clases en que se ordenan las obras literarias según sus rasgos comunes _____

5. división que se hace en el libro para ordenarlo y entenderlo mejor _____

6. línea de una poesía que tiene rima o ritmo _____

a. el cuento

b. el género literario

c. el autor / la autora

d. el capítulo

e. la autobiografía

f. el verso

2 Lee las siguientes listas de palabras y subraya la que esté menos relacionada con las otras palabras del grupo.

1. cuento romántico / metáfora / policíaco / autobiografía

2. rima / estrofa / acto / verso

3. protagonista / antecedentes / clímax / desenlace

4. punto de vista / ensayo /novela / poema

5. protagonista / capítulo / poema / novela

3 Eres un escritor. Responde con oraciones completas a las siguientes preguntas.

1. ¿Qué género literario escogerías para escribir sobre tu vida? ¿Por qué?

_____

2. ¿Qué género literario usarías para escribir en verso?

_____

3. ¿Qué imagen literaria usarías para comparar una cosa con otra? Escribe un ejemplo describiendo tu vida.

_____

4. ¿Qué género literario usarías para escribir una obra para niños? ¿Por qué?

_____

344

UNIDAD 8 Lección 1

Vocabulario A

Unidad 8, Lección 1
Vocabulario A

¡Avancemos! 3
Cuaderno para hispanohablantes

Vocabulario B *Cuentos y poesía*

¡AVANZA!	**Goal:** Talk about different types of literature.

1 Escribe la palabra que corresponda a cada definición de los términos literarios.

1. A este género pertenecen los cuentos de detectives y crímenes: _____

2. Es una forma de escritura que no está en verso: _____

3. Es la historia de la vida de una persona: _____

4. Son categorías de escritura: novela, biografía, ensayo: _____

5. Es una comparación poética en sentido figurado: Tus ojos son dos luceros: _____

2 Indica con una X si cada término es un género literario o una técnica del autor.

	Género	**Técnica**
1. el cuento romántico		
2. la sátira		
3. la rima		
4. el drama		
5. el símil		
6. la metáfora		
7. el ritmo		
8. la autobiografía		

3 Escribe un cuento breve. Inventa un título, crea los protagonistas con sus caracterizaciones, un tema y escribe algunas metáforas para tus descripciones.

_____

_____

_____

_____

_____

_____

_____

Vocabulario C *Cuentos y poesía*

> **¡AVANZA!** **Goal:** Talk about different types of literature.

1 Escribe definiciones para los siguientes conceptos y da un ejemplo de cada uno.

1. metáfora

_____

2. género literario

_____

3. desenlace

_____

4. punto de vista

_____

5. protagonista

_____

2 Piensa en el relato «Caperucita Roja». Completa la siguiente tabla para identificar los elementos del cuento. Escribe oraciones completas.

Término	Elementos de «Caperucita Roja»
1. Género	
2. Protagonistas	
3. Tema	
4. Clímax	
5. Desenlace	

3 Contesta las siguientes preguntas sobre tus gustos literarios con oraciones completas.

1. ¿Cuál es tu género literario favorito? ¿Por qué?

_____

2. ¿Qué género literario no te gusta? ¿Por qué no?

_____

3. ¿Quién es tu escritor(a) favorito(a)?

_____

4. ¿Cómo se titula tu poema favorito?

_____

UNIDAD 8 Lección 1
Vocabulario C

Vocabulario adicional *Los acortamientos de palabras*

> **¡AVANZA!**   **Goal:**   Use words that can be reduced in informal speech.

Una característica del español informal es el acortamiento de algunas palabras largas y el mantenimiento de las primeras dos sílabas:

película	peli	computadora	compu
cinematógrafo	cine	bicicleta	bici
automóvil	auto	profesor	profe
fotografía	foto	televisión	tele

El mismo proceso se observa en los nombres propios:

Javier	Javi	Cecilia	Ceci
Teresa	Tere	Carolina	Caro
Rafael	Rafa	Patricia	Pati
Isabel	Isa	Juan Carlos	Juanca

1 Lee las siguientes oraciones y adivina cuál es la palabra que corresponda a cada acortamiento subrayado. Escribe la palabra en los espacios.

1. Necesito una nueva compu para poder hacer mi tarea de informática. _____

2. Vamos al cine para ver la peli nueva con mi actor favorito. _____

3. El profe de ciencias es muy inteligente. _____

4. ¿Viste el nuevo programa en la tele anoche? _____

5. Todos los días monto en bici para ir al colegio. _____

2 ¿Cuáles crees que son los acortamientos de las siguientes palabras? Escribe la palabra nueva en el espacio. Escoge tres palabras y escribe oraciones completas con ellas.

1. microondas _____

2. deprimido _____

3. policía _____

4. milicia _____

5. supermercado _____

_____

_____

_____

Gramática A *The Past Progresive Tense*

¡AVANZA!	**Goal:**	Discuss events in the past focusing on the actions that were in progress at a certain time.

1 Ayer Boris Esparza dirigió el taller de escritores jóvenes. Marca con una 🕐 si las oraciones describen una interrupción o con una **X** si indican la continuación de la acción.

_____	Ayer estábamos hablando de la importancia de la puntuación.
_____	También nos quedamos practicando los diálogos por varias horas.
_____	Demetrio estaba leyendo el poema cuando llegó Inés.
_____	Inés se quedó esperando a que la dejáramos hablar.
_____	Boris estaba dando instrucciones cuando sonó el teléfono.

2 La preparatoria de Emir Rivas realiza un simulacro en caso de fuego. Cambia los verbos en **negrita** al pasado progresivo para recontar la historia.

Es el día del simulacro. Las secretarias **desayunan** en la cafetería. Desde su oficina, la directora **observa** todo. Los maestros, muy ocupados, **dictan** sus clases. Los alumnos **estudian** en sus aulas para el examen de historia. La enfermera **cuida** y **le da** su medicina a Rita. Cuando suena el timbre, todos salen en orden al patio. El simulacro es un éxito.

Ayer fue el día del simulacro. Las secretarias

1. _____ en la cafetería. Desde su oficina, la directora **2.** _____ todo. Los maestros, muy ocupados **3.** _____ sus clases. Los estudiantes **4.** _____ en sus aulas. La enfermera **5.** _____ medicina a Rita. Cuando sonó el timbre todos salieron en orden al patio. El simulacro fue un éxito.

3 Martín Pliego fue al cine ayer y tuvo una experiencia singular. Usa el pasado progresivo para escribir oraciones completas que describan lo que le sucedió a Martín.

Modelo: Juan y Pedro / hablar / durante toda la película

*Juan y Pedro **estuvieron hablando** durante toda la película.*

1. El celular de Rosa María / sonar / durante los comerciales

   _____

2. Dos señoras / contar / lo que iba a suceder

   _____

3. La actriz principal / fingir / un acento inglés que no le salía muy bien

   _____

4. El proyector / fallar / durante la partes más importantes

   _____

Gramática B The Past Progresive Tense

¡AVANZA!	**Goal:**	Discuss events in the past focusing on the actions that were in progress at a certain time.

1 Escribe en el espacio la forma verbal en el pasado progresivo para saber lo que estaban haciendo los miembros del periódico estudiantil cuando se cortó la electricidad.

1. Tina y yo _____ (imprimir) el periódico.

2. Ana _____ (corregir) la ortografía de los artículos.

3. Jeremías y Gino _____ (revelar) las fotografías.

4. Tú _____ (repasar) el diseño.

5. Yadira y Brad _____ (discutir) la próxima edición.

2 A Rosario le encantan los cuentos. Ayúdala a usar el pasado progresivo para completar las descripciones de los siguientes sucesos.

Modelo: *El suéter **estaba apretando** al hombre para asfixiarlo y él no podía hacer nada.*

ver	vivir	soñar	leer	transcurrir	apretar

1. El protagonista _____ la isla desde el avión cuando sucedió el accidente.

2. La trama _____ rápidamente en el cuento.

3. Las dos víctimas _____ tranquilamente en el bosque cuando los extraños invadieron la casa.

4. El hombre _____ el libro cuando se dio cuenta de que era la historia de su propia boda.

5. El motociclista _____ con su viaje a Fantasía.

3 Adriana siempre ayuda a sus amigos en problemas. Usa el pasado progresivo en oraciones que reflejen las excusas que ella inventa.

Modelo: Estanislao no terminó la tarea de español.

Él estuvo estudiando toda la noche para el examen de inglés.

1. Sonia no regresó el libro de computación a la biblioteca a tiempo.

_____

2. Aura y Roberto olvidaron la llave de la gaveta del club de fotografía.

_____

3. Adriana y Carlos llegaron tarde a clase de historia esta mañana.

_____

4. Ricardo sacó una nota mala en cálculo.

_____

Gramática C   The Past Progresive Tense

> **¡AVANZA!**   **Goal:** Discuss events in the past focusing on the actions that were in progress at a certain time.

1 La Dra. Esperanza Zapatero habla de su amor por la literatura argentina. En el siguiente párrafo escribe los verbos en el pasado progresivo que usa en su relato.

Era una estudiante en la universidad y me inscribí en una clase de literatura argentina porque necesitaba los créditos. Cuando entré a la clase por primera vez, el profesor

1. _____ (hablar) sobre La Pampa y los estudiantes

2. _____ (oír) atentamente. Su descripción hablaba de desiertos y planicies calurosas con hombres rústicos. Yo entré y me senté. Mientras me

3. _____ (acomodar), él me **4.** _____

(mirar) fijamente. Luego me preguntó si yo era una nueva estudiante de literatura y yo le dije que no, que la literatura me gustaba pero que prefería una carrera que me diera más dinero.

Él se rió y me dijo: —Por su apariencia, **5.** _____ (preguntar) si usted era una mujer de negocios y mire, no me equivoqué.

2 El señor Leopoldo Soler habla de lo que estaba haciendo cuando supo que había ganado un premio de la lotería. Completa su narración con los verbos en el pasado progresivo según correspondan.

entrar

servir

esperar

llorar

llamar

Ayer, cuando sonó el teléfono, mi esposa **1.** _____ los platos de la comida. Mi hijo Manuel corrió a contestar porque pensaba que su novia **2.** _____ . Manuel le dio el teléfono a su madre y ella, tras unas palabras, empezó a gritar. Luego soltó el teléfono y empezó a correr por la cocina. **3.** _____ y apenas podía hablar. Como yo estaba atorado en la mesa y Ximena **4.** _____ , ella la alcanzó antes que yo. Aunque **5.** _____ un golpe de suerte, nunca pensamos que iba a ser tan grande.

3 ¿Recuerdas lo que estabas haciendo la última vez que te sucedió algo espectacular? Escribe una composición corta para contar qué estabas haciendo tú, tus amigos o tu familia en ese momento.

_____

_____

_____

_____

_____

Gramática A *The Subjunctive After Conjunctions*

¡AVANZA! **Goal:** Practice the subjunctive with conjunctions that may or may not trigger its use.

1 Estas notas aparecen en la agenda de una traductora de novelas. Marca una X si las oraciones usan una conjunción que requiere el subjuntivo o si usan una conjunción ambivalente.

Oraciones con...	conjunciones que requieren el subjuntivo.	conjunciones que usan el subjuntivo o el indicativo.
Debo presentar el capítulo de la novela de Isabel Allende a fin de que su agente me autorice la traducción.		
Después de que lo haga, debo llamar a la editorial.		
Tan pronto como me den una respuesta, iniciaré la traducción.		
Recuerda no hacer nada hasta que los abogados tengan todo listo.		
A menos que termine no podré enfocarme en los poemas de Gabriela Mistral.		

2 Francisco Pedraza habla sobre su vida de escritor. Completa las siguientes oraciones con el presente del subjuntivo o indicativo de los verbos entre paréntesis.

1. Escribiré más en cuanto mis padres me _____ (comprar) una computadora.

2. Completaré una novela antes de que _____ (cumplir) veinticinco años.

3. Cuando _____ (leer) buenos libros siempre me inspiro.

4. No escribiré hasta que _____ (haber) visitado Argentina.

5. Tan pronto como _____ (poder), viajaré a ese país de grandes escritores.

3 La escritora Shantal Roca da una conferencia sobre cómo escribir una novela. Completa lo que dice. Pon atención a las conjunciones.

1. No debes escribir nada hasta que _____

2. Desarrolla un argumento. En caso de que _____

3. En mi caso, tan pronto como _____

_____

4. En cuanto puedo _____

5. Nunca te acuestes sin que _____

UNIDAD 8 Lección 1 Gramática A

Gramática B *The Subjunctive After Conjunctions*

¡AVANZA!	**Goal:**	Practice the subjunctive with conjunctions that may or may not trigger its use.

1 Ana acaba de leer un cuento. Marca una **X** en **F** si la conjunción en el enunciado se refiere a algo que va a pasar en el futuro; en **P** si se refiere al pasado y en **H** si es algo que sucede habitualmente.

Oraciones	F	P	H
Cuando sucedió el accidente, el motociclista fue hospitalizado.			
Cuando los aztecas ofrecen sacrificios, matan a sus prisioneros en un altar.			
Cuando el hombre despierte, se dará cuenta que está viviendo en su fantasía.			
No supe cuál era la realidad hasta que terminé de leer.			

2 La poeta Vanessa Sierra habla de las cosas que dijo que quería hacer cuando era niña. Cambia las oraciones para reflejar lo que diría después de veinte años.

Modelo: Voy a escribir poemas hasta que me publiquen un libro.

Escribí poemas hasta que me publicaron un libro.

1. Estudiaré literatura en caso de que no tenga éxito como poeta.

_____

2. Cuando me publiquen un libro, viajaré a todos los países de habla hispana.

_____

3. Después de que gane un premio importante, dejaré de enseñar.

_____

4. Leeré poesía hasta que escriba una poesía verdadera.

_____

5. Tan pronto como deje de soñar, me pondré a escribir.

_____

3 ¿Qué harías tú? Usa las conjunciones como pista para completar oraciones que reflejen tus planes.

1. Cuando termine la preparatoria, yo _____ .

2. En cuanto ahorre mil dólares, yo _____ .

3. Tan pronto como sepa manejar, yo _____ .

4. En caso de que quiera ser poeta, yo _____ .

5. A fin de que el mundo sea un lugar mejor, yo _____ .

Gramática C *The Subjunctive After Conjunctions*

Level 3 Textbook pp. 462–464

> **¡AVANZA!** **Goal:** Practice the subjunctive with conjunctions that may or may not trigger its use.

1 El profesor Moreno habla de la importancia de la literatura. Elige las conjunciones apropiadas del cuadro para completar su explicación.

tan pronto como	a fin de que	hasta que	cuando

La literatura, como todas las artes, a veces no es apreciada. **1.** _____ los estudiantes entiendan que los libros nos enseñan tanto o más que la televisión, es importante motivarlos. **2.** _____ un estudiante no lee, no ejercita su imaginación. Pero **3.** _____ descubre el tesoro de los libros, descubre también que su cerebro produce mejores efectos especiales que el cine. Por eso, en esta clase, leeremos **4.** _____ nuestros ojos se cansen y los libros vivan en la pantalla de nuestra imaginación.

2 Este año, Adriana y sus amigos decidieron que iban a leer más. Usa las conjunciones entre paréntesis para unir las siguientes oraciones. Haz todos los cambios que sean necesarios.

1. (a fin de que) Adriana quiere que Miguel lea a Borges / ella ordenarle un libro por Internet

_____

2. (antes de que) Adriana quiere compartir sus poemas / todos sus amigos mudarse

_____

3. (para que) sus amigos conocer a Gabriela Mistral / Adriana hacer una velada poética.

_____

4. (cuando) Adriana alegrarse / Miguel terminar el libro ayer

_____

5. (tan pronto como) Adriana saber de Manuel Puig / preguntar a Miguel si quería leer una de sus novelas.

_____

_____

3 Escribe una composición corta para expresar cuál es tu relación con la literatura, cuánto lees, qué te gusta leer, cuáles son tus escritores preferidos y por qué. Usa las conjunciones de tiempo y los tiempos verbales necesarios de la lección.

_____

_____

_____

_____

UNIDAD 8 Lección 1 Gramática C

Gramática adicional *Pronombres relativos*

> **¡AVANZA!** **Goal:** Practice relative pronouns to talk about literature.

Pronombres relativos

Los pronombres relativos relacionan dos cláusulas en una oración. El pronombre relativo más común es *que. Que* puede referirse a personas, lugares, ideas, etc.

El maestro lleva gafas. El maestro me cae bien.

- El maestro *que* lleva gafas me cae bien.

Cuando la primera cláusula de la oración incluye una preposición, es necesario usar *quien* o *quienes* si el pronombre hace referencia a una persona.

- El maestro *de quien* te hablé me cae bien.
- Las chicas *a quienes* busco no viven aquí.

El pronombre *cuyo*, en todas sus formas, es un relativo que indica posesión.

- Este es el libro *cuyas* fuentes son muy conocidas.

1 Celina Pérez habla de su amor por los libros. Completa los espacios en blanco con el pronombre relativo correcto.

Don Quijote es el libro **1.** _____ más veces he leído. Miguel de Cervantes es el autor a **2.** _____ le debo mi amor por la literatura. Me he enterado que todas las personas a **3.** _____ les gusta Don Quijote han dejado de dormir y hasta de comer. Definitivamente, Don Quijote es una obra **4.** _____ lectura recomiendo a todos los amantes de la literatura.

2 Eva Sierra habla de sus películas favoritas. Usa los pronombres relativos para combinar las siguientes oraciones en una.

1. Ayer compré el DVD de King Kong. King Kong es una película espectacular.

_____

2. Los efectos especiales son excelentes. Los efectos especiales me conmovieron.

_____

3. King Kong se enamoró de la protagonista. La protagonista era una actriz rubia.

_____

4. King Kong es un monstruo. El corazón de King Kong es tierno.

_____

UNIDAD 8 Lección 1

Gramática adicional

354 Unidad 8, Lección 1
Gramática adicional

¡Avancemos! 3
Cuaderno para hispanohablantes

Integración: Hablar

¡AVANZA!	**Goal:** Respond to written and oral passages discussing and critiquing literature.

Lee con cuidado la siguiente reseña.

Fuente 1 Leer

📖 Rayuela, una novela que no pasa de moda

Sofía Armendáriz

Publicada en 1963, «Rayuela», de Julio Cortázar, fue una de las novelas experimentales que acrecentó el interés mundial por la literatura latinoamericana. Según su autor, los capítulos de esta novela podían leerse en cualquier orden resultando siempre en una obra distinta. Aunque el autor sugiere un orden alternativo para leer, el lector puede también hacerlo de la manera tradicional. Los personajes de esta novela se enfrentan a una crisis existencial: quiénes son, cuáles son sus propósitos en la vida, de dónde son. Es una novela abierta a que el lector encuentre en ella su propio camino. Cortázar desafió las convenciones literarias para invitarnos, quizás, a evaluar la linealidad de nuestra propia existencia.

Escucha un fragmento de la transmisión por radio Internet que hizo Amapola Peralta, una novelista chilena. Toma notas. Luego completa la actividad.

Fuente 2 Escuchar

HL CD 2, tracks 25–26

Prepara una respuesta oral corta donde compares los dos puntos de vista que se reflejan en las fuentes. ¿Estás de acuerdo con uno de ellos? ¿Cuál? ¿Por qué?

Integración: Escribir

 **Goal:** Respond to written and oral passages discussing and critiquing literature.

Lee el siguiente fragmento tomado del sitio web *Cómo ser un buen escritor*.

Fuente 1 Leer

http://www.mejoresescritores.hmh.com   GO

Cómo escribir el cuento perfecto

José Augusto Menéndez

Escribir un cuento no es tan difícil como parece. Lo primero que necesitas es definir estas preguntas: ¿Qué? ¿Quién? ¿Cuándo? ¿Cómo? Si ya tienes respuestas para estas interrogantes, entonces estamos a punto de empezar.

La segunda fase es lo que yo llamo el proceso creativo. Es decir, ¿cómo puedo hacer que mis personajes sean interesantes para un lector? ¿En qué contexto los voy a situar? Estos detalles son importantes porque el lector no quiere enfrentarse a personajes aburridos. ¿Cuál es la crisis a la que se enfrentan? ¿En qué país viven? Claro, lo más importante es escribir sobre lo que conoces bien. Si nunca has visitado Roma, entonces no escribas un cuento que pasa en Roma. Si lo piensas bien, todos los lugares son interesantes para las personas que no los conocen. Así que no te desanimes si vives en un pueblo de cien personas y nunca has viajado: escribe sobre eso, porque resultará interesante para algún lector en algún lugar.

Ahora vas a escuchar el anuncio de radio de un taller para escritores. Toma notas. Luego completa la actividad.

Fuente 2 Escuchar

HL CD 2, tracks 27–28

Escribe un párrafo que responda a la siguiente pregunta: Los escritores, poetas y dramaturgos, ¿nacen o se hacen? Explica tu respuesta.

_____

_____

_____

_____

_____

_____

UNIDAD 8 Lección 1

Integración: Escribir

Lectura A

¡AVANZA!	**Goal:** Read, discuss and critique literature.

1 Ana, una nueva escritora, comparte con nosotros sus experiencias para publicar su libro. Lee su relato y responde a las preguntas de comprensión. Luego da tu opinión sobre el tema.

Mi nuevo libro

La semana pasada estaba escribiendo un poema cuando sonó el teléfono. Era Paco, mi editor. Paco me contó que una editorial quería publicar mi libro de poemas. Les interesaba mucho porque buscaban una escritora joven. Me puse muy contenta. Después de que me dio la buena noticia, Paco me confesó que algunos editores estaban revisando mis poemas. Me explicó que los editores estaban cambiando palabras de las poesías. La idea me pareció absurda y me enojé. Yo había trabajado muchísimo en cada poema y había pensado cada símil y cada metáfora. Por suerte, Paco entendió mi punto de vista y me apoyó en todo. A él le habían encantado mis poemas. Al día siguiente fui a la editorial para hablar con el señor Martínez, el jefe del equipo editorial. Estaba enojada pero no perdí la paciencia. Saqué mi manuscrito y leí en voz alta uno de mis poemas. El señor Martínez quedó sorprendido, se dio cuenta del ritmo que había en mis poemas. Me dijo que no había necesidad de cambiar mis poesías. Esa misma tarde, llamé a Paco para celebrar.

---

2 **¿Comprendiste?** Responde a las siguientes preguntas con oraciones completas.

1. ¿Por qué se puso contenta Ana?

_____

2. ¿Qué le confesó Paco a Ana? ¿Por qué?

_____

3. ¿Cómo reaccionó Ana? ¿Qué le explicó a Paco?

_____

4. ¿Cómo reaccionó el señor Martínez luego de escuchar a Ana?

_____

3 ¿Qué piensas? Si publicaras tu primer libro de poemas, ¿cómo te sentirías? ¿Sobre qué o quiénes escribirías? ¿Por qué?

_____

_____

_____

_____

_____

_____

Lectura B

| ¡AVANZA! | **Goal:** Read, discuss and critique literature. |

1 Lee el cuento de Patricia y responde a las preguntas de comprensión. Luego da tu opinión sobre el tema.

La decisión

Era una tarde primaveral. Andrea miraba el jardín desde su ventana y estaba pensando en Pedro. Pedro le había prometido visitarla y Andrea lo estaba esperando. De pronto Andrea escuchó la voz de su hermana Teresa, quien la estaba llamando para que fueran a la casa de la abuela. Andrea había prometido a su hermana que irían juntas a visitar a la abuela. Andrea bajó las escaleras y fue en busca de Teresa.

Andrea le contó a su hermana que la noche anterior había conocido a un muchacho muy guapo. Se llamaba Pedro, tenía quince años y era de la ciudad. Sus padres se estaban divorciando y por eso él estaba viviendo en la casa de unos tíos. Pedro le prometió visitarla esa tarde para conocerse mejor. Después de escuchar a Andrea, Teresa le dijo: «De modo que por esperar a Pedro no piensas visitar a la abuela». Andrea asintió y Teresa le dijo a su hermana: «No hemos visto a la abuela desde hace más de un mes. A Pedro lo puedes ver mañana». Andrea estaba pensando en las palabras de su hermana cuando llegó Pedro. Andrea le contó que tenía que visitar a su abuela. Pedro le dijo: «Si quieres yo voy contigo para conocer a tu abuelita». Andrea no lo podía creer; definitivamente había conocido al joven de sus sueños y era el día más feliz de su vida.

2 **¿Comprendiste?** Responde a las siguientes preguntas:

1. ¿Por qué estaba ansiosa Andrea?

_____

2. ¿Qué tenían que hacer Andrea y su hermana esa tarde?

_____

3. ¿Cómo era Pedro? ¿Por qué estaba viviendo en el campo?

_____

_____

4. ¿Qué sorpresa le dio Pedro a Andrea? ¿Cuál fue la reacción de Andrea?

_____

_____

3 **¿Qué piensas?** ¿Te gustó el cuento que escribió Patricia? Escríbele una pequeña nota a Patricia y cuéntale tus impresiones acerca de su cuento.

_____

_____

Lectura C

| ¡AVANZA! | **Goal:** Read, discuss and critique literature. |

1 Lee la siguiente entrevista que le hizo un periodista al escritor Sergio Rozzin. Luego responde a las preguntas de comprensión y escribe sobre tu experiencia con este género.

Entrevista a Sergio Rozzin

Sergio Rozzin, (Tucumán, Argentina, 1920) nos visita en la Feria Internacional del Libro. A continuación, éstas son algunas de sus declaraciones.

PERIODISTA: Nos gustaría que empezara por recordar qué estaba haciendo cuando empezó a escribir su novela «La Tertulia». ¿Qué edad tenía cuando la escribió?

ROZZIN: Recuerdo que estaba trabajando en unas oficinas de Montevideo. Había entrado como ayudante de oficina y llegué a ser gerente. Cuando empecé a escribir esta novela ya estaba casado y tendría 25 años.

PERIODISTA: La novela está ambientada en la vida de empleados de las oficinas. Cuando escribió su novela, ¿estaba pensando en escribir una biografía?

ROZZIN: No. Aunque parezca una biografía, es un cuento romántico que creo que no es cursi. Un día yo estaba haciendo la contabilidad y observé que mi jefe estaba muy contento. Le pregunté: «Don Raúl, ¿qué le pasa que está tan bien últimamente?»

PERIODISTA: Y, ¿qué le contestó su jefe?

ROZZIN: Me invitó a tomar un café y me confesó que se estaba enamorando de una muchachita que tenía la mitad de su edad. Él tenía 40 y ella 20 años. Así nació la idea de los protagonistas de mi novela.

PERIODISTA: ¿Cómo era el ambiente literario en la época que escribió su novela?

ROZZIN: En esa época los escritores estábamos escribiendo mucho y cosas muy distintas. Algunos estaban escribiendo drama, a otros les estaba gustando escribir poesía sin rima y muy pocos escritores estaban inventándose cuentos policíacos.

PERIODISTA: «La tertulia», ¿fue la primera novela que escribió?

ROZZIN: No, la primera fue donde la historia está relatada con el punto de vista de tres personajes diferentes. Son tres versiones de una relación de pareja.

PERIODISTA: Al público le gustó mucho esa novela.

ROZZIN: Sí, fue muy popular.

PERIODISTA: Ahora que han pasado tantos años, ¿qué piensa de «La tertulia»?

ROZZIN: No entiendo el éxito de «Tertulia»; tiene como 150 ediciones. Creo que mi mejor novela es «El chico de goma». Es la única que es un poco autobiográfica. El protagonista es inventado, pero vive en los barrios donde yo viví.

2 **¿Comprendiste?** Responde a las siguientes preguntas con oraciones completas.

1. ¿De dónde es Sergio Rozzin y por qué es importante?

_____

_____

2. ¿Qué estaba haciendo Sergio Rozzin cuando escribió su novela «La tertulia»?

_____

3. ¿Cómo se le ocurrió a Sergio Rozzin escribir su novela más exitosa?

_____

_____

_____

4. ¿Qué contestó Sergio Rozzin sobre el ambiente literario en la época que escribió «La Tertulia»?

_____

_____

_____

3 **¿Qué piensas?** ¿Conoces a algún escritor o escritora en tu localidad? ¿Crees que puedas inventar una entrevista o conversación con esta persona? ¿Qué preguntas te gustaría hacerle a esta persona? Formula cinco preguntas a tu escritor o escritora y respóndelas como si fueras él o ella.

_____

_____

_____

_____

_____

_____

_____

_____

Escritura A

| ¡AVANZA! | **Goal:** Express emotions through various literary genres. |

1 Visitaste dos países del Cono Sur con algunos miembros de tu familia. Organiza en el recuadro los lugares que más te llamaron la atención.

País	Lugares y paisajes	Descripción general

2 Con la información anterior escribe un poema dedicado a estos países. Asegúrate de que tu poema tiene: 1) título; 2) dos estrofas de cuatro versos cada una; 3) figuras literarias como el símil y la metáfora; 4) rima y ritmo y 5) uso correcto de los verbos y la ortografía.

_____

_____

_____

_____

_____

_____

_____

3 Evalúa tus versos con la siguiente información.

	Crédito máximo	**Crédito parcial**	**Crédito mínimo**
Contenido	Tu poema contiene: 1) título; 2) dos estrofas de cuatro versos cada una; 3) figuras literarias; 4) rima y ritmo.	A tu poema le falta una de las siguientes partes: 1) título; 2) dos estrofas de cuatro versos cada una; 3) figuras literarias; 4) rima y ritmo.	A tu poema le faltan más de dos de las siguientes partes: 1) título; 2) dos estrofas de cuatro versos cada una; 3) figuras literarias; 4) rima y ritmo.
Uso correcto del lenguaje	Haces buen uso de los verbos; la ortografía es correcta.	Tienes algunos errores al usar los verbos y la ortografía en tu poema.	Tienes muchos errores al usar los verbos y la ortografía en tu poema.

Escritura B

¡AVANZA!	**Goal:** Express emotions through various literary genres.

1 Uno de tus pasatiempos favoritos es leer biografías. Haz un folleto para presentar la vida de un(a) escritor(a) famoso(a). Escribe en la tabla diferentes aspectos del personaje.

Personaje	
Género al que pertenecen sus obras	
Fecha de nacimiento y de su muerte	
Datos importantes por los que se destacó	

2 Escribe un resumen de la biografía de tu personaje en el folleto. Asegúrate de: 1) tener en cuenta los datos de la Actividad 1; 2) presentar información detallada, clara y organizada; 3) escribir oraciones completas y lógicas y 4) hacer buen uso de los verbos y de la ortografía.

_____

_____

_____

_____

_____

_____

_____

_____

3 Evalúa tu biografía con la siguiente información.

	Crédito máximo	**Crédito parcial**	**Crédito mínimo**
Contenido	Tu biografía tiene en cuenta los datos de la Actividad 1; la información es detallada y tiene un sentido lógico.	Tu biografía no tuvo en cuenta los datos de la Actividad 1; a la información le faltan detalles, claridad u organización.	Tu biografía no tuvo en cuenta todos los datos de la Actividad 1; a la información le falta claridad y sentido lógico.
Uso correcto del lenguaje	Haces buen uso de los verbos y de la ortografía.	Tienes algunos errores al usar los verbos y algunos errores de ortografía.	Tienes muchos errores al usar los verbos y muchos errores de ortografía.

Escritura C

> **¡AVANZA!** **Goal:** Express emotions through various literary genres.

1 Tienes un gran talento para la escritura y vas a participar en el concurso nacional de cuento corto. El tema de este certamen es sobre las experiencias durante las vacaciones pasadas. Organiza algunas ideas que te ayudarán a escribir tu cuento.

Título	
Personajes	
Lugar(es)	
Espacio(s)	
Situaciones	

2 Escribe tu cuento y fíjate que contenga: 1) las ideas de la Actividad 1; 2) oraciones completas, claras y con sentido; 3) un inicio, un clímax y un desenlace; 4) buen uso de los verbos y 5) ortografía correcta.

_____

_____

_____

_____

_____

_____

_____

3 Evalúa tu cuento corto con la siguiente información:

	Crédito máximo	**Crédito parcial**	**Crédito mínimo**
Contenido	Tu cuento contiene las ideas de la Actividad 1; oraciones completas, claras y con sentido; inicio, clímax y desenlace.	Tu cuento no tiene en cuenta las ideas de la Actividad 1; tuviste errores en la construcción de oraciones completas.	Tu cuento no tiene en cuenta las ideas de la Actividad 1; las oraciones son muy poco claras o no tienen sentido.
Uso correcto del lenguaje	Haces buen uso de los verbos y de la ortografía.	Tienes algunos errores al usar los verbos y algunos errores de ortografía.	Tienes muchos errores con el uso de los verbos y muchos errores de ortografía.

Cultura A

> **¡AVANZA!** **Goal:** Discover and know people, places, and culture from the Southern Cone.

1 Responde de forma breve a las siguientes preguntas sobre la geografía del Cono Sur.

1. La cordillera de los Andes separa dos países del Cono Sur. ¿Cuáles son?

_____

2. ¿Cómo se llaman las cataratas que se encuentran entre Argentina, Paraguay y Brasil?

_____

3. ¿Cuál es la población que está más al sur de Argentina?

_____

4. Completa la tabla siguiente con los nombres de las capitales del Cono Sur y el nombre del Océano que baña cada país; si el país no tiene costa, pon una X.

	Argentina	Chile	Paraguay	Uruguay
Capital				
Océano				

2 Responde con oraciones completas a las siguientes preguntas sobre la cultura en el Cono Sur.

1. ¿Quién fue Roberto Matta Echaurren?

_____

2. ¿Quién escribió la novela en la que se basa la película americana *De amor y de sombra*?

_____

3 ¿Qué significado tiene la fotografía de tu libro de unos jóvenes en una feria de libro? ¿Hay otros lugares donde pueden conseguir libros? ¿Has visitado alguna vez un sitio de éstos? ¿Dónde compras libros? Escribe dos razones para comprar libros en una librería y otras dos razones para comprar libros en una feria o un mercado o tienda de libros usados.

En una librería	En una feria, un mercado o una tienda de libros usados
1. _____	1. _____
2. _____	2. _____

Cultura B

> **¡AVANZA!**   **Goal:**   Discover and know people, places, and culture from the Southern Cone.

1 Responde de forma breve a las siguientes preguntas sobre los países del Cono Sur.

1. ¿Qué tipos de paisajes se encuentran en el Cono Sur?

_____

2. ¿Qué idiomas indígenas se hablan en el Cono Sur?

_____

3. ¿Cuáles son algunos de los platos típicos de los países del Cono Sur?

_____

4. ¿Cuál es la moneda de Argentina? ¿Y la de Paraguay?

_____

2 Responde a las siguientes preguntas usando oraciones completas.

1. ¿Dónde están las cataratas del Iguazú y cómo son?

_____

_____

2. ¿Cuál es la plaza principal de Buenos Aires? ¿Qué edificios importantes hay allí?

_____

_____

3 ¿En qué se basa la película *De Amor y de Sombra*? ¿De qué se trata? ¿Te parecen interesantes las películas basadas en libros? ¿Qué película has visto que se base en un libro? ¿Qué te gustó más, la película o el libro? ¿Por qué?

_____

_____

_____

_____

_____

_____

Cultura C

Level 3 Textbook pp. 474–475

¡AVANZA! **Goal:** Discover and know people, places, and culture from the Southern Cone.

---

1 Completa el siguiente crucigrama sobre los países del Cono Sur.

1. Moneda de varios países del Cono Sur
2. La Casa _____ es la casa de gobierno de Argentina.
3. Apellido de un famoso pintor argentino
4. Apellido de una famosa escritora chilena
5. Idioma indígena del Cono Sur
6. Capital de Chile
7. Plato de carne típico del Cono Sur
8. Cordillera que separa Chile de Argentina
9. Inspiran a Matta Echaurren

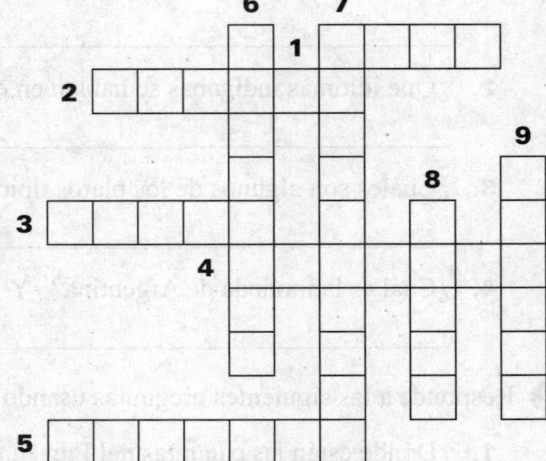

2 Responde a las siguientes preguntas con oraciones completas.

1. ¿Qué es el Cabildo de la Plaza de Mayo?

_____

2. ¿De qué trata la novela *De amor y de sombra* escrita por Isabel Allende?

_____

3. ¿Cuál es la diferencia entre la obra de Matta Echaurren y la de otros surrealistas?

_____

3 ¿Qué representa el cuadro *El Ónix de Electra* pintado por Roberto Matta Echaurren? Observa y analiza el cuadro y escribe un comentario sobre él. ¿Cómo logra en este cuadro dar la impresión de irrealidad? ¿Con las figuras e imágenes? ¿Con los colores? Por último, expresa tu opinión personal. ¿Te parece interesante este tipo de pintura? ¿Por qué?

_____

_____

_____

_____

_____

UNIDAD 8 Lección 1

Cultura C

Vocabulario A *El drama*

> **¡AVANZA!**   **Goal:**   Talk about theater and plays.

1 Escribe la letra de la palabra que completa cada uno de los siguientes conceptos.

1. La persona que escribe el guión es _____ .
2. La persona que representa un papel es _____ .
3. La persona que desea tener muchas riquezas es _____ .
4. La persona que no tiene miedo a tomar riesgos es _____ .
5. La persona que indica dónde debe sentarse uno en el cine o teatro es _____ .

a. el/la actor (actriz)
b. codicioso(a)
c. atrevido(a)
d. el/la acomodador(a)
e. el/la guionista

2 Escoge la palabra que corresponda a cada definición.

1. La persona que escribe la obra de teatro es _____
   (el/la dramaturgo(a) / el/la directora(a)).

2. El lugar donde los actores se cambian la ropa, se aplican el maquillaje y se preparan para actuar es _____ (el escenario / el camerino).

3. Los actores practican su diálogo en voz alta durante _____
   (el intermedio / el ensayo).

4. El texto que indica lo que los actores deben hacer es _____
   (el diálogo / el guión).

5. La persona que ayuda y guía a los actores a interpretar sus papeles es
   _____ (el/la acomodador(a) / el/la directora(a)).

3 Completa las oraciones para explicar en qué orden ocurren los sucesos durante una obra de teatro. Usa las expresiones del cuadro.

aplausos	levantar el telón	intermedio
primer acto	cerrar el telón	el acomodador

1. Primero _____ .
2. Después _____ .
3. Luego los actores _____ .
4. Entre los actos _____ .
5. Terminada la obra _____ .
6. Al final de la obra _____ .

Vocabulario B *El drama*

> **¡AVANZA!**   **Goal:**   Talk about theater and plays.

1 Clasifica las siguientes palabras según las categorías con las que más se asocian. Escribe las palabras en los espacios de la tabla.

| el maquillaje | el vestuario | el escenario | los actores | los accesorios |
| el dramaturgo | | el director | el telón | el guión |

Las personas	El teatro	Las herramientas de los actores

2 Completa las frases para formar definiciones sobre las características siguientes.

Modelo: Una persona singular *no es como las otras personas; es única* .

1. Una persona persistente _____ .

2. Una persona codiciosa _____ .

3. Una persona atrevida _____ .

4. Una persona farsante _____ .

5. Un suceso insólito _____ .

3 Marcos habla sobre su experiencia en el teatro. Completa el párrafo con sus ideas.

Después de que el acomodador nos sienta, **1.** _____ . Los actores

entran al escenario y comienzan a actuar; **2.** _____ . Luego hay un

intermedio entre actos. En el camerino, los actores se cambian el vestuario para el siguiente

acto. La obra de teatro no es compleja pero **3.** _____ . El guión del

dramaturgo **4.** _____ . Cuando la obra termina, los actores saludan y

traen al director al escenario. Al final de la obra **5.** _____ .

Vocabulario C *El drama*

> **¡AVANZA!** **Goal:** Talk about theater and plays.

1 Escribe oraciones completas para definir los siguientes términos relacionados con el teatro.

1. acomodadores _____ .

2. vestuario _____ .

3. accesorios _____ .

4. dramaturgo _____ .

5. intermedios _____ .

6. actos _____ .

2 Hoy el grupo de teatro de la escuela estrena una obra. Contesta las siguientes preguntas con oraciones completas.

1. ¿Cuál es el título de la obra?

   _____

2. ¿Quién es el/la director(a) de la obra?

   _____

3. ¿Quiénes son los personajes principales?

   _____

4. ¿Cuáles son los sucesos más importantes de la obra?

   _____

5. ¿Cómo es el final de la obra?

   _____

3 ¿Qué es necesario para que una obra de teatro tenga éxito? Escribe cinco oraciones completas e incluye en tus comentarios cómo deben ser el guión, los actores, la escenografía, el vestuario y los accesorios, el director y el dramaturgo.

_____

_____

_____

_____

Vocabulario adicional *Los neologismos en el español*

¡AVANZA!	**Goal:** Practice Spanish words borrowed from English.

Existen muchos préstamos lingüísticos y asimilaciones del idioma inglés al español. El resultado es la creación y adaptación de nuevas palabras. Las siguientes palabras entraron al español a través del inglés y se asimilaron a la gramática y fonética del español. Cuando una palabra se asimila al español las reglas del español se aplican:

estrés ⟶ estresante   escanear ⟶ escaneé la foto

estándar ⟶ estandarización   formatear ⟶ formateo el documento

Hay otras palabras o préstamos del inglés que se usan entre los hispanohablantes y no se adaptaron al sistema gramatical del español.

look	trailer	camping	fax	surfing
chat	jeans	clic	email	software

1 Define en español los siguientes conceptos:

1. camping _____

2. jeans _____

3. software _____

4. un chat _____

5. hacer clic _____

6. fax _____

2 Ahora piensa en otras palabras que vinieron del inglés al español y completa la tabla. ¿Cuáles son algunas palabras que se asimilaron al español? ¿Cuáles son otras palabras del inglés que entraron al español como préstamos?

Palabras asimiladas	Préstamos
1.	1.
2.	2.
3.	3.
4.	4.
5.	5.

UNIDAD 8 Lección 2

Vocabulario adicional

Gramática A The Impersonal Pronoun Se + Indirect Object Pronouns

¡AVANZA! **Goal:** Practice how to express accidental or unplanned occurrences using **se** and indirect object pronouns.

1 Durante la presentación de una obra teatral, el grupo de teatro estudiantil tuvo varios problemas. Empareja con una raya los problemas y las consecuencias que originaron.

A la actriz se le olvidaron los diálogos.　　　　El asistente improvisó un apoyo.

Al iluminador se le rompió una lámpara.　　　　Los actores tuvieron que cantar.

Al escenógrafo se le cayó una pared.　　　　El teatro quedó a oscuras.

A la maquillista se le perdió una peluca.　　　　El público soltó una carcajada.

Al encargado de sonido se le borró la cinta.　　　　El actor tuvo que salir sin peluca.

2 El primer año del grupo teatral Unicornio fue un desastre. Usa el pronombre impersonal **se** y las pistas para saber lo que ocurrió.

Modelo:　　Tina / olvidar / diálogos / primera función

A Tina se le olvidaron los diálogos en la primera función.

1. directora / perder / libretos originales

_____

2. Ernesto / quedar / el guión en casa

_____

3. profesora Barrios / enfermar / un hijo

_____

4. teatro / quemar / los vestidores

_____

3 Diana describe a sus compañeros del club de mímica. Usa las descripciones de Diana para hacer oraciones con el pronombre impersonal **se.**

Modelo:　　Teresa es muy olvidadiza. _A Teresa se le olvida todo_ .

1. Marta es una manos de lumbre. _____ .

2. Patricia y Sonia no saben cargar objetos pesados. _____ .

3. Diego descompone todo lo que toca. _____ .

4. Jesús siempre tropieza con todo. _____ .

5. Marta siempre está buscando sus cosas. _____ .

Gramática B *The Impersonal Pronoun Se + Indirect Object Pronouns*

Level 3 Textbook pp. 483–485

> **¡AVANZA!** **Goal:** Practice how to express accidental or unplanned occurrences using **se** and indirect object pronouns.

1 Escribe en el espacio la letra que corresponda a la frase para completar las oraciones que explican lo que ocurrió durante la presentación de «La dama boba».

1. A María y Sara, las cajeras, _____

2. A Manuela, la escenógrafa, _____

3. A José y a Pedro, los galanes, _____

4. Al profesor Soto _____

a. se le dio mucha ovación.

b. se le cayó un cuadro en el escenario.

c. se les perdieron las espadas.

d. se les olvidaron los boletos.

2 Las siguientes consecuencias son el resultado de un suceso inesperado. Usa las pistas para escribir una oración y explicar lo que ocurrió.

Modelo: Elena no va a encontrar su cartera. (metro / perder)

Se le perdió en el metro.

1. Javier va a llegar tarde a la escuela. (despertador / olvidar)

_____

2. El señor González no va a poder arrancar la motocicleta. (carretera / descomponer)

_____

3. La bailarina no va a poder actuar en el estreno. (pierna / romper)

_____

4. El florero de Aminta va a estallar en mil pedazos. (piso / caer)

_____

3 Teresa es una reportera del periódico estudiantil. Usa los comentarios que Pita Hinojosa, una poeta argentina, hace sobre su niñez para escribir una pregunta con el pronombre impersonal **se**.

Modelo: Yo era muy olvidadiza.

¿Se le olvidaban los libros en casa?

1. Yo era muy distraída. Nunca sabía dónde dejaba las cosas.

_____

2. También era enfermiza y me fracturaba huesos con frecuencia.

_____

3. Me llamaban Pita «manos de seda». Nada se quedaba en mis manos mucho tiempo.

_____

4. En un viaje a Tucumán, una vez llegué sin las maletas.

_____

UNIDAD 8 Lección 2

Gramática B

Copyright © by McDougal Littell, a division of Houghton Mifflin Company.

Gramática C   *The Impersonal Pronoun Se + Indirect Object Pronouns*

¡AVANZA!	**Goal:**	Practice how to express accidental or unplanned occurrences using **se** and indirect object pronouns.

1 Martín le cuenta a Ana lo que soñó y cree que sus sueños se harán realidad. Completa las predicciones que hace con el pronombre de complemento indirecto correcto y la conjugación apropiada del verbo entre paréntesis.

> **Modelo:** A la secretaria *se le quedarán las llaves dentro del coche* . (quedar)

1. A la niña Celia _____ . (caer)

2. Al profesor Eusebio _____ . (perder)

3. A ti _____ . (descomponer)

4. A nosotros _____ . (hacer tarde)

5. A las maestras _____ . (olvidar sus libros)

2 En la fiesta de fin de año, Laura Cisneros reflexiona sobre lo que le ocurrió a ella y a otras personas el año pasado. Completa sus reflexiones con la conjugación correcta del verbo entre paréntesis y luego escribe otra oración que explique por qué le sucedieron esas cosas.

> **Modelo:** A mí se me *averió* (averiar) el carro *porque se me olvidó ponerle aceite* .

1. A mi tía rica se le _____ (romper) tres antigüedades _____

 _____ .

2. A mi pobre abuelo se le _____ (caer) las gafas en una alcantarilla

 _____ .

3. A mi papá se le _____ (acabar) el dinero _____

 _____ .

4. A mi hermana se le _____ (perder) mi gato _____

 _____ .

5. A nosotros se nos _____ (pasar) el aniversario de mis padres

 _____ .

3 ¿Recuerdas cómo eras de niño? Escribe una composición corta para explicar qué cosas te sucedían sin que tú las planearas. Usa un mínimo de cinco oraciones con **se** impersonal.

_____

_____

_____

_____

_____

Gramática A *Subjunctive Review*

¡AVANZA!	**Goal:** Review the various contexts in which to use the subjunctive.

1 La escritora favorita de Alejandra Cázares es Isabel Allende. Subraya los verbos en el subjuntivo en el siguiente párrafo que Alejandra escribió sobre ella.

Los libros de Isabel Allende siempre me han fascinado. Quiero leer *Paula*, la novela que escribió sobre la muerte de su hija. Leeré el libro tan pronto como termine éste que leo ahora, *Eva Luna*. Ojalá que todos pudieran alguna vez leer algo de ella. Si te gustan las historias largas, te recomiendo que leas *La casa de los espíritus*. Es interesantísima. Sería fabuloso que vieras también la película.

2 Los amigos de Felipe Mar se enfrentan a situaciones difíciles. Usa el subjuntivo de los verbos entre paréntesis para completar lo que dice Felipe.

Modelo: A Martina se le descompuso el coche otra vez. (comprar)

Ojalá que _compre_ uno nuevo.

1. A Cristian no le fue muy bien en el examen de matemáticas. (estudiar)

Espero que _____ más para el próximo examen.

2. Paloma no llegó a tiempo a la audición del musical. (levantarse)

Le recomiendo que _____ más temprano.

3. Juanita perdió la cartera en el tranvía. (estar)

Me entristece que Juanita _____ sin dinero.

4. El grupo de poesía no podrá publicar el anuario poético este año. (publicar)

¡Qué lástima que no lo _____ !

5. Mario se fracturó la rodilla en la práctica de danza. (poder)

Es dudoso que _____ salir en la representación.

3 Completa las preguntas que los organizadores de una representación teatral hacen en la sesión de voluntarios. Usa el subjuntivo o el indicativo de los verbos entre paréntesis según corresponda.

Modelo: ¿Hay _alguien aquí que sepa de escenografía_ ? (saber / escenografía)

1. ¿Tenemos _____ ? (bailar / tango)

2. ¿Quién _____ ? (ser / declamador)

3. ¿Conocen _____ ? (tener / vestuarios del Renacimiento)

4. ¿Quién de _____ ? (tener / experiencia actuando)

5. ¿Saben de _____ ? (gustar / cantar)

Gramática B *Subjunctive Review*

> **¡AVANZA!** **Goal:** Review the various contexts in which to use the subjunctive.

1 Jimena Cañal es una crítica de teatro muy exigente. Rellena los espacios en blanco con el subjuntivo de los verbos entre paréntesis para completar sus perspectivas.

Modelo: Quiero ir a los camerinos para que el actor principal *oiga* mis opiniones.

1. Espero ver la obra para que mis apuntes _____ (tener) sentido.

2. Les ofrezco críticas a los actores en caso de que las _____ (necesitar).

3. También, les doy recomendaciones antes de que _____ (salir) al escenario.

4. Con tal de que me _____ (hacer) caso, soy clara y concisa.

5. Hoy hablaré con ellos tan pronto como _____ (terminar) la representación.

2 Los estudiantes de la clase de teatro reflexionan sobre la última representación. Usa las pistas para completar oraciones completas. Haz todos los cambios necesarios.

Modelo: ser / necesario / que / practicar / más

Era necesario que practicáramos más.

1. ser / triste / que / olvidar / diálogos

_____

2. que lástima / que / irse / público / antes / final

_____

3. ser / horrible / que / terminar / obra / teatro / vacío

_____

4. al menos / ser / positivo / que / directora / premiar / esfuerzo

_____

3 ¿Es la literatura importante en tu vida? Responde a las siguientes preguntas con oraciones completas y con subjuntivo.

1. ¿Qué lecturas te gusta que te asignen los profesores?

_____

2. ¿Qué te agrada de los libros?

_____

3. ¿Qué te molesta de las novelas?

_____

4. ¿Qué te agrada o no de los resúmenes de libros en Internet?

_____

UNIDAD 8 Lección 2

Gramática B

Gramática C *Subjunctive Review*

> **¡AVANZA!** **Goal:** Express opinions, wishes, and doubts about artistic contexts.

1 Antonia Botello es una cantante de ópera. Completa las cosas que recuerda su infancia con el pasado de subjuntivo de los verbos entre paréntesis.

1. Era necesario que yo no _____ a mis clases de canto. (faltar)

2. Mis padres querían que yo _____ un té con miel de abeja todas las mañanas. (tomar)

3. Aunque había otras cosas que me fascinaban, mis padres quisieron que yo _____ canto desde muy chica. (estudiar)

4. Como eran muy estrictos, mis maestros les recomendaron que me _____ tener otras distracciones. (dejar)

5. Cuando descubrí la ópera, no hubo nada que me _____ del canto. (apartar)

2 El mundo del teatro no ha cambiado mucho en los últimos años. Cambia las oraciones del pasado al presente para que veas que las mismas cosas tienen sentido.

1. Los actores de teatro querían que el público los ovacionara.

   _____

2. Era interesante que hubiera géneros como la comedia y la tragedia.

   _____

3. Los directores pedían que los actores los obedecieran.

   _____

4. El público prefería que las obras fueran divertidas.

   _____

5. El miedo de los actores era que el público les lanzara tomates.

   _____

3 ¿Qué hace una buena obra de teatro? Escribe una composición corta donde expliques en qué consiste una buena obra de teatro. Usa un mínimo de cinco oraciones que empleen el subjuntivo.

_____

_____

_____

_____

_____

UNIDAD 8 Lección 2
Gramática C

Unidad 8, Lección 2
Gramática C

376

¡Avancemos! 3
Cuaderno para hispanohablantes

Gramática adicional Más pronombres relativos

> **¡AVANZA!**   **Goal:**   Use the relative pronouns in conversations.

Como sabes, los pronombres relativos relacionan dos cláusulas en una oración. Si la cláusula incluye una preposición y el pronombre no hace referencia a una persona, usa **el que**, **el cual**, **la que**, **la cual** y sus plurales.

> La película **por la que** vine al cine estuvo aburrida.

> El automóvil **del cual** te conté está carísimo. **Nota:** de + el = del

Lo que y lo cual son pronombres relativos que se refieren a ideas previamente conocidas por quien habla o escribe la oración.

> **Lo que** me dijiste ayer es verdad. María no me invitó. **Por lo cual**, no iré a la fiesta.

1 Diana Mar produce obras de teatro. Subraya los pronombres relativos que usa en el siguiente párrafo que describe su amor por las comedias del Siglo de Oro.

Lo que descubrí al leer las comedias del Siglo de Oro es una explosión de situaciones cómicas que tenía que compartir con el público de hoy. De los dramaturgos, el que más me gusta es Lope de Vega, lo cual no es una sorpresa porque escribió mas de dos mil comedias divertidísimas. También compuso tragedias, las cuales son serias y por lo cual no las he puesto en escena. Mi compañía se especializa en situaciones cómicas.

2 Cruz Pedraza es un actor de teatro con mucha experiencia. Usa los pronombres relativos para combinar en una oración sus comentarios sobre el teatro.

1. Me gustó mucho el papel de Romeo. Gané un premio por el papel de Romeo.

_____

2. La profesión de actor es difícil. Hablé a los estudiantes de la profesión de actor.

_____

3. Los sacrificios valen la pena. Sufres mucho por algunos sacrificios.

_____

4. El público es de Zaragoza. Por ese público volvería al escenario.

_____

3 ¿Has asistido o actuado en una obra de teatro? Escribe un párrafo para describir cómo fue tu experiencia. Usa pronombres relativos en tu escritura.

_____

_____

_____

_____

UNIDAD 8 Lección 2 Gramática adicional

Conversación simulada

> **¡AVANZA!** **Goal:** Respond to a conversation talking about unplanned occurrences.

Vas a participar en una conversación telefónica simulada con tu amiga Gabriela. Primero, lee el bosquejo de la conversación que aparece en la página. Luego, escucha el audio. Tú sólo oirás lo que te dice Gabriela. Entonces escucha el audio de nuevo. Esta vez participarás en la conversación. Responde de forma oral a lo que te dice Gabriela. Una señal te indicará cuando te toque a ti hablar.

[phone rings]

Tú: Contesta el teléfono y pregunta quién llama.

Gabriela: (Ella responde y te cuenta qué le pasa.)

Tú: Tú le preguntas por qué.

Gabriela: (Ella te responde y te pregunta qué opinas.)

Tú: Pregúntale qué hizo.

Gabriela: (Ella te cuenta qué pasó después y te pregunta si lo crees.)

Tú: Pregúntale si se le ocurrió cancelar su presentación.

Gabriela: (Ella te responde y te pregunta qué habrías hecho tú.)

Tú: Contéstale y pregúntale si ahora le va mejor.

Gabriela: (Ella responde y se despide.)

Tú: Despídete y cuelga.

UNIDAD 8 Lección 2

Conversación simulada

Unidad 8, Lección 2
Conversación simulada

¡Avancemos! 3
Cuaderno para hispanohablantes

378

Integración: Escribir

| ¡AVANZA! | **Goal:** Respond to written and oral passages about unplanned occurrences. |

Lee el siguiente fragmento que aparece en un manual de ayuda personal.

Fuente 1 Leer

Y CÓMO RESOLVER LO INESPERADO

¿Se le rompe el tacón del zapato en plena avenida? ¿Se le acaba la gasolina en medio de la carretera? ¿Se le pone la cara morada de vergüenza cuando no le aceptan la tarjeta de crédito? Si usted es una de esas personas a quienes siempre les ocurre lo inesperado, las siguientes estrategias podrán ayudarle a ir por el mundo con más calma.

La palabra clave: Planeación

Primer paso: Identifique las razones por las que a usted le ocurren estas cosas. Le aseguro que no es un problema de suerte ni un problema médico. Simple y sencillamente, en la mayoría de los casos es la falta de organización.

Segundo paso: Una cosa después de la otra. No empiece nada sin haber terminado lo que hacía antes. Si está lavando la ropa no empiece a doblarla mientras cena. Evalúe las consecuencias de la simultaneidad de tareas. Aunque el mundo de los negocios le requiera hacer muchas cosas a la vez, no todas son compatibles.

Tercer paso: Deje de soñar lo imposible y de tratar de complacer a todos. ¿Por qué se le quedó el carro sin gasolina en la carretera? Analice la situación. Los descuidos son consecuencia de la falta de tiempo y de planeación.

ESPERE LO INESPERADO   45

Escucha el mensaje que Cristóbal Quiñones, un joven uruguayo, dejó en el contestador de su padre. Toma notas. Luego completa la actividad.

Fuente 2 Escuchar

HL CD 2, tracks 31–32

Escribe un párrafo para aconsejarle a Cristóbal qué hacer para que no vuelva a ocurrirle lo mismo. ¿Qué haces tú para evitar los percances? Explica tu respuesta y da un ejemplo.

_____

_____

_____

_____

Lectura A

> **¡AVANZA!** **Goal:** Express opinions about a text.

1 Raúl y su grupo se preparan para interpretar un pequeño drama en la escuela. Lee el diálogo entre Raúl y un amigo. Luego responde a las preguntas de comprensión y escribe tus opiniones.

La función de teatro con Raúl

CARLOS: Hola Raúl, ¿ya tienes todo listo? El estreno de la obra es mañana.

RAÚL: Ya sé, no me pongas más nervioso. Tengo algunos problemas. Se me olvidaron los cables para la iluminación del escenario.

CARLOS: El año pasado guardamos algunos accesorios de teatro en el baúl.

RAÚL: Los buscaré ahí. ¿Sabes? Estoy un poco nervioso. Nos hemos preparado, hemos memorizado los diálogos del guión y nos hemos aprendido nuestros papeles.

CARLOS: Sí, los nervios a veces traicionan en el escenario.

RAÚL: Espero que no se me olviden mis líneas. Además temo que se me olvide seguir las direcciones de la escenografía.

CARLOS: ¿Y por qué se te pueden olvidar?

RAÚL: Porque la semana pasada se me olvidaron los cambios de la directora.

CARLOS: ¿Y qué papel te toca hacer?

RAÚL: Me toca hacer el papel de un escritor que quiere escribir una novela perfecta.

CARLOS: Te deseo suerte, Raúl. Estoy seguro de que cuando baje el telón el público aplaudirá.

---

2 **¿Comprendiste?** Responde a las siguientes preguntas con oraciones completas.

1. ¿Para qué se prepara Raúl? ¿Qué problema tiene? _____

_____

2. ¿Cómo se ha preparado el grupo de teatro de Raúl? _____

_____

3. ¿Cuáles son los temores de Raúl? _____

_____

3 **¿Qué piensas?** ¿Actuaste alguna vez en una obra teatral de tu escuela? ¿Qué papel representaste o te gustaría representar? ¿Por qué?

_____

_____

_____

Lectura B

| ¡AVANZA! | **Goal:** Express opinions about a text. |

1 Lee la carta que Roberto le escribe a su maestra de teatro. Luego responde a las preguntas de comprensión.

Las excusas de Roberto

Querida maestra:

Le pido excusas porque ayer llegué tarde al ensayo del grupo de teatro. Como se nos descompuso el auto de mi papá tuve que esperar el autobús para que me trajera hasta el teatro. Cuando llegó, a este se le pinchó un neumático y no pudo continuar con su ruta. No la llamé por teléfono porque se acabaron las baterías de mi celular. Busqué un teléfono público pero por más que lo busqué no lo encontré por ninguna parte. Caminé hasta el teatro pero no pude entrar porque se me olvidó traer mi identificación de estudiante. Por suerte alguien que estaba en la puerta y que me conocía me ayudó a entrar.

Cuando llegué al escenario y la saludé, usted respondió sin levantar la vista. Luego, durante el ensayo, usted me llamó la atención por no seguir las direcciones de la coreografía. Se me habían olvidado los cambios que tenía que hacer. A mí se me ocurrieron algunas ideas maravillosas pero a nadie le gustó mi improvisación coreográfica. Después tuve que inventar el diálogo porque se me quedó el guión en casa. Perdóneme maestra, le prometo que la próxima vez, no se me olvida y lo traigo para el ensayo.

Gracias por todo,

Roberto

2 **¿Comprendiste?** Responde a las siguientes preguntas con oraciones completas.

1. ¿Por qué llegó Roberto tarde al ensayo? ¿Por qué no llamó para avisar que llegaba tarde?

_____

_____

2. ¿Qué problema tuvo Roberto con la coreografía?

_____

_____

3. ¿Qué ocurrió cuando Roberto quiso decir sus líneas?

_____

3 **¿Qué piensas?** ¿Piensas que Roberto le dijo la verdad a su maestra? ¿Qué crees que le diría la profesora? Escribe la respuesta de la profesora.

_____

_____

Lectura C

| ¡AVANZA! | **Goal:** Express opinions about a text. |

1 Un periodista escribe en su columna una crítica de la obra de teatro que se presentó en el auditorio de la universidad. Lee con atención sus comentarios. Luego responde a las preguntas de comprensión.

Butaca teatral

Después de meses de preparación, el viernes 5 de julio a las 7:30 p.m. en el Auditorio de la Universidad de Buenos Aires, el grupo E.A.T. (Estudiantes Aficionados al Teatro), bajo la dirección de José Gallardo, presentó la obra del dramaturgo argentino Osvaldo Dragún, «Historia de un hombre que se convirtió en perro». Con esta puesta en escena, el director Gallardo hizo un excelente trabajo y mostró el talento desconocido de su elenco. Sin duda el éxito de esta obra también se debe a la calidad de los actores y actrices, todos estudiantes de la universidad. No cabe duda que sorprendieron al público con su talento histriónico y participación conmovedora.

La historia es una metáfora de la deshumanización del hombre contemporáneo. Cuenta cómo un hombre que se ha quedado sin trabajo decide aceptar el único empleo que encuentra: como perro del velador. La incomprensión, la indiferencia y falta de humanidad de la sociedad le demostrarán que la dignidad es algo pasajero. Poco a poco terminará sin diferenciar su trabajo de la realidad y la vida le demostrará, que finalmente, deberá convertirse literalmente en un perro de cuatro patas para sobrevivir. El guión, de una calidad extraordinaria, presenta una novedosa y renovada puesta en escena. Es evidente que la escenografía y el vestuario desempeñaron un papel importante, sin embargo el mérito también lo tuvieron el juego de luces y el maquillaje. Las luces provocaron un efecto trágico durante la obra y el maquillaje sirvió para destacar los rasgos más sobresalientes de los personajes. Aunque algunos estudiantes estaban haciendo todo lo posible por arruinar la puesta en escena con su bulla, ruido e interrupciones de aparatos digitales, la obra cautivó al público en general. No fue sorprendente que al terminar la función, los espectadores aplaudieran de pie al director y a los actores.

Recomiendo que no se pierdan este magnífico evento teatral, que estará entre nosotros por una semana más. Vayan a ver «Historia del hombre que se convirtió en perro», no se arrepentirán.

2 **¿Comprendiste?** Responde a las siguientes preguntas:

1. ¿Cómo se llama la obra que presentaron los estudiantes universitarios y a quién pertenece?

_____

_____

2. Según el columnista, ¿cuáles elementos fueron importantes para el éxito de la obra de teatro?

_____

_____

3. ¿Qué fue lo que no le gustó al periodista durante la puesta en escena?

_____

_____

4. En general, ¿qué opinión tuvo el periodista sobre la obra teatral?

_____

_____

3 **¿Qué piensas?** ¿Has leído alguna vez críticas sobre obras teatrales o cinematográficas en el periódico o en alguna revista? ¿Piensas que esas críticas fueron objetivas? ¿Sí? ¿No? ¿Por qué opinas así? Escribe tus comentarios.

_____

_____

_____

_____

_____

_____

_____

UNIDAD 8 Lección 2 **Lectura C**

Escritura A

> **¡AVANZA!** **Goal:** Express opinions.

1 Todas las personas hemos pasado por situaciones accidentales. Escribe cinco ejemplos de situaciones por las que tú o alguien que conoces haya pasado.

Modelo: _Cuando Teresa estaba comiendo se le cayó la cuchara en la falda._

_____

_____

_____

_____

_____

2 Escoge una de las situaciones del punto anterior y escribe la anécdota. Ten en cuenta: 1) Qué pasó, cuándo pasó, dónde pasó, a quién(es) afectó, cuál fue la reacción de los presentes; 2) el inicio, el problema y el desenlace; 3) las oraciones claras completas y lógicas y 4) el buen manejo de los verbos y de la ortografía.

_____

_____

_____

_____

_____

_____

_____

3 Evalúa tu anécdota con la siguiente información:

	Crédito máximo	**Crédito parcial**	**Crédito mínimo**
Contenido	En tu anécdota se describe muy bien: Qué pasó, cuándo pasó, dónde pasó, a quién(es) afectó, cuál fue la reacción de los presentes; hay inicio, problema y desenlace; las oraciones son claras y lógicas.	Hay algunos problemas al describir: Qué pasó, cuándo pasó, dónde pasó, a quién(es) afectó, cuál fue la reacción de los presentes; te falta el inicio, el problema o el desenlace; algunas oraciones no son claras o lógicas.	Tienes muchos problemas para describir: Qué pasó, cuándo pasó, dónde pasó, a quién(es) afectó, cuál fue la reacción de los presentes; no es claro cuál es el inicio, el problema y el desenlace; muchas oraciones no son claras ni lógicas.
Uso correcto del lenguaje	Tienes buen manejo de los verbos y de la ortografía.	Tienes algunos problemas con los verbos y la ortografía.	Tienes muchos problemas con los verbos y la ortografía.

UNIDAD 8 Lección 2

Escritura A

Escritura B

> **¡AVANZA!**   **Goal:** Express opinions.

Elaboras la página Web de una obra que presenta un grupo de teatro.

1 Escribe en la siguiente tabla algunos datos importantes que incluirás en tu página Web:

Nombre de la obra	
Escritor(es)	
Director	
Actores principales	
Personajes	
Tema	
Lugar y Fecha	

2 Realiza tu página Web y asegúrate de: 1) usar la información anterior; 2) hacer una página llamativa; 3) construir oraciones claras; 4) hacer buen uso del lenguaje y de los verbos y 5) utilizar la ortografía correcta.

_____

_____

_____

_____

_____

_____

3 Evalúa tu página Web con la siguiente información:

	Crédito máximo	**Crédito parcial**	**Crédito mínimo**
Contenido	Tu página Web usa la información del punto uno; es llamativa. Hiciste oraciones claras.	Tu página Web usa alguna información del punto uno. Pudo ser más llamativa. Tuviste errores al construir las oraciones.	No usaste la información del punto uno. La información no es llamativa. Tuviste muchos errores en la creación de oraciones.
Uso correcto del lenguaje	Hiciste buen uso del lenguaje. La ortografía es correcta.	Tuviste errores con el lenguaje y la ortografía.	Tuviste muchos errores con el uso del lenguaje y la ortografía.

Escritura C

¡AVANZA!	**Goal:** Express opinions.

1 En el periódico estudiantil quieren que escribas una reseña breve de una obra de teatro. Organiza tus ideas en el siguiente cuadro:

Título	
Personajes	
Escenario	
Tiempo	
Situación	

2 Escribe tu reseña. No olvides: 1) incluir la información de la actividad uno; 2) escribir oraciones completas, claras y lógicas; 3) hacer uso correcto del lenguaje y de los verbos y 4) usar buena ortografía.

_____

_____

_____

_____

_____

_____

_____

_____

_____

3 Evalúa tu reseña con la siguiente información:

	Crédito máximo	**Crédito parcial**	**Crédito mínimo**
Contenido	Incluiste la información del punto uno. Hiciste oraciones claras, completas y lógicas.	Incluiste parte de la información del punto uno. Tuviste errores al construir oraciones claras, completas y lógicas.	No incluiste suficientes datos del punto uno. Tuviste muchos errores en la creación de oraciones claras, completas y lógicas.
Uso correcto del lenguaje	Hiciste uso correcto del lenguaje y de los verbos. La ortografía es correcta.	Tuviste errores en el lenguaje, los verbos y la ortografía.	No hiciste un buen uso del lenguaje, de los verbos ni de la ortografía.

UNIDAD 8 Lección 2

Escritura C

Cultura A

> | ¡AVANZA! | **Goal:** Discover and know people, places, and culture from the Southern Cone.

❶ Elige la opción que mejor completa cada oración.

1. Los tablados del carnaval de Montevideo son...

    a. grupos de artistas.   **b.** espectáculos.   **c.** desfiles.

2. El Teatro Colón de Buenos Aires es de estilo...

    a. español.   **b.** italiano.   **c.** ingles

3. El Teatro Colón de Buenos Aires terminó de construirse en el año...

    a. 1898.   **b.** 1908.   **c.** 1928.

❷ Responde de forma breve a las siguientes preguntas.

1. ¿Qué tipo de manifestaciones artísticas son los tablados de Montevideo?

_____

2. ¿Con qué tipo de pintura realizó Raúl Soldi la decoración de la cúpula del teatro Colón de Buenos Aires?

_____

❸ ¿Que significado tiene la fotografía de tu libro de unos jóvenes argentinos que preparan un obra de teatro? ¿Hay un grupo de teatro en tu escuela? ¿Quiénes forman parte de él? ¿Qué obras representa? Si no hay grupo de teatro en tu escuela, ¿te gustaría que hubiera uno? ¿Qué obras de teatro te gustaría ver en tu escuela? Escribe dos oraciones completas sobre cada uno de los puntos siguientes.

_____

_____

El grupo: _____

_____

Las obras: _____

_____

_____

_____

UNIDAD 8 Lección 2   Cultura A

Cultura B

> **¡AVANZA!** **Goal:** Discover and know people, places, and culture from the Southern Cone.

1 Indica si las siguientes afirmaciones son ciertas (C) o falsas (F). Si son falsas, escribe la forma correcta.

1. _____ El Carnaval en Uruguay es una celebración que dura un día.

_____

2. _____ Los tablados se acompañan con las formas musicales que más se escucharon durante el año.

_____

3. _____ Es típico que los temas de los tablados rindan homenaje a personas famosas.

_____

4. _____ El Teatro Colón de Buenos Aires comenzó a construirse en 1888.

_____

5. _____ Soldi decoró la cúpula del Teatro Colón y donó su obra al gobierno argentino.

_____

2 Responde a las siguientes preguntas usando oraciones completas.

1. ¿Qué son los tablados de Montevideo?

_____

2. Los tablados tienen dos requisitos que los participantes tienen que cumplir ¿Cuáles son?

_____

_____

3 ¿Qué tipo de espectáculos se representan en el Carnaval de Uruguay? Y en los EE.UU., ¿qué espectáculos callejeros o populares son tradicionales? ¿Dónde tienen lugar? ¿Cuándo? ¿En qué consisten? ¿Te gusta ver este tipo de espectáculo? ¿Por qué?

_____

_____

_____

_____

_____

_____

Cultura C

> **¡AVANZA!** **Goal:** Discover and know people, places, and culture from the Southern Cone.

1 Responde a las siguientes preguntas usando oraciones completas.

1. ¿Cuál es un elemento importante del carnaval de Montevideo y en qué consiste?

_____

_____

2. ¿Qué personas o grupos de personas intervienen en los tablados?

_____

3. ¿Qué requisito han de cumplir los temas de los tablados?

_____

4. ¿Qué requisito han de cumplir la música de los tablados?

_____

2 Responde a las siguientes preguntas con todos los detalles posibles.

1. ¿Cuál es el estilo del edificio del Teatro Colón? ¿Y el de sus adornos?

_____

2. ¿Qué técnica usó Raúl Soldi en la decoración de la cúpula del teatro Colón de Buenos Aires?

_____

_____

3 ¿Conoces algún edificio famoso como el Teatro Colón de Buenos Aires? Di qué edificio has visto que te haya impresionado por sus adornos y decoración? ¿Dónde se encuentra? ¿Para qué se usa el edificio? ¿Cómo es? ¿Qué es lo que más te gusta de él?

_____

_____

_____

_____

Comparación cultural: Cuna de autores famosos
Lectura y escritura

Después de leer los párrafos sobre los autores más notables del país de Aníbal y Rafaela, escribe un párrafo sobre dos escritores notables de tu país. Usa la información de la tabla para escribir ideas generales. Luego, escribe un párrafo sobre dos escritores notables de tú país.

Paso 1

Completa la tabla con los detalles sobre dos escritores notables de tu país.

Nombre	Obras	Temas	Género	Premios
Carl Sandburg, Illinois, 1878	*Poemas de Chicago* y *Abraham Lincoln*	historia	poesía, cuentos	Premio Pulitzer

Paso 2

Ahora usa los detalles de la tabla para escribir unas oraciones generales sobre cada autor.

_____
_____
_____
_____
_____
_____

Copyright © by McDougal Littell, a division of Houghton Mifflin Company.

Comparación cultural · **UNIDAD 8**

390

Unidad 8
Comparación cultural

¡Avancemos! 3
Cuaderno para hispanohablantes

Comparación cultural: Cuna de autores famosos
Lectura y escritura
(continuación)

Paso 3

Ahora escribe un párrafo usando las oraciones que escribiste como guía. Incluye una oración de introducción y utiliza las frases **aunque**, **en cuanto**, **tan pronto como**, **después de que** para describir las características más importantes de los dos escritores notables de tu país.

_____

_____

_____

_____

_____

_____

Lista de verificación

Asegúrate de que...

☐ incluyes todos los detalles de la tabla para describir a dos escritores notables de tu país;

☐ usas los detalles sobre dos escritores notables de tu país;

☐ utilizas las conjunciones y las frases para conectar ideas y eventos.

Tabla

Evalúa tu trabajo con la siguiente tabla.

Criterio de escritura	Excelente	Bueno	Necesita mejorar
Contenido	Tu párrafo incluye todos los detalles sobre dos escritores notables de tu país.	Tu párrafo incluye algunos de los detalles sobre dos escritores notables de tu país.	Tu párrafo incluye muy poca información sobre dos escritores notables de tu país.
Comunicación	La mayor parte de tu párrafo está organizada y es fácil de entender.	Partes de tu párrafo están organizadas y son fáciles de entender.	Tu párrafo está desorganizado y es difícil de entender.
Precisión	Tu párrafo tiene pocos errores de gramática y de vocabulario.	Tu párrafo tiene algunos errores de gramática y de vocabulario.	Tu párrafo tiene muchos errores de gramática y de vocabulario.

UNIDAD 8 Comparación cultural

Comparación cultural: Cuna de autores famosos
Compara con tu mundo

Ahora escribe un ensayo comparando a tus dos autores notables con los autores notables de uno de los estudiantes de la página 503. Organiza la comparación por temas. Primero compara el nombre del autor y sus obras, después escribe sobre los temas y los géneros literarios, y por último escribe tus reflexiones.

Paso 1

Usa la tabla para organizar la comparación por temas. Escribe los detalles de cada uno de los temas sobre los dos autores notables de tu país y los del (de la) estudiante que elegiste.

	Mis autores	Los autores de _____
Nombre del autor		
Sus obras		
Temas y géneros		
Tus reflexiones		

Paso 2

Ahora usa los detalles de la tabla para escribir la comparación. Incluye una oración de introducción y escribe sobre cada tema. Utiliza las frases **aunque, en cuanto, tan pronto como, después de que** en tu comparación.

_____

_____

_____

_____

_____

_____

Comparación cultural   UNIDAD 8

Talk About Yourself and Your Friends

PEOPLE AND ACTIVITIES
el actor	actor
la actriz	actress
avanzado(a)	advanced
la cámara digital	digital camera
la ciencia ficción	science fiction
el mensajero instantáneo	instant messaging

MORE ACTIVITIES
acampar	to camp
dibujar	to draw
dar una caminata	to hike
estar en línea	to be online
hacer una excursión	to go on a day trip
pescar	to fish
regatear	to bargain
tomar fotos	to take photos
visitar un museo	to visit a museum

Talk About Places and People You Know

PLACES
el almacén	department store
el barrio	neighborhood
el edificio	building
la farmacia	pharmacy
la joyería	jewelry store
la librería	bookstore
la panadería	bakery
la parada de autobús	bus stop
la película	film

el rascacielos	skyscraper
el teatro	theater
la tienda	store
la zapatería	shoe store

EMOTIONS
Estoy muy emocionado(a).	I am overcome with emotion.
Me hace reír.	It makes me laugh.
Me hace llorar.	It makes me cry.
Me / te / le da miedo.	It scares (me, you, him / her).
Me encantaría.	I would love to.
¡Qué lástima!	What a shame!

Make Comparisons

FOOD
el ajo	garlic
desayunar	to have breakfast
cenar	to have dinner
la especialidad	specialty
la merienda	afternoon snack
la papa	potato
el pescado	fish
la pimienta	pepper
el pollo asado	roasted chicken
el postre	dessert
la sal	salt
la sopa	soup
las verduras	vegetables

ADJECTIVES
agrio(a)	sour
amable	kind
cocido(a)	cooked
crudo(a)	raw
dulce	sweet

hervido(a)	boiled
frito(a)	fried
lento(a)	slow
picante	spicy, hot
sabroso(a)	tasty
salado(a)	salty

What You Know How To do
competir (i, i)	to compete
contar (ue)	to tell (a story)
hacer ejercicio	to exercise
jugar en equipo	to play on a team
meter un gol	to score a goal
montar a caballo	to ride a horse
musculoso(a)	muscular
el premio	prize, award
rápido(a)	fast

Describe Your Daily Routine
acostarse (ue)	to go to bed
activo(a)	active
bañarse	to take a bath
cepillarse los dientes	to brush one's teeth
despertarse (ie)	to wake up
ducharse	to take a shower
lavarse (la cara, las manos)	to wash oneself (one's face, one's hands)
levantarse	to get up
ponerse la ropa	to put on clothes
secarse	to dry oneself
vestirse (i, i)	to get dressed

Describe a Camping Trip

al aire libre	outdoors
el albergue juvenil	youth hostel
la camioneta	SUV, truck
la cantimplora	water bottle, canteen
el descuento	discount
el equipo	the equipment
la estufa (de gas)	(gas) stove
la fogata	campfire
el fósforo	match
la guía	guide
el kayac	kayak
la olla	pot
el saco de dormir	sleeping bag
la tarifa	fare
la tienda de campaña	tent
el transporte público	public transportation
hacer una caminata	take a walk

Talk About What You Did with Friends

ahorrar	to save (money, time)
conseguir	to get, to find
divertirse (ie)	to enjoy, to have fun
encender	to light (a match), to make a fire, to turn on
escalar montañas	to climb mountains
hacer una excursión	to go on an excursion, guided tour
llenar	to fill up
meterse en	to go into
montar	to put up
navegar por rápidos	to go whitewater rafting
navegar	to navigate, to sail
observar	to observe
ofrecer	to offer
remar	to row
seguir	to follow
utilizar	to use

Talk About Nature

el agua dulce	fresh water
la araña	spider
el árbol	tree
el bosque	forest, woods
la flor	flower
la mariposa	butterfly
la naturaleza	nature
el pájaro	bird
el pez	fish
el río	river
la selva	jungle
el sendero	path
la serpiente	snake

Other Words and Phrases

agotador	exhausting
inolvidable	unforgettable
al extranjero	abroad
con anticipación	in advance
frente a	facing
fuera (de)	outside (of)
junto a	next to
sin	without
dentro	inside

Talk About Family Vacations

FAMILY RELATIONSHIPS	
el apellido	last name
el (la) bebé	baby, infant
el (la) bisabuelo(a)	great-grandfather / great-grandmother
el (la) biznieto(a)	great-grandson / great-granddaughter
el (la) cuñado(a)	brother-in-law / sister-in-law
el (la) esposo(a)	husband; wife; spouse
la madrina	godmother
el matrimonio	marriage; married couple
el (la) nieto(a)	grandson / daughter
el (la) novio(a)	boyfriend / girlfriend, fiancé / fiancée
la nuera	daughter-in-law
el padrino	godfather
el pariente	relative
el (la) sobrino(a)	nephew / niece
el (la) suegro(a)	father-in-law / mother-in-law
el yerno	son-in-law

Describe a Place and its Climate

la arena	sand
la brisa	breeze
calor agobiante	stifling heat
el caracol	shell
hacer fresco	to be cool (weather)
la orilla	shore
el puerto	port
la sombrilla	parasol
ver el amanecer	to watch the sunrise
ver la puesta del sol	to watch the sunset

Talk About What You Did with Friends

la canoa	canoe
el chaleco salvavidas	life jacket
la moto acuática	personal watercraft
el (la) surfista	surfer
la tabla de surf	surfboard
el velero	sailboat
el voleibol playero	beach volleyball
no al absoluto	not at all
juntarse	to get together with
mantener (el equilibrio)	to keep (the balance)
marearse	to get seasick / to become dizzy
merendar	to have a snack
pararse	to stand up
parecerse a (alguien)	to look like (someone), to be like (someone)
recoger	to pick up
recostarse	to lie down
refrescarse	to cool down
refugiarse	to take refuge from
reunirse	to get together, to meet

Trips and Transportation

el carro	car
la casa rodante	RV
conducir	to drive
la cubierta	deck (of a boat)
la escapada	get away
hacer un crucero	to go on a cruise

REPASO Preterite Tense of Regular Verbs

Add the following endings to the stems of regular verbs.

-ar verbs			-er / -ir verbs		
-é	-amos		-í	-imos	
-aste	-asteis		-iste	-isteis	
-ó	-aron		-ió	-ieron	

Verbs ending in **-car**, **-gar**, and **-zar** have a spelling change in the **yo** form.

practicar → yo practiqué
navegar → yo navegué
organizar → yo organicé

REPASO Irregular Preterites

These verbs have irregular stems in the preterite.

i-Stem		u-Stem		uv-Stem		j-Stem	
hacer	hic-/hiz-	haber	hub-	andar	anduv-	decir	dij-
querer	quis-	poder	pud-	estar	estuv-	traer	traj-
venir	vin-	poner	pus-	tener	tuv-	conducir	conduj-
		saber	sup-				

· **Ser** and **ir** have the same irregular conjugations.

fui	fuimos
fuiste	fuisteis
fue	fueron

· **Dar** and **ver** have regular **-er/-ir** endings but with no written accent marks.

fui	fuimos
fuiste	fuisteis
fue	fueron

Stem-changing verbs in the preterite.

Verbs ending in **-ir** that have a stem change in the present tense change from **o → u** or **e → i** in the form s of **usted/él/ella** and **ustedes/ellos/ellas** in the preterite.

dormir (ue, u)

Nosotros **dormimos** en casa.
Ellas **durmieron** al aire libre.

REPASO Imperfect Tense

Add the following endings to the stems of **regular verbs.**

-ar verbs			-er / -ir verbs		
-aba	-ábamos		-ía	-íamos	
-abas	-abais		-ías	-íais	
-aba	-aban		-ía	-ían	

irregular verbs

ir:	iba	ibas	iba	íbamos	ibais	iban
ser:	era	eras	era	éramos	erais	eran
ver:	veía	veías	veía	veíamos	veíais	veían

REPASO Preterite vs. Imperfect

Use the **preterite tense** for:

· actions completed in the past
· actions that interrupt
· the main event

Use the **imperfect tense** to describe:

· the time or weather
· ongoing actions or states of being
· background information

The verbs saber and conocer.

Saber and **conocer** take on different meanings in the preterite. **Saber** means *found out* and **conocer** means *met*.

Hoy **supe** que vamos a pasar dos semanas de vacaciones en la playa.
*Today I **found out** that we're going to spend two weeks of vacation at the beach.*

El último día del viaje, **conocí** a un surfista que se llama Santiago.
*The last day of the trip, I **met** a surfer named Santiago.*

Describe Volunteer Activities

los ancianos	the elderly
la bolsa de plástico	plastic bag
el comedor de beneficencia	soup kitchen
el envase	container
la gente sin hogar	the homeless
los guantes de trabajo	work gloves
el hogar de ancianos	nursing home
el hospital	hospital
la lata	metal can
la pobreza	poverty
el proyecto de acción social	social action project
el (la) voluntario(a)	volunteer
tirar basura	to litter
trabajar de voluntario	to volunteer

Organize People to do a Project

apoyar	to support
el cheque	check
colaborar	to collaborate
contar con los demás	to count on others
la cooperación	cooperation
cumplir	to fulfil, to carry out
de antemano	beforehand
delegar	to delegate
elegir (i)	to choose
gastar	to spend
juntar fondos	to fundraise
organizar	to organize
la planificación	planning
prestar	to lend
el presupuesto	budget
la prioridad	priority
recaudar fondos	to raise funds
reciclar	to recycle
solicitar	to ask for, to request

Persuade or Influence Others

la agencia de publicidad	ad agency
el anuncio	announcement, ad
el artículo	article
la campaña	campaign
el canal de televisión	T.V. channel
la creatividad	creativity
el diseño	design
la emisora (de radio)	radio station
el lema	motto
el letrero	sign, poster
las noticias	news
el periódico	newspaper
la prensa	press
la publicidad	publicity
la revista	magazine

Talk About the Media

el acceso	access
el anuncio clasificado	classified ad
el anuncio personal	personal ad
el artículo de opinión	editorial
la cita	quotation
la columna	column
el cortometraje	short documentary
la cuestión	issue, question
los dibujos animados	cartoons
el (la) editor(a)	editor
la entrevista	interview
la fecha límite	deadline
el (la) fotógrafo(a)	photographer
el grabador	tape recorder
la gráfica	graphic
el largometraje	feature, full-length movie
el noticiero	news broadcast
la publicidad por correo	mailing
el público	audience
la reseña	review
la subtitulación para sordos	closed captioning for the hearing impaired
el (la) telespectador(a)	TV viewer
la teletón	telethon
el titular	headline

Actions

distribuir	to distribute
emitir	to broadcast
entrevistar	to interview
investigar	to investigate
presentar	to present
publicar	to publish
traducir	to translate

Express Opinions

el debate	debate
describir	to describe
estar / no estar de acuerdo con	to agree / disagree with
explicar	to explain

Talk About the Community

a beneficio de	to the benefit of
donar	to donate
la obra caritativa	charitable work
otorgar	to grant
patrocinar	to sponsor
el (la) patrocinador(a)	sponsor
el programa educativo	educational program
los volantes	flyers

REPASO Tú Commands

Regular **affirmative *tú* commands** are the same as the **usted/él/ella** form in the present tense.

The following verbs are **irregular**:

decir: di	**hacer: haz**	**ir: ve**	**poner: pon**
salir: sal	**ser: sé**	**tener: ten**	**venir: ven**

You form **negative *tú* commands** by changing the **yo** form of the present tense.

For **-ar** verbs: **-o → -es.**

For **-er/-ir** verbs: **-o → -as.**

The following verbs are **irregular**:

dar: no des	**estar:** no estés
ir: no vayas	**ser:** no seas

REPASO Other Command Forms

Command Forms

Usted	Ustedes	Nosotros
¡(No) tire!	¡(No) tiren!	¡(No) tiremos!
¡(No) haga!	¡(No) hagan!	¡(No) hagamos!
¡(No) elija!	¡(No) elijan!	¡(No) elijamos!

To say *let's go,* use **vamos.**
To say *let's not go,* use **no vayamos.**

Verbs ending in **-car, -gar,** and **-zar** require a spelling change (**c → qu, g → gu, z → c**) in **usted, ustedes,** and **nosotros** command forms.

Polite Requests.

Many Spanish speakers avoid direct commands and look for a way of making indirect requests.

podrías/ podría/ podríais/ podrían + verb infinitive

¿Podrías **aprobar el plan**? *Could/Would you approve the plan?*

REPASO Pronouns with Commands

Affirmative	**Negative**
attaches →	→ *before*
Dámelo.	No **se lo** des a ella.

If both **object pronouns** begin with the letter **L,** change the **le** or **les** to **se.**

The **reflexive pronoun** always comes before the **object pronoun.**

→ *before*	→ *before*
¡**Póntelas!**	¡No **te las** pongas!

With the **nosotros** command, drop the **-s** of the ending before adding the reflexive pronoun **nos.**

¡Organicemos una reunión!   ¡Organicé**monos**!

REPASO Impersonal Expressions + Infinitive

To state an opinion, or to suggest that something should be done, use an **impersonal expression** plus an **infinitive**

Impersonal Expression		
Es		
Fue	+ adjective	+ infinitive
Era		
Va a ser		

Es malo presentar información falsa.
It's bad to present false information.

Impersonal constructions with se.

If an infinitive or a singular noun follows **se**, you use the **usted/él/ella** form. If a plural noun follows **se,** use the **ustedes/ellos/ellas** form.

Se **habla** español aquí.   Se **publican** todas las entrevistas.
Spanish is spoken here.   *All the interviews are published.*

Express Environmental Concerns and Possibilities

el aire puro	clean air
el basurero	garbage container
la biodiversidad	biodiversity
la capa de ozono	ozone layer
el clima	climate
la contaminación	pollution, contamination
la deforestación	deforestation
el efecto invernadero	greenhouse effect
la erosión	erosion
las especies en peligro de extinción	endangered species
la inundación	flood
el medio ambiente	environment
no renovable	nonrenewable
el petróleo	oil
el planeta	planet
el recurso natural	natural resource
la responsabilidad	responsibility
el riesgo	risk
la sequía	drought
el smog	smog
el suelo	ground, soil
el temblor	earthquake

ACTIONS

dañar	to harm
destruir	to destroy
disminuir	to diminish, to decrease
fomentar	to foment, to support
proteger	to protect
respirar	to breath
reutilizar	to reuse
valorar	to value

Impact of Technology

apreciar	to appreciate
complejo(a)	complex
desarrollar	to develop
el desarrollo	development
la innovación	innovation
el invento	invention
la investigación	research
mejorar	to improve
reemplazar	to replace

Make Predictions

amenazar	to threaten
el derrumbe	landslide
extinguirse	to become extinct
informarse	to keep informed
el porvenir	future
responsable	responsible
la transformación	transformation
volar	to fly
votar	to vote

Discuss Obligations and Responsibilities

SOCIAL AWARENESS

el (la) ciudadano(a)	citizen
el compromiso	commitment
la conciencia social	social awareness
encargarse de	to take charge of, to make oneself responsible for
la irresponsabilidad	irresponsibility
penalizar	to penalize
la política	politics
el principio	principle
respetar	to respect
satisfacer	to satisfy
la sociedad	society
la unidad	unity

MISTAKES AND PERSISTENCE

advertir(ie)	to warn
cometer	to make (a mistake)
emprender	to undertake
el error	mistake, error
insistir	to insist
luchar	to struggle
persistir	to persist
progresar	to progress
prosperar	to prosper
seguir adelante	to continue on, to carry on
solucionar	to solve
superar	to overcome

INVENTIONS

comercializar	to market
invertir(ie)	to invest
novedoso(a)	novel, original
la patente	patent
el producto	product

OTHER WORDS

la advertencia	warning
el fracaso	failure
la mejora	improvement
el obstáculo	obstacle
el sufrimiento	suffering

Present and Support an Opinion

criticar	to criticize
evaluar	to evaluate
es imprescindible que	it is indispensable / imperative that . . .
es raro que . . .	it is strange that . . .
por un lado. . .	on the one hand. . .
por el otro lado. . .	on the other hand. . .

Future Tense

Future Endings	
-é	-emos
-ás	-éis
-á	-án

Infinitive +

Irregular Future Stems

Infinitive	Stem		Infinitive	Stem
haber	habr-		salir	saldr-
poder	podr-		tener	tendr-
querer	querr-		venir	vendr-
saber	sabr-		decir	dir-
poner	pondr-		hacer	har-

You can also use the **future tense** to wonder or make a guess about something.

Por and Para

Use **por** to indicate…	Use **para** to indicate…
· passing through	· for whom
· general location	· destination
· how long	· recipient
· cause	· purpose
· exchange	· opinion
· in place of	· comparison
· means	· deadline

Present Subjunctive of Regular Verbs

GrammarTextAHeadGrammarTextAHeadGrammarTextAHead

hablar	tener	escribir
hable	tenga	escriba
hables	tengas	escribas
hable	tenga	escriba
hablemos	tengamos	escribamos
habléis	tengáis	escribáis
hablen	tengan	escriban

Spelling Changes		becomes	
criticar		critique	
investigar		investigue	
penalizar		penalice	
proteger		proteja	
extinguir		extinga	

More Subjunctive Verb Forms

Irregular Subjunctive Forms

dar	estar	ir	saber	ser
dé	esté	vaya	sepa	sea
des	estés	vayas	sepas	seas
dé	esté	vaya	sepa	sea
demos	estemos	vayamos	sepamos	seamos
deis	estéis	vayáis	sepáis	seáis
den	estén	vayan	sepan	sean

The subjunctive of **haber** is **haya.**

· Verbs ending in **-ar** and **-er** change **e → ie** or **o → ue** in all forms except **nosotros** and **vosotros.**

· Verbs ending in **-ir** that change **e → ie** or **o → ue** have a different change (**e → i** or **o → u**) in the **nosotros** and **vosotros** forms.

· Verbs that change **e → i** have the same stem change in all forms.

Describe People

la conducta		behavior
comportarse		to behave well / badly
bien / mal		
destacarse por...		to be remarkable for, to stand out (from others) for...
idealizar (a alguien)		to idealize (someone)
imitar		to imitate
personificar		to personify
representar		to represent

PERSONAL CHARACTER-ISTICS

atrevido(a)	daring
comprensivo(a)	understanding
considerado(a)	considerate
dedicado(a)	dedicated
desagradable	disagreeable
fiel	faithful
generoso(a)	generous
impaciente	impatient
razonable	reasonable
modesto(a)	modest
orgulloso(a)	proud
paciente	patient
popular	popular
presumido(a)	presumptuous
ingenioso (a)	clever
sincero(a)	sincere
sobresaliente	outstanding
tímido(a)	shy
vanidoso(a)	vain

PROFESSIONS

el (la) astronauta	astronaut
el (la) científico(a)	scientist
el (la) detective	detective
el (la) electricista	electrician
el (la) empresario(a)	businessperson
el (la) entrenador(a)	trainer, coach
el (la) mecánico(a)	mechanic
el (la) obrero(a)	laborer
el (la) piloto	pilot
el (la) programador(a)	programmer
el (la) trabajador(a) social	social worker

Tell Others What To Do

aconsejar que	to advise that
dejar que	to allow that
exigir que	to demand that
mandar que	to order, command that
prohibir que	to prohibit that
sugerir (ie) que	to suggest that

Describe People and Things

DESCRIPTIONS

auténtico(a)	authentic
práctico(a)	practical, down-to earth
realista	realistic
sorprendente	surprising
verdadero(a)	real, true, sincere

PROFESSIONS

el (la) artista	artist
el (la) bombero(a)	firefighter
el (la) carpintero(a)	carpenter
el (la) cartero(a)	mail carrier
el (la) músico(a)	musician
el (la) periodista	journalist
el (la) policía	police officer
el (la) político(a)	politician
el (la) secretario(a)	secretary
el (la) técnico(a)	technician, repairperson
el (la) vecino(a)	neighbor
el (la) veterinario(a)	veterinarian

Express Positive and Negative Emotions

alegrarse de que	to be happy that
dudar que	to doubt that
es dudoso que	it is doubtful that
es improbable que	it is improbable / unlikely that
no creer que	not to believe that
no es cierto que	it is not certain that
no es verdad que	it is not true that
no estar seguro(a) (de) que	not to be sure that
sentir (siento) que	to be sorry that, to feel
sorprenderse de que	to be surprised that

Actions

actuar	to act
aparecer	to appear
arriesgarse	to risk
convertirse en	to turn into
figurar en	to appear in
lograr	to attain, to achieve

Other Words

la amistad	friendship
el deber	duty
la fama	fame
el honor	honor
la imagen	image
el logro	achievement, success
la meta	goal
por eso	for that reason, that's why
por lo tanto	therefore
el propósito	purpose, aim
el sacrificio	sacrifice
sin embargo	nevertheless, however
la valentía	bravery

Subjunctive with Ojalá and Verbs of Hope

Verbs of Hope	+ que	+ different subject	+ subjunctive
desear			
esperar			
querer			

Ella **quiere que su hijo** *se comporte* bien.

Use the *infinitive* and omit **que** if there is no change of subject.

El niño *quiere* **comportarse** bien.

Ojalá can be used with or without **que.** It is always used with the subjunctive.

Ojalá que no llueva mañana.

Subjunctive with Verbs of Influence

Verbs of Influence		
aconsejar	insistir	prohibir
dejar	mandar	recomendar
exigir	pedir	sugerir

verb of influence	+ que	+ different subject	+ subjunctive

indicative → subjunctive
Sugiero que *llegues* temprano.
I suggest that you arrive early.

Suffixes.

Many adjectives can be changed to nouns by adding common suffixes. **-Cia, -ez, -dad,** and **-cion** create feminine nouns.

Adjective	Noun
paciente	la paciencia
patient	*patience*
sincero	la sinceridad
sincere	*sincerity*

Subjunctive with Doubt

expression of doubt	+ que	+ different subject	+ subjunctive

Marta **no está segura de** que *tengamos* tiempo para ver la película.

Note that the word **no** can affect whether or not you need to use the *subjunctive*.

expresses certainty → *indicative*

No dudamos que él **tiene** talento.
We do not doubt that he has talent.

Subjunctive with Emotion

expression of emotion	+ que	+ different subject	+ subjunctive

Nos alegramos de que tú *actúes* con honor.
We're happy that you act with honor.

No **me sorprendo de** que *sea* difícil.
I'm not surprised that it's difficult.

Superlatives.

Follow this formula to talk about superlatives:

el / la / los / las + noun + más + adjective *(agrees with article and noun)*

Ana María es **la artista más famosa** que conozco
*Ana María is **the most famous artist** I know.*

Talk About Personal Items

PERSONAL POSSESSIONS

la agenda electrónica	personal organizer
los ahorros	savings
la bolsa	bag, handbag
la cartera	wallet
distinto(a)	distinct, different
el documento (de identidad)	identification
las gafas (de sol)	(sun)glasses
el monedero	change purse
el paraguas	umbrella
precioso(a)	precious
sin valor	worthless
valioso(a)	valuable

ACTIONS

disfrutar de	to enjoy
esconder	to hide
estar ilusionado(a)	to be excited, to be thrilled
evitar	to avoid
guardar	to keep, to put away

COMPUTERS, E MAIL, ONLINE CHATS

la búsqueda	search
la computadora portátil	portable / laptop computer
conectarse al Internet	to connect to the Internet
la contraseña	password
descargar	to download
el enlace	link
enviar	to send
el escáner	scanner
imprimir	to print
los juegos de computadora	computer games
el salón de charlas	chat room
el sitio web	Web site

Talk About Requirements

a fin de que...	in order that
a menos que...	unless
antes de que...	before
con tal (de) que...	as long as
dar consejos	to give advice
dar una sugerencia	to make a suggestion
en caso de que...	in case
hasta que...	until
para que...	in order that
ponerse de acuerdo	to agree
sin que...	without

Other Phrases

darse cuenta de	to realize
sospechar que	to suspect that
temer que	to be afraid that

Talk About the Day's Activities

asistir a un espectáculo	to attend a show
dormir una siesta	to take a nap
encontrarse con	to meet up with
pasar un buen rato	to have a good time
relajarse	to relax
el ajedrez	chess
el billar	billiards
los dados	dice
las damas	checkers
el estreno	debut, premiere
la ficha	game piece
el grupo musical	music group
el juego de mesa	board game
la manta	blanket
la música bailable	dance music
la orquesta	orchestra
los naipes	cards
el pasatiempo	pastime
el ocio	leisure

Report What Someone Said

asistir a una reunión	to attend a meeting
charlar	to chat
comentar	to comment on, to talk about
concluir	to conclude, to finish
debatir	to debate
el encuentro	encounter
intercambiar opiniones	to exchange opinions
relatar	to relate, to tell

Other Words and Actions

acogedor(a)	cozy, welcoming
la actuación	acting
el ambiente	atmosphere
discutir	to discuss, to argue
formal	formal
informal	informal, casual
el (la) músico(a) callejero(a)	street musician
la resolución	resolution
resolver	to solve
el ruido	noise
el (la) vendedor(a) ambulante	street vendor

Subjunctive with Conjuctions

Conjuctions used with Subjunctive		
a fin de que	con tal (de) que	para que
a menos que	en caso de que	sin que
antes de que		

No gastes tus ahorros **a menos que sea** necesario.
*Don't spend your savings **unless it's necessary.***

Without **que**, the verb that follows must be in the **infinitive** form.

Tendrás que comer **antes de salir**.
You'll have to eat before leaving.

Subjunctive with the Unknown

Verbs like **buscar, querer,** or **necesitar** plus **que** are used with the **subjunctive**.

Quiero una computadora portátil **que** no **cueste** mucho.
I want a laptop computer that does not cost that much.

Use the **subjunctive** to ask about something that may not exist, or to say that something does not exist.

¿**Tienes** un teléfono **que toque** música?
Do you have a phone that plays music?

No conozco a nadie **que publique** poesía.
I don't know anyone who publishes poetry.

To talk about things that do exist, use the **indicative**.

Hay un sitio web que **tiene** la información.
*There is a Web site that **has** the information.*

Expressions with sea.

If you are not sure about the details of who, when, what or where, you can use the following expressions with **sea** to indicate your uncertainty.

a la hora que sea	at whatever time that may be
donde sea	wherever that may be
lo que sea	whatever that may be
cuando sea	whenever that may be
quien sea	whoever that may be
como sea	however that may be

Conditional Tense

Add the **conditional** endings directly to the **infinitive** of regular verbs.

Infinitive		Conditional endings	
llevar		-ía	-íamos
resolver	+	-ías	-íais
discutir		-ía	-ían

Infinitive	Stem	Infinitive	Stem
haber	habr-	poner	pondr-
poder	podr-	salir	saldr-
querer	querr-	tener	tendr-
saber	sabr-	venir	vendr-
decir	dir-	hacer	har-

Yo **pondría** el escáner aquí. Así lo **tendríamos** al lado de la computadora.

Reported Speech

The second verb in a sentence with **reported speech** can use the preterite, the imperfect, or the conditional.

Nico **dijo que fue** al teatro.
*Nico **said that he went** to the theater.*

Nico **dijo que iba** al teatro.
*Nico **said that he was going** to the theater.*

Nico **dijo que iría** al teatro.
*Nico **said that he would go** to the theater.*

Remember that if you use **decir** to express what someone told *another* person to do, you use the **subjunctive** for the second verb.

Nico **dice que vayas** al teatro.
*Nico **says that you should go** to the theater.*

Qué and Cuál

Both **qué** and **cuál** can mean what in English. **Cuál** can also mean *which*. Use **cuál** if you want to *select* or *identify* something. Use **qué** if you want to *define* or *describe* something.

¿**Qué** juego vamos a jugar hoy?
What game are we going to play?

¿**Cuál** de estas tres fichas prefieres?
Which of these three game pieces do you prefer?

Talk About The Neighborhood

el banco	bench
el buzón	mailbox
el cajero automático	ATM
el correo	post office
el escaparate	display window
el kiosco	kiosk
la bombonería	candy store
la carnicería	butcher shop
la estación de metro	subway station
la ferretería	hardware store
la florería	flower shop
la frutería	fruit stand
la fuente	fountain
la lechería	dairy store
la manzana	(city) block
la oferta	offer
la pastelería	pastry shop
la verdulería	vegetable stand
(sacar) el billete	(to buy) a ticket
(subir/bajar) el metro	(to get on/to get off) the subway

Say What Has Happened

aprovechar	to take advantage (of something)
(abrir/cerrar) el grifo	(to turn on/to turn off) the faucet
(tocar) el timbre	(to ring) the doorbell
arreglar	to repair
dar una vuelta	to take a walk
dejar	to leave (behind)
enterarse de	to find out about
hacer los mandados	to do errands
ir de tapas	to go out to eat
ordenar	to organize
quitar	to take away
la terraza	terrace
romper	to break
roto(a)	broken
el lío	mess

Describe Places and Things

desordenar	to mess up
el balcón	balcony
el fregadero	kitchen sink
el horno	oven
el lavabo	bathroom sink
el microondas	microwave
el piso	apartment
el refrigerador	refrigerator
el sello	stamp
ensuciar	to get dirty
la bañera	bathtub
la ducha	shower
la entrada	entrance
la mesita	nightstand, end table

Describe an Excursion

el andén	platform
el asiento numerado	numbered seat
caerse	to fall down
callado(a)	quiet
el callejón	alley
el (la) conductor(a)	conductor
el cuadro	painting
la entrada	entrance
explorar	to explore
el mirador	outlook, lookout
el paisaje	landscape
el pasillo	aisle
el plano	city map
el puente	bridge
el río	river
ruidoso(a)	noisy
la ruta	route
la sala de espera	waiting room
el tapiz	tapestry
la taquilla	ticket window
el vagón	wagon, (railroad) car
hacer una visita guiada	to take a guided tour
la ventanilla	train window
la vía	track
la vista	view
meterse en problemas	to get into trouble
pedir direcciones	to ask for directions
perder	to miss
perderse (ie)	to get lost
probar (ue) las especialidades	to try the specialties
tomar algo	to drink something

Talk About History

analizar	to analyze
el castillo	castle
el centro histórico	historical center
en conclusión	in conclusion
consecutivo(a)	consecutive, in a row
la fortaleza	fortress
la muralla	wall
en orden cronológico	in chronological order

Other Words and Phrases

a pesar de que	in spite of, despite
además	in addition, additionally
pues	so, well
tratarse de	to be about

Past Participles as Adjectives

To form the **past participle**, drop the infinitive ending and add **-ado** to **-ar** verbs or **-ido** to **-er** and **-ir** verbs.

arreg**lar** → arreg**lado**
escon**der** → escon**dido**
pe**dir** → pe**dido**

When the past participle is used as an adjective, the ending agrees in number and gender with the noun it describes.

El **horno** está arreg**lado**. → agrees   Las **tapas** están ped**idas**. → agrees

Infinitive	Past Participle	Infinitive	Past Participle
abrir	abierto	ir	ido
decir	dicho	morir	muerto
poner	puesto	escribir	escrito
freír	frito	romper	roto
hacer	hecho	ver	visto
imprimir	impreso	volver	vuelto

Present Perfect Tense

haber	
he	hemos
has	habéis
ha	han

+ past participle

Ella ya **ha ido** de tapas.
She has already gone out to eat.

When you use **object** or **reflexive pronouns** with the present perfect, you put them *before* the conjugated form of **haber**.

¿Alberto **te ha comprado** el billete?
Sí, **me lo ha comprado.**

There is a written accent over the i in the past participle of **-er** and **-ir** verbs with a stem that ends in **a**, **e**, or **o**.

traer → traído   **oír** → oído   **leer** → leído

Past Perfect Tense

haber	
había	habíamos
habías	habíais
había	habían

+ past participle

Yo **había visitado** Toledo antes.
I had visited Toledo before.

When used with another verb, the action expressed with the **past perfect** occurred before the other **past action.**

Cuando Felipe **volvió**, sus tíos ya **se habían ido.**

Ya and **todavía** are often used with the **past perfect.**

Irma ya **había salido** cuando Alberto llegó.
Irma had already left when Alberto arrived.

Maite **todavía** no **había comprado** el pan cuando la panadería cerró.
Maite still hadn't bought the bread / hadn't bought the bread yet when the bakery closed.

Future Perfect Tense

haber	
habré	habremos
habrás	habréis
habrá	habrán

+ past participle

El lunes, **habremos visto** el famoso cuadro de El Greco.
On Monday, we will have seen El Greco's famous painting.

The **future perfect** is often used with **para** or **dentro de** a time reference.

Dentro de tres meses **habré aprendido** mucho.

You also use the **future perfect** tense to speculate about the past.

¿Cómo **se habrá roto** el brazo Miguel?
How could Miguel have broken his arm?

No sé. **Se habrá caído.**
I don't know. He must have fallen.

Discuss Work and School Activities

SCHOOL ACTIVITIES AND EVENTS

el anuario	yearbook
la ceremonia	ceremony
el código de vestimenta	dress code
el comienzo	beginning, start
el comité de eventos	events committee
el comité estudiantil	student government
el coro	the choir
el día feriado	holiday
la graduación	graduation
el rato libre	free time
el recuerdo	memory
la reunión	meeting
la sociedad honoraria	honor society
el (la) tesorero(a)	treasurer
el (la) vice-presidente(a)	vice president

ACTIONS

actuar en un drama	to act in a play
graduarse	to graduate
irle bien (a alguien)	to do well (in a class)
redactar	to edit
reflexionar	to reflect, to look back
salir bien	to turn out well
ser miembro de	to be / to serve as a member of
servir de presidente(a)	to be / to serve as president
solicitar una beca	to apply for a scholarship
tomar parte en	to participate, to take part in

REMEMBER WORK

la cuenta de ahorros	savings account
cuidar niños	to baby-sit
el (la) diseñador(a) de páginas web	Web page designer
el (la) empleado(a)	employee
el empleo	job
los impuestos	taxes
llenar una solicitud de empleo	to fill out a job application
el (la) niñero(a)	babysitter
repartir periódicos	to deliver newspapers
el sueldo	salary
trabajar a tiempo parcial	to work part-time
trabajar de cajero(a)	to work as a cashier
trabajar de salvavidas	to work as a lifeguard

Express Past Assumptions and Emotions

anticipar	to anticipate
la esperanza	hope
el estrés	stress
estresado(a)	stressed

Relate what Others Wanted you to do

dirigir	to lead, to direct
ponerse en forma	to get in shape
tomar decisiones	to make decisions
la comida chatarra	junk food
decidir	to decide
dejar de	to quit, to give up
la dieta balanceada	balanced diet

Talk About Career Possibilities

el (la) abogado(a)	lawyer
el (la) agente de bolsa	stockbroker
el (la) arquitecto(a)	architect
el (la) contador(a)	accountant
el (la) dentista	dentist
el (la) enfermero(a)	nurse
el (la) gerente	manager
el hombre de negocios	businessman
el (la) ingeniero(a)	engineer
el (la) juez(a)	judge
el (la) médico(a)	doctor
la mujer de negocios	businesswoman
el (la) peluquero(a)	hairdresser
el (la) profesor(a)	teacher
el (la) traductor(a)	translator
la administración de empresas	business administration
la contabilidad	accounting
el curso	course
el derecho	law
la escuela técnica	technical school
la especialidad	major, specialization
especializarse en	to major in
la facultad	school department
el idioma	language
la ingeniería	engineering
las relaciones públicas	public relations
seguir una carrera	to pursue a career
el título	degree
la universidad	university

STARTING A BUSINESS

contratar	to hire
el (la) dueño(a)	owner
la empresa	company
establecer	to establish
la estrategia	strategy
la iniciativa	initiative
el plan financiero	financial plan

SKILLS, INTERESTS, AND VALUES

animado(a)	animated, upbeat
apasionado(a)	passionate
cualificado(a)	qualified
destacado(a)	outstanding
educado(a)	educated, polite
eficiente	efficient
fiable	dependable
flexible	flexible
honesto(a)	honest, sincere
honrado(a)	honest, honorable
motivado(a)	motivated
puntual	punctual
versátil	versatile

Imperfect Subjunctive

Expressions of hope, doubt, emotion, or opinion in the past are followed by verbs in the **imperfect subjunctive**.

To form the **imperfect subjunctive**, remove the **-ron** ending of the **ustedes / ellos(as)** preterite form and add the imperfect subjunctive endings.

Infinitive	Preterite		Endings
tomar	tomaron		-ra	- ´ramos
saber	supieron	drop **-ron** +	-ras	-rais
pedir	pidieron		-ra	-ran

The endings are the same for all **-ar**, **-er**, and **-ir** verbs.

Subjunctive of Perfect Tenses

Use the **present perfect subjunctive** after a verb in the present tense. You form it as follows:

haya	hayamos
hayas + past	hayáis + past
haya participle	hayan participle

Use the **past perfect subjunctive** after a verb in the past tense. You form it as follows:

hubiera	hubiéramos
hubieras + past	hubierais + past
hubiera participle	hubieran participle

Si Clauses

To predict the result of a likely event, use the **simple present** in the **si** clause and the **future tense** in the main clause to express the outcome.

Si dejamos de comer comida chatarra, **perderemos** peso.
If we stop eating junk food, we will lose weight.

To express how things would be if circumstances were different, use the **imperfect subjunctive** in the **si** clause and the **conditional** in the main clause.

Si Ana **cantara** en el coro, no **tendría** tiempo para redactar el anuario.
If Ana were to sing in the chorus, she would not have time to edit the yearbook.

Sequence of Tenses

Use the **present subjunctive** or **present perfect subjunctive** after the following indicative tenses.

simple present	Es bueno que **hayas decidido.**
present progressive	Está prohibiendo que **salgas.**
future	Será mejor que me **llames.**
present perfect	He sugerido que **trabajes** más.

Use the **imperfect subjunctive** or the **past perfect subjunctive** after the following indicative tenses.

preterite	Prohibió que **saliera.**
imperfect	Era bueno que **hubiera decidido.**
*past progressive	Estaba prohibiendo que **salieras.**
conditional	Preferiría que **escribieras** más.
past perfect	Había sugerido que **salieras.**

*grammar point of the next lesson

Discuss and Critique Literature

absurdo(a)	absurd
el acto	act
el análisis	analysis
el antecedente	background event
la autobiografía	autobiography
el (la) autor(a)	author
la biografía	biography
el capítulo	chapter
el clímax	climax
el contexto	context
el cuento	story; short story
el desenlace	ending, outcome
el ensayo	essay
el estilo	style
la estrofa	stanza
el género literario	literary genre
implicar	to imply
inferir	to infer
el libro de historietas	comic book
la metáfora	metaphor
narrar	to narrate
la novela	novel
la obra	work
la poesía	poetry
el cuento policíaco	crime story
la prosa	prose
el (la) protagonista	protagonist, main character
el punto de vista	point of view
la realidad	reality
relacionar	to relate
la reseña	review
la rima	rhyme
el ritmo	rhythm
romántico(a)	romantic
la sátira	satire
significar	to mean
simbolizar	to symbolize
el símil	simile

Link Events and Ideas

el suceso	event
el tema	theme
titularse	to be called
el verso	verse
aunque	although
en cuanto	as soon as
tan pronto como	as soon as

Read and Interpret a Short Play

el accesorio	accessory
el (la) acomodador(a)	usher
aplaudir	to clap
el diálogo	dialog
la dirección de escenografía	stage direction
dirigir	to direct
el (la) dramaturgo(a)	playwright
ensayar	to rehearse
el ensayo	rehearsal
el escenario	stage
la escenografía	scenery
el gesto	gesture
el guión	script
el intermedio	intermission
la obra de teatro	play
la salida	exit
el telón (levantar / bajar)	the curtain (to raise / to lower)
el vestuario	wardrobe

Other Words and Phrases

avaro(a)	miserly
codicioso(a)	greedy
el coraje	courage
el (la) farsante	fraud
insólito(a)	unusual
pedir (i) prestado	to borrow
persistente	persistent
reclamar	to call, to demand
singular	unique
soñar (ue) con	to dream of, about
el (la) tirado(a)	pauper

Past Progressive

The most common form of the **past progressive** is the **imperfect** of **estar** plus the **present participle** of the main verb. In this form, it often expresses an action that was interrupted.

¿Qué **estabas haciendo** cuando te llamé ayer?
What were you doing when I called yesterday?

To emphasize that an action continued for a period of time and then came to an end, use the **preterite** of **estar** plus the **present participle** of the main verb.

Estuvimos hablando toda la tarde.
We were talking all afternoon.

Conjunctions

The subjunctive is always used after these **conjunctions**.

a fin de que	con tal (de) que	sin que
a menos que	en caso de que	para que
antes de que		

The following conjunctions can be used with the **indicative** or the **subjunctive.**

| cuando | en cuanto | tan pronto como |
| después de que | hasta que | |

· You use the **indicative** to say that the outcome definitely occurred in the past.
· You use the **subjunctive** to say that the outcome may occur in the future.
· **Aunque** is used with the **indicative** when followed by a known fact. Use the **subjunctive** when it is not known to be true.

Se for Unintentional Occurrences

The **verb** of an unintentional occurrence is expressed with the impersonal pronoun **se** and agrees with the subject. An **indirect object pronoun** indicates the person to whom the action occurred.

Verbs Used to Express Unintentional Occurrences	
acabársele (a uno)	perdérsele (a uno)
caérsele (a uno)	quedársele (a uno)
ocurrírsele (a uno)	rompérsele (a uno)
olvidársele (a uno)	

Se me olvidaron las entradas al teatro.
I forgot the theater tickets.

REPASO Uses of the Subjunctive

The **subjunctive** expresses ideas whose certainty may not be known.

Hope: **Espero** que él **se dé** cuenta del error.

Doubt: **Es dudoso** que nosotras **podamos** venir.

Influence: **Recomendó** que Ana **escribiera** dramas.

Emotion: **Me alegro de** que los actores **sean** tan buenos.

Unknown: **Buscamos** actores que **conozcan** el drama.

Conjunctions: Les enseño **para que sepan** todo.

Vete **tan pronto como** Cristina **llegue.**

Aunque llueva, jugaremos el partido.